2019年华南理工大学出版基金资助项目

竞技体育赏析

宋绍兴 周成 主编

华南理工大学出版社
·广州·

图书在版编目（CIP）数据

竞技体育赏析/宋绍兴，周成主编． — 广州：华南理工大学出版社，2021.3
ISBN 978－7－5623－6302－6

Ⅰ．①竞… Ⅱ．①宋… ②周… Ⅲ．①竞技体育-体育项目-基本知识 Ⅳ．①G8

中国版本图书馆 CIP 数据核字（2020）第 049174 号

竞技体育赏析
宋绍兴　周成　主编

出 版 人：	卢家明
出版发行：	华南理工大学出版社
	（广州五山华南理工大学17号楼　邮编：510640）
	http://www.scutpress.com.cn　E-mail: scutc13@scut.edu.cn
	营销部电话：020－87113487　87111048（传真）
责任编辑：	林起提
特约编辑：	李　莹　邹泽宇
责任校对：	梁樱雯
印 刷 者：	佛山市浩文彩色印刷有限公司
开　　本：	787mm×1092mm　1/16　印张：13.5　字数：263千
版　　次：	2021年3月第1版　2021年3月第1次印刷
定　　价：	48.00元

版权所有　盗版必究　　印装差错　负责调换

前　言

体育是人类社会几千年发展过程中宝贵的文化财富,是人类在发展过程中逐步形成对自己身体素质进行培养的各种运动。现代竞技体育比赛已经成为一种颇具影响力的全球性活动,其内涵和外延越来越深刻、丰富,其发展已超出比赛的本身,充满时代精神和人生哲理。

体育竞赛是在运动中向人们展力量的美,它能使人们得到精神上的愉悦享受。运动员在体育比赛中表现出的高超艺术是体育运动美的体现,令人感动,催人奋进。体育欣赏丰富了人们的文化生活,满足了人们精神上更高的需求。随着竞技体育的快速发展,竞技体育逐渐成为人们生活当中不可或缺的一部分,随着现代传媒技术的发展和普及,如今观赏各类运动竞赛与体育运动已成为人们休闲娱乐的主要内容之一。

本书根据全国普通高等学校体育课课程教学指导纲要编写,与传统的体育类图书相比,在结构、内容上有所突破,分别对各大竞技体育项目从起源发展、比赛规则、技术战术、运动项目赏析、热点评说等方面进行详细阐述,并专门对球类运动、田径运动、水上运动、体操运动等的运动美进行鉴赏分析,增加了对体育摄影作品的赏析。

通过阅读本书,可以帮助读者结合自身具有的运动技能和相关知识,进一步丰富体育与健康方面的知识,提高体育文化素养。本书可为读者树立终身体育观念奠定必要的知识与认识基础,全面增强人们对体育竞赛的欣赏水平。本书可作为普通高等学校体育课教材和体育运动爱好者的体育科普读物,也非常适合作为青少年体育运动科普读物。

本书由华南理工大学体育学院宋绍兴教授、周成副教授撰写,邹泽宇、李莹、张怡宁、苏超怡、邓诗瑶、杨姗姗、曾辰、李穗生、刘星、薛梦交、马明、黄晓洁等共同参与编写工作。由于时间、作者水平所限,内容难免有不足甚至疏漏,希望读者提出宝贵意见!

编　者

2021 年 1 月

目 录

第一章 竞体体育概述 ... 1
第一节 竞技体育的形成与发展 ... 1
第二节 现代竞技体育发展的趋势 ... 2
第三节 竞技体育的特点 ... 4

第二章 竞技体育的赛事 ... 7
第一节 奥林匹克运动会 ... 7
第二节 亚洲运动会 ... 10
第三节 欧洲各运动会及世界大学生运动会 ... 11

第三章 竞技体育的运动项目 ... 12
第一节 田径运动 ... 12
第二节 网球运动 ... 24
第三节 排球运动 ... 40
第四节 篮球运动 ... 51
第五节 足球运动 ... 59
第六节 乒乓球运动 ... 69
第七节 羽毛球运动 ... 79
第八节 高尔夫球运动 ... 94
第九节 花样游泳运动 ... 103
第十节 水球运动 ... 110
第十一节 跳水运动 ... 117
第十二节 冰雪运动 ... 125
第十三节 健美操运动 ... 135
第十四节 武术运动 ... 140
第十五节 跆拳道运动 ... 149

第四章　竞技体育运动美的赏析 ·· 158
第一节　球类运动赏析 ··· 158
第二节　田径运动赏析 ··· 170
第三节　水上运动赏析 ··· 172
第四节　体操类运动赏析 ·· 175

第五章　体育摄影 ·· 177
第一节　体育摄影起源与发展 ·· 177
第二节　体育摄影的器材 ·· 180
第三节　体育摄影的拍摄技巧 ·· 183
第四节　手机摄影的拍摄技巧 ·· 194
第五节　体育摄影作品赏析 ··· 198

参考文献 ··· 205

第一章 竞技体育概述

第一节 竞技体育的形成与发展

一、竞技体育的源起

竞技体育是体育的重要组成部分，是以体育竞赛为主要特征，以创造优异运动成绩、夺取比赛优胜为主要目标的社会体育活动。

体育运动是在人类发展过程中逐步开展的，竞技体育同样是如此。狩猎是原始人获得肉食的重要途径，原始人在其长期的生活实践中逐渐认识到，能否获取赖以生存的食物取决于他们与被追击的猎物之间在速度、力量、耐力等各种身体素质和搏斗技巧的实力比较，因而开始有意识地培养自己的身体素质，进行跑、跳、投以及舞蹈等多种形式的身体活动，这些活动就是人们通常称的身体练习活动。随着社会的发展，各种身体活动形式被人类不断加以分类、提炼和总结，并相互比较，渐渐演化出了区分胜负的竞技活动。史学资料表明，人类在旧石器时代晚期已经有了初步的区分胜负的比赛意识和一定的体育竞赛形式。在原始公社末期，由于部落间的武装冲突比较频繁，为增强社会成员的作战能力，加强部落内部团结，常常进行不同目的的宗教活动，在世界的一些地区出现了以竞技运动为主要内容的祭礼竞赛中心，如奥林匹克赛会。

随着人类文明的发展，人们的价值取向逐渐由单纯的生存需要转为包括娱乐、愉悦身心在内的多元需要，人们出于强身健体的目的而参加竞技活动的现象越来越普遍，竞技运动的审美观念也逐渐形成，竞技运动与宗教、军事和生产活动的联系明显减弱，成为一种更具相对独立性的社会现象。

二、现代竞技体育的发展

竞技体育始终与人类社会同步发展和完善，相对完善的管理体制随之形成，体育赛事活动的日益活跃，运动训练科学化水平的不断提高，竞技体育的职业化

与商业化趋势等方面可以清晰地描绘出现代竞技体育的发展历程。

1. 在世界范围广泛开展

19世纪后半期，现代竞技体育首先在欧美工业发达国家开展起来。随着经济、文化、科学技术的全球性发展，亚非拉的众多国家加快了现代化的进程，竞技体育得到了广泛的开展。世界各地的众多青少年积极参与运动训练和竞技比赛，对各种地域、各种肤色以及各个阶层的人们来说，观赏竞技体育成为生活中不可缺少的组成部分。

2. 相对完善的管理体制

在竞技体育发展的同时，相对完善的管理体制逐渐形成。现代世界竞技体育活动是以国际奥委会以及各项联合会为核心组织进行的。另外，还有不同人群的国际体育组织，如国际大学生体育联合会、国际军人体育联合会、国际残疾人体育联合会等分别组织各自领域内的竞技体育活动。在各大洲、各个国家及地区，也都相应地建立了奥委会和单项联合会（或协会）。这些体育组织确定规则、组织培训和比赛、筹集资金，构成了全球性的管理网络。

3. 运动竞赛活动日益活跃

运动竞赛是竞技体育领域最具有代表性、最具有活力的组成部分。运动选手们在竞赛中显示本领，较量实力，决战胜负；观众在竞赛中欣赏技艺，观战搏击，并会亲聚友，进行交流；竞赛的组织举办者则开展广泛的文化及商业活动，树立并宣传举办国或城市的发展形象，亦谋求可观的经济效益。数百年来，各种类型、各种规模的运动竞赛在世界各地日益活跃地开展起来。

奥运会、世界单项锦标赛、世界杯赛事及系列大奖赛是最具有代表性的世界性比赛，已经形成了完整的赛事体系。与其相对应的各洲、各国、各地区、各省市的各协会组织的比赛，以及不同职业、不同年龄等不同人群的比赛为现代社会生活增添了绚丽的色彩。

第二节 现代竞技体育发展的趋势

一、竞赛制度发生了根本性变革

当前世界竞技体育的竞赛形式、制度和格局都发生了巨大的变化。相比以往的比赛，名目繁多又充满刺激和吸引力的竞赛应运而生。除了传统的锦标赛、世界杯赛、冠军赛、联赛、邀请赛等外，又出现了大奖赛、黄金大奖赛、排名赛、精英赛、系列赛、资格赛、等级赛、公开赛、巡回赛等。而且，越来越多的世界大赛的参赛资格都要求通过一系列的排名赛、积分赛、达标赛等多轮预选赛才能获得，促使运动员参加比赛的次数成倍地增加。

二、现代高科技对竞技体育全方位的立体渗透

由于各个国家和地区对竞技体育的高度重视和对竞技体育结果的强烈追求，以及现代运动成绩的极值化和获得这些成绩的困难程度的巅峰化，人们越来越能体会到科学对竞技体育巨大的支持作用。

新型材料的引入使竞技体育真正插上了科学的翅膀。如撑竿的材料自从添加了碳素的成分后，撑竿的重量不仅变轻，而且极大地提高了它的强度和弹性，使运动员飞越 6 米或更高高度的梦想成为现实；第二代新型塑胶跑道的出现，使曾经被认为是不可突破的 100 米竞赛极限变得简单……

医学、生理学、生物化学、生物力学、心理学及其相关学科的运用，使得训练变得不再盲目，而是更加精确和科学。如运动医学、运动生理学和运动生物化学在运动训练中的监控和管理，伤病的预防、恢复和治疗在运动训练中所起的重要作用，使得教练员在指导训练的过程中已经离不开科研人员的参与和帮助。

计算机和信息技术对竞技体育的贡献也是巨大的。如许多技术复杂的项目，教练员单凭肉眼是难以发现运动员技术上存在的问题，但通过立体三维电子系统，这些问题便迎刃而解了。刘翔就是这方面的最大受益者。国家体育总局水上运动中心和清华大学流体研究所对赛艇项目进行科研攻关，提出了许多创新性的训练指导思想和理念，如"梯次滑浆""整体滑水"等。这些思想和理念都为中国的赛艇项目在奥运会上实现金牌零的突破起到了积极的支撑作用，使运动成绩得到了突破性的提高。

另外，诸如基因技术、生物科学技术等科学的应用，都使得竞技体育的水平向前迈进了一大步，使运动训练选材—训练—竞赛—管理各个环节的科学化水平得到了长足的进步。先进的科学理论与技术能够使运动员的培养过程更加系统化、科学化和经济化，极大地缩短了培养高水平运动员的训练周期，也使运动员的各方面潜能得到充分的发挥。可以说，科学已经渗透到了竞技体育的各个角落。

三、各国对竞技体育的重视程度和支持力度

随着奥运金牌争夺的日趋激烈，各个国家更加重视国际竞赛的成绩和排名，并采取多种措施强化对竞技体育的管理与支持。另外，政府通过制定各种行之有效的推动计划，有重点、分阶段地实施本国竞技体育的战略目标。例如，中国的"奥运争光计划"，它拟定了我国竞技体育发展的目标及措施。2005 年底，国家

体育总局召开全国竞技体育工作会议,再一次确定了举国体制的战略发展方向,强调全运会要坚定不移地举行下去。

四、训练的方法、手段和理念发生了深刻的变化

体育训练由全面化转向专项化、个性化。目前,训练中特别强调,一切方法、手段都要紧紧围绕着专项进行,而不是像过去那样面面俱到。现在的训练更加重视运动员的个体差异,突出个人的特点,训练不是千篇一律。这就要求教练员要对自己所指导项目的性质、特征有全面的认识,并根据项目的性质、特征,结合运动员的个体差异,选择正确的、符合运动员实际的训练方法和手段,科学地安排训练过程。

第三节 竞技体育的特点

竞技性是竞技体育的主要特征之一,现代体育的竞技性集中表现在奥林匹克运动上。竞技体育中的"竞"是指比赛和竞争,"技"是指运动技艺。竞技运动的参加者总是力求最大限度地发挥自己的潜能去战胜对手。竞争性是竞技体育不断发展的杠杆,它不仅增加了竞技比赛胜负的不确定性,也为竞技运动增添了魅力。

竞技体育是从以娱乐为主要目的的游戏发展而来的,现代竞技体育日益加强的竞争性大大加强了竞技体育的观赏性。现代竞技运动的发展要求运动员必须具有高度完美的技艺,否则就难以取得比赛的胜利。不仅参加者可以通过表现自我并战胜对手获得胜利的喜悦,而且观众也可以通过观赏竞技体育比赛,从日常生活中的紧张状态解脱出来,获得一种特有的轻松感和美的享受。所以,观赏竞技体育比赛是广大群众休闲娱乐的最好方式之一。

一、挑战人体极限

竞技体育是在原始祭礼竞技的基础上形成和发展起来的。上古人类在祭祀活动中举行各种展示人的力量和技巧的比赛,如角力、射箭、斗剑、投标枪等。奴隶社会的竞技体育军事色彩特别厚,古希腊奴隶主为了镇压奴隶造反和提高本国的战斗实力,让自由民的青少年进行严酷的训练,以培养他们的体力、意志和纪律,并为此经常举行比赛。

竞技体育的功能是提高和发挥运动能力,看谁更高更快更强,因而具有很强的竞争性、对抗性,这种竞争性发展到极致,就是挑战人体极限,在力量型、速

度型运动项目中,特别是百米跑、举重、跳高、跳远、投掷更为突出。回顾人类的竞技体育史,我们会发现,人类的运动潜能是惊人的。人们看到一项项世界纪录、奥运会纪录一次次被打破时,都在思考:人体极限到底在哪里?早先有人断言,百米跑成绩不会突破十秒,现在十秒极限早已被突破,亚洲人(苏炳添)也突破了十秒大关,然而现在又有人说不可能突破九秒。随着人体的不断发达完善,训练的进一步科学化,跑道、跑鞋等体育设施与装备日益改进,相信现有的成绩很有可能会被突破。

二、团结协作

团结就是力量,协作配合才能取得胜利,对于竞技体育的集体项目更是如此。优秀的运动队虽然不乏明星,但他只是群星中最为璀璨的一颗,他要和其他队友组成一个集体,才能成为运动队的战斗力。这个集体必须配合默契,攻防有序,其势如潮,势大而不乱,力大而准确。这种"一加一大于二"的效应是一种大气,可以横扫千军。竞技体育的壮美使竞技体育在众多体育中最吸引人,备受人们关注。

三、展示人灵巧和谐的力与美的结合

有些竞技体育项目对抗性不强,其比赛主要不是力量和速度的展示,如体操、跳水、花样游泳、花样滑冰、健美运动等,属于技巧型项目。技巧型运动项目展示力与美的结合,其美具体表现为动作的灵巧、和谐、流畅、韵律,具有很强的艺术美、形式美,从美学层面看,它们最有审美价值,极具观赏性。

灵巧是人进化过程中的一大成果,人体进化不但使人能直立行走,骨骼和肌肉发达、有力,而且肢体也变得更加灵巧。人只有肢体灵巧才能灵活地做各种各样复杂的动作,以满足生活、劳动的需要。技巧型运动项目集中体现了人体的这一特点。灵巧与柔韧密不可分,僵直、呆板的肢体做不了灵巧的动作,肢体、肌肉能最大限度地自由伸缩、弯曲,才能灵活地完成高难度动作。平衡也是灵巧不可缺少的要素,平衡使动作流畅、稳定,不至于摇摆不定,甚至意外倒地。运动员在平衡木上跳步、平衡、翻滚、倒立、软翻、后手翻、空翻,轻盈灵巧,平衡自如,宛如芭蕾,美轮美奂。自由体操运动员空翻、手翻、倒立、劈叉、跳步、平衡,在地毯上翩翩起舞,有杂技的柔韧、灵巧,又有舞蹈的旋律、节奏,令人目不暇接,尽善尽美。

技巧型运动是由一个个动作连贯成一整套动作的,且每个动作要有难度、灵巧,动作与动作之间要连接流畅、和谐。连接就是过渡,过渡自然流畅,整套动作才会和谐。自然流畅、紧凑从容、和谐协调的动作连接，如行云流水，一气呵成，似起伏有致的曲线，舒心悦目，陶冶了人的性情，净化了人的精神。

技巧型运动项目不但要动作灵巧，有难度，动作与动作之间连接流畅和谐，还要讲究动作的韵律。所谓韵律就是节奏、神韵，韵律体现技巧运动的艺术美。许多技巧项目与音乐相配合，借音乐表达情感和艺术想象。花样滑冰之所以被誉为"冰上芭蕾"，就是因为它具有芭蕾舞的美，又有穿着特制冰刀在冰面上完成舞蹈动作的难度。其动作与音乐和谐配合，圆润流畅，连贯而富有节奏，姿态优美，错落有致。

四、竞技体育的智和勇

在符合竞技体育运动规律和道德规范的前提下，运动员可凭借自己的实力，运用一切手段，竭尽全力提高运动成绩，在竞赛中取得好名次。其中诸多要素，可以概括为勇和智两个方面。

在比赛中，勇表现为一往无前的顽强拼搏精神。相持阶段最能考验运动员的意志。足球赛、篮球赛的下半场，长跑的后半段，双方体力都开始减弱，都难以占上风，这时谁能坚持到最后，能打破僵局，谁就是胜者。从某种意义上说，参与比取胜更重要，因为取胜的总是少数人，多数人是参与，然而对于每一个运动员而言，参与能够促进他们运动水平的不断提高。只有他们处于劣势时仍顽强拼搏和坚韧不拔，才更能够显示夺冠者的实力。同时，他们自己也因良好的体育精神、高昂的斗志，赛出了自己的最高水平，并赢得对手和观众的尊重。

竞技运动的智，既表现在运动员身上，又表现在教练员身上。高技术状况是，赛前，教练员研究对手，据此认真排兵布阵、安排战术；运动员心领神会，一上场就攻其不备，出其不意，大显神威。但状况不可能完全按赛前的预测发展，教练员要及时向运动员发出调整战术的信息，运动员要能随机应变，改变战术，给对方造成心理压力，方能取胜。运用科学技术手段训练也是智的内容。根据科学原理，借助科学手段训练；运用科学统计、科学技术指导和参与比赛；改进运动器材、运动员服装，更新运动器械，如乒乓球拍的改变、撑竿跳高杆材料的改变对于提高运动成绩起着至关重要的作用。科学技术是人类智慧的结晶，把它们运用于竞技体育是人类智慧的二度闪光，令竞技体育发展日新月异。

智和勇是人类在生产实践、社会实践和科学实践中形成的人的品质，是人类文明进步和社会发展的表现，智与勇最集中地表现在斗争之中，与对手斗、与自己斗、与困难斗，在斗争中人的智、勇得到充分的展示，又促进着智、勇的不断发展，是在斗争中取胜的缺一不可的因素。

第二章　竞技体育的赛事

第一节　奥林匹克运动会

一、奥运会概述

现代奥林匹克运动会发源于两千多年前的古希腊，因举办地在奥林匹亚而得名。古代奥林匹克运动会从公元前776年至公元394年，由面世到取消，共举办了293届，绵延1170年。盛极一时的古代奥运会虽然废止，遗址也被埋没，但象征人类文明的奥林匹克精神一直保留在人们的心中。

现代奥林匹克运动会，简称"奥运会"，是国际奥林匹克委员会举办的世界规模最大的综合性运动会，每四年一届，会期不超过16日，分为夏季奥林匹克运动会、夏季残疾人奥林匹克运动会、冬季奥林匹克运动会、各季残疾人奥林匹克运动会、夏季青年奥林匹克运动会、冬季青年奥林匹克运动会、世界夏季特殊奥林匹克运动会、世界冬季特殊奥林匹克运动会、夏季聋人奥林匹克运动会、冬季聋人奥林匹克运动会。第32届2020年日本奥运会因新冠肺炎疫情的影响，延期举办，延期至2021年7月23日开幕。

现代奥运会的源头是古代奥运会，最早提出恢复奥运会的是体操运动创始人、德国"体育运动鼻祖"古茨穆茨，而真正使奥林匹克运动重获新生的，是被誉为"现代奥运会之父"的法国男爵顾拜旦。

1892年11月25日，在巴黎索邦神学院，顾拜旦做了"复兴奥林匹克"的著名演说，提出了创办现代奥运会的倡议。

经顾拜旦多方奔波，1894年6月23日，国际奥委会宣布成立。在成立大会上，顾拜旦起草的第一部《奥林匹克宪章》获得通过；希腊诗人维凯拉斯当选为国际奥委会首任主席，顾拜旦为秘书长；大会决定沿袭古奥运会传统，举办四年一届的现代奥运会。

由于维凯拉斯率领的希腊代表团要求，首届奥运会在希腊举行。

1896年4月6日至15日，第一届现代奥运会在希腊雅典隆重举行。奥林匹克运动从此迈入了一个崭新的纪元。

二、夏季奥林匹克运动会

夏季奥林匹克运动会，简称夏季奥运会。早期夏季奥运会由国际奥林匹克委员会的成员国轮流主办，每四年举办一届，与冬季奥林匹克运动会相间举行。

夏季奥运会的比赛项目（大项）一共有28项：田径、赛艇、羽毛球、棒球、垒球、篮球、足球、拳击、皮划艇、自行车、击剑、体操、举重、手球、曲棍球、柔道、水上项目、现代五项、马术、跆拳道、网球、乒乓球、射击、射箭、铁人三项、帆船帆板、排球、摔跤。

1896年4月6—15日，第一届夏季奥林匹克运动会在希腊首都雅典举行。该届比赛项目只有田径、游泳、举重、射击、自行车、古典式摔跤、体操、击剑、网球9大项目。这一届奥运会未邀请殖民地国家参加、妇女被排斥于奥运会之外，未设集体项目等，但是它为奥运会的发展奠定了基础，对奥林匹克运动起到了推动作用。

1932年7月30日—8月14日，第十届夏季奥运会在美国洛杉矶举行。该届奥运会对中国来说是意义非凡的——中国首次派出一个由3人组成的代表团，运动员只有刘长春一人。刘长春参加100米和200米预赛落选后，因体力不支，放弃了400米的比赛。这届奥运会书写了中国参加奥运会比赛的历史。

2001年国际奥委会莫斯科第112次全会上，北京在第二轮以56票优势胜出，获得了2008年第二十九届夏季奥运会的举办权。北京历经两次申办，七年筹措，最终成功举办了这届奥运会，向全世界人民展现了中华民族的悠久历史和灿烂文化。

三、冬季奥林匹克运动会

早在19世纪末和20世纪初，冰雪运动就已经在欧美一些国家得到了广泛的开展，一些冰雪运动如滑雪、滑雪橇、滑冰、冰球等项目在欧美国家变得流行起来。顾拜旦曾建议单独举办冬季奥运会。1908年第四届伦敦奥运会第一次列入了花样滑冰项目，1920年第七届安特卫普奥运会又增加了冰球项目。1922年，国际奥委会决定在1924年第八届奥运会前举行冰雪类项目的比赛，当时称为"第八届奥林匹克亚德体育周"，两年后，国际奥委会正式将其更名为第一届冬季奥林匹克运动会。

冬季奥林匹克运动会简称冬奥会，是奥运会的重要组成部分。冬季奥运会最初规定每 4 年举行一次，与夏季奥运会在同年和同一国家举行。从 1928 年的第二届冬奥会开始，为减轻主办国的负担，冬季奥运会与夏季奥运会改在不同的国家举行。1994 年，国际奥委会决定将冬奥会与夏奥会以 2 年为间隔交叉举行。

冬季奥运会的项目都为冰雪项目，共有 15 大比赛项目：跳台滑雪、俯式冰橇、花样滑冰、无舵雪橇、有舵雪橇、高山滑雪、短道速滑、速度滑冰、自由式滑雪、越野滑雪、北欧两项、现代冬季两项、单板滑雪、冰球、冰壶。

2022 年北京－张家口冬季奥运会（The 2022 winter Olympics in Beijing & Zhangjiakou）为第 24 届冬季奥林匹克运动会，简称"北京张家口冬奥会"，将在 2022 年 2 月 4 日—20 日由北京市和张家口市联合举行。这是中国历史上第一次举办冬季奥运会，北京、张家口同为主办城市，也是继北京奥运会、南京青奥会后，中国第三次举办的奥运赛事。

四、青年奥林匹克运动会

青年奥林匹克运动会（Youth Olympic Games，YOG），简称"青年奥运会"或"青奥会"，是专为青年举办的国际赛事，也是在全球范围内最高水平的青年综合体育赛事，仅次于奥运会的大型国际型赛事。参赛选手年龄限制定为 14 至 18 周岁，比赛项目大部分与奥运会相同，每四年举办一届。青奥会旨在聚集世界范围内所有具有天赋的青年运动员，以组织具有高度竞技水平的赛事。青奥会整合了教育和文化内容，鼓励青年以奥林匹克的价值观来生活，让青少年们从运动中收获健康的生活方式。

夏季青奥会项目包括游泳（跳水、游泳）、射箭、田径、羽毛球、篮球（奥运项目篮球或街头篮球）、拳击、划艇、自行车（小轮车、山地自行车）、马术（障碍）、击剑、足球、体操、手球、曲棍球、柔道、现代五项、划船、帆板、射击、乒乓球、跆拳道、网球、铁人三项、排球（室内或沙滩排球）、举重、摔跤（女子自由式摔跤、男子古典式摔跤）共 26 个大项。最后确定项目应以官方发布内容为准。

冬季青奥会所设项目包括花样滑冰、滑雪、冰球、冬季两项（越野滑雪和射击）、冰壶、雪橇等 7 个大项。

青奥会赛事特点如下：

（1）节俭办会

国际奥委会要求青奥会申办城市需要用现有的体育和文化教育设施，不需要新建设施，尽可能减少对城市市民生活的干扰。

（2）重视文化教育交流

国际奥委会强调文化教育生活和体育竞技同样重要，并完美融合。青奥会应回归奥林匹克精神，要求参加青奥会的运动员从开幕式到闭幕式都要参加体育竞赛和文化教育计划规定的活动。

（3）树立奥林匹克精神

青奥会设想是基于青少年，为了青少年，在青少年中广泛传播"卓越、友谊、尊重"的奥林匹克精神，使之成为青少年的共同理想；树立健康向上的青少年榜样，鼓励和引导青少年积极参与体育运动，在参与、互动、共享氛围中快乐地成长。

（4）改革和创新

具体表现为在城市举办、文化教育计划、适应青少年的竞赛项目和规则等方面，其宗旨是突出世界青少年之间的交流和合作。为了倡导融合和交流，青奥会不设官方奖牌榜。

第二节　亚洲运动会

亚洲运动会，简称亚运会，是亚洲地区历史最悠久、规模最大的综合性运动会。亚洲运动会的前身为远东运动会和西亚运动会，最初由亚洲运动会联合主办，1982年改为由亚洲奥林匹克理事会主办。亚洲奥林匹克理事会的成员国轮流主办，每4年举行一届，与奥运会相间举行，分为亚洲夏季运动会（亚运会）、亚洲冬季运动会（亚冬会）、亚洲青年运动会（亚青会）、亚洲残疾人运动会（亚残会）。

亚运会不仅是亚洲地区规模最大、水平最高的综合性运动会，同时也代表了整个亚洲的体育运动水平，是亚洲地区的综合性运动竞赛会，也是亚洲体坛最大的盛会。

亚运会的比赛项目大都为奥运会项目，但不像奥运会那样有严格的规定。每届亚运会除一些广为开展的项目如田径、游泳、篮球、排球、足球等入列以外，东道主还可以根据自身条件适当增减项目，但项目总数不得少于11个。

1951年第一届亚运会在印度首都新德里举行，为期8天。首枚金牌被参加男子1500米自由泳比赛的新加坡选手梁水国摘走。

1990年9月22日—10月7日北京亚运会（第十一届亚运会）是中国人在自己的土地上第一次举办的综合性国际体育大赛，也是亚运会诞生以来的40年间第一次由中国承办的亚洲运动会。

第三节 欧洲各运动会及世界大学生运动会

一、地中海运动会

地中海运动会是地中海沿岸各国的综合性运动会，也称"地中海—城市运动会"。地中海运动会是由地中海运动会国际委员会主办的地中海沿岸亚非欧地区性的综合运动会。此运动会也是地中海沿海地区的最大的运动会，常常被称为"地中海奥林匹克"。因地中海沿海地区的气候温暖，再加上运动会规模小，夏冬季不单分出独立的运动会，多数届次都是在七至十月的夏秋季举行。

二、英联邦运动会

英联邦运动会，原名为英帝国运动会（British Empire Games），始办于1930年，每四年举行一届，与奥林匹克运动会相间举行，为限英联邦成员国或其附属国及地区运动员参加的大型综合性运动会。英联邦运动会至今已有90年历史，迄今举办了21届，除了1942年和1946年因为第二次世界大战停办外，运动会一直如期举行。

三、欧洲运动会

欧洲运动会主要由欧洲地区国家举行，是欧洲规模最大的综合性运动会。从2015年开始举办，至今已举办两届。欧洲运动会由欧洲奥林匹克委员会的成员国轮流主办，每四年举办一届，在奥林匹克运动会的前一年举行。参与国主要分布在东欧、西欧、南欧、中欧、北欧、包括俄罗斯、白俄罗斯、立陶宛、波黑、英国、法国、德国、阿塞拜疆等国。

四、世界大学生运动会

世界大学生运动会是由国际大学生体育联合会主办的世界性综合运动会，由三大赛事组成，即"世界大学生夏季运动会""世界大学生冬季运动会"和"世界大学生体育锦标赛"。参加者必须是年龄17—28岁的在校大学生和毕业不超过两年的大学生，其前身为国际大学生运动会，素有"小奥运会"之称。

第三章　竞技体育的运动项目

第一节　田径运动

一、田径运动概述

（一）起源与发展

田径运动是人类长期社会实践发展起来的，包括男女竞走、跑跃、投掷等四十多个单项，以及由跑跳、跳跃、投掷等部分项目组成的全能运动。以时间计算成绩的竞走和跑的项目，叫径赛。以高度和远度计算成绩的跳跃、投掷项目叫田赛，田径运动是径赛、田赛和全能比赛的统称。

远在上古时代，人们为了获得生活资料，在和大自然及禽兽的斗争中，不得不走或跑相当的距离，跳过各种障碍，投掷石块和使用各种捕猎工具。在劳动中不断的重复这些动作，便形成了走、跑、跳跃和投掷的各种技能。随着社会的发展。人们有意识地把走、跑、跳跃、投掷作为练习和比赛形式。

公元前776年，在古希腊奥林匹克村举行了第一届古奥运会，从那时起，田径运动为正式比赛项目之一。1894年，在法国巴黎成立了现代奥运会组织。1896年在希腊举行了第一届现代奥运会，在这届奥运会上田径的走、跑、跳跃、投掷等项目，被列为大会的主要项目。至今已举行的各届奥运会上，田径运动都是主要比赛项目之一。

（二）主要赛事

1. 世界田径锦标赛

世界田径锦标赛创始于1983年的国际性田径赛事，主办机构是国际田径联合会，最初是每四年一届，1991年起改为每两年一届。1977年开设的世界杯田径赛，是国际田联单独主办的第一个世界性田径赛，对世界田径运动的发展起了一定的推动作用。

2. 奥运会

自 1896 年第一届奥运会开始，田径运动都是主要的比赛项目之一。从 1928 年第 9 届奥运会起，增设了女子田径项目。田径是奥运会金牌最多的项目，正所谓"得田径者得天下"。2012 年伦敦奥运会田径项目设置 48 枚金牌。

二、田径运动主要规则

（一）场地与器材

1. 径赛场地与器材

（1）径赛场地

标准田径场跑道的全长为 400 米，由两个平行的直道和两个半径相等的弯道组成

（2）起跑器

起跑器的结构必须十分坚固，并且不会为运动员提供不公正的利益。在跑道上安放起跑器时，起跑器的任何部分均不得触及起跑线或伸延至其他分道。（图 3-1-1、图 3-1-2）

图 3-1-1 "蹲踞式"起跑

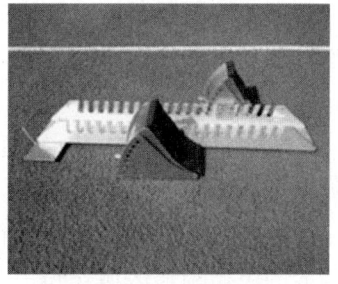
图 3-1-2 起跑器

（3）全自动终点摄影计时系统

全自动终点摄影计时装置必须从发令员的枪或经批准的类似装置启动开始计时，在该系统中拍摄的图像必须与计时系统同步，且可以精确到 1/1000 秒。

（4）径赛成绩实时显示牌

显示牌与全自动终点摄影计时系统相连接，可以同步显示每组第一名成绩、实时成绩和分段成绩，便于观众了解比赛进程与结果。

（5）栏架

不同项目成年栏架高度不同：男子 110 米跨栏跑栏架高度为 1.067 米；男子 400 米跨栏跑栏架高度为 0.914 米；女子 100 米跨栏跑栏架高度为 0.840 米；女

子 400 米跨栏跑栏架高度为 0.762 米。

2. 田赛场地与器材

（1）跳远、三级跳远

在奥运会和世界性田径比赛中使用的跳远和三级跳远的沙坑宽至少 2.75 米，最宽 3 米。助跑道宽 1.22 米，长至少 40 米。跳远起跳板前沿至沙坑远端的距离至少 10 米。三级跳远起跳线至沙坑近端的距离男子至少 13 米，女子至少 11 米，至沙坑远端距离至少 21 米。坑内沙面与起跳板表面在一个水平面上。起跳板用木料制成，长 1.22 米，宽 20 厘米，漆成白色。起跳板前有一块橡皮泥显示板，用来帮助裁判员判断运动员是否犯规。

（2）跳高

跳高落地区至少长 5 米，宽 3 米。助跑道长度不限，最少为 15 米。如果条件许可，应不短于 20 米，呈扇形。跳高架应该有足够的高度，须配稳定放置横杆的横杆托，两立柱之间距离为 4.00～4.04 米。

（3）撑竿跳高

撑竿跳高的落地区，至少 5 米×5 米，重大比赛为 6 米×6 米。落地区和穴斗两边铺海绵包。助跑道宽 1.22 米，长最少 40 米。撑竿跳高插斗用木料、金属或其他坚实材料制成。插斗埋入地下，上口应与地面齐平。撑竿跳高架两立柱或延伸臂之间距离应不少于 4.30 米，不超过 4.37 米。

（4）投掷

①投掷区：在铅球、铁饼、链球比赛中，运动员都是在投掷圈中站立开始投掷。投掷圈外围是金属镶边，有 6 毫米厚，顶端涂白。

②落地区：在所有投掷比赛中，落地区都是草坪或者其他能留下印记的物质构成的平坦扇形区域。每一个扇形区由 5 厘米宽的白线分开。

③铅球：在奥运会和世界性田径比赛中使用的铅球应该用实心的铁、铜或者其它任何硬度不低于铜的金属制成。铅球的外形必须是球形，表面必须光滑。

④铁饼：铁饼的饼体是木料或其他适宜材料制成的，周围镶上圆形的金属圈。它的两面必须相同，平滑，饼心是平的，从金属圈边缘弯曲处至饼心边缘应是直线倾斜。

⑤链球：链球由三部分构成：球体、金属链和把手。球体与铅球相同，链子应以直而有弹性并不易折断的单根钢丝制成。把手为单环或者双环结构，但必须质地坚硬，没有任何种类的铰链连接。

（5）标枪

标枪分枪身、枪头和缠绳把手。枪身是光滑的金属杆，两端逐渐变细。枪头是固定在枪身前端的锋利金属尖。枪身表面及枪尾必须自始至终平滑,把手包绕枪的重心,把手表面应为规则的不光滑型,标枪的所有横断面应为规则的圆形。

(二) 主要规则

1. 径赛主要规则

(1) 起跑犯规

除全能项目之外,任何起跑犯规负责的运动员将被取消该项目的比赛资格。在全能项目中,对第一次犯规的运动员应给予警告。每项比赛只允许运动员有一次起跑犯规而不被取消资格,之后1名或多名运动员每次起跑犯规均应被取消该比赛项目的比赛资格。

(2) 阻挡

如果运动员在比赛中被挤撞或被阻挡,就会妨碍其走或跑。非运动员故意的行为裁判长可以命令比赛重赛,或者允许受影响的运动员(队)参加下一轮的比赛;如果裁判长发现其他运动员应该对此负责,该运动员(或其所属队)应该被取消比赛资格。

(3) 分道跑

在分道跑的比赛中,运动员应至始自终在自己的分道内跑进。所有不分道跑的比赛,运动员不能踏在或跑出突沿或实际分道线上或内侧。

(4) 接力跑

接力跑必须在接力区交接接力棒,从接力棒初次触及运动员开始到完全由接棒运动员手持才算完成传递。仅以接力棒的位置决定是否在接力区内完成接力。在接力区外交接力棒将被取消比赛资格。

2. 田赛主要规则

(1) 比赛顺序和试跳

除跳高和撑杆跳高外,在任何一轮次比赛中,不允许记录运动员1次以上的试跳(掷)成绩,如果参赛运动员多于8人,则每名运动员均有3次试跳(掷)机会,有效成绩最好的前8名运动员可再试跳(掷)3次。在上述情况中:最后3轮次的比赛顺序应与前3轮比赛结束后的成绩排名相反。当运动员比赛顺序发生变化,出现任何成绩相等时,运动员应按原抽签的顺序比赛。

(2) 比赛时受阻

无论什么原因,如果运动员在试跳(掷)时受阻,有关裁判长有权予以补试机会。

(3) 延误比赛

田径项目比赛时,运动员无故延误试跳(掷)时间,将导致不允许其参加该

次跳（掷），并记录为该次跳（掷）失败。在任何情况下，均由有关裁判长决定何为无故延误。

(4) 试跳失败

①高度项目：试跳后，由于运动员的试跳动作，致使横杆未能留在横杆托上；在越过横杆之前，运动员身体的任何部位触及立柱以外的地面或落地区。如果运动员在试跳中一只脚触及落地区，而裁判员认为其并未从中获得利益，则不应判为试跳失败。在任何高度上，只要运动员连续3次试跳失败，即失去继续比赛的资格。

②远度项目：在未做起跳的助跑中或在跳跃中，运动员以身体任何部位触及起跳线以外地面；从起跳板两端之外的起跳线的延长线前面或后面起跳；在落地过程中触及落地区以外地面，而落地区外触地点较区内最近触地点更靠近起跳线；完成试跳后，向后走出落地区；采用任何空翻姿势。

(5) 投掷项目（铅球）

运动员应用单手从肩部将铅球推出。当运动员进入圈内开始试掷时，铅球应抵住或靠近颈部或下颌，在推球过程中持球手不得降到此部位以下。不得将铅球置于肩轴线后方。运动员进入圈内开始投掷后身体的任何部位触及圈外地面，或触及铁圈和抵趾板上面，或以不符合规定的方式将铅球推出，均判为一次投掷失败。从铅球落地痕迹的最近点取直线量至投掷圈内沿，测量线应通过投掷圈圆心。其他投掷项目比赛，除场地、器械和投掷方法与铅球有差异外，比赛规则与铅球基本相同。掷标枪出手前身体不得完全转为背对起掷弧。标枪出手后应枪尖先着地，且着地最近点完全在角度线内沿以内。

三、田径运动主要技战术及赏析

（一）主要技术

1. 短跑技术

(1) 起跑

听到"各就位"，双手扶地，后腿跪地，两臂伸直，两手与肩同宽，听到"预备"，臀部慢慢抬起，稍高于肩，身体重心前移，两肩轴线略过起跑线，两脚压紧抵足板；听到"跑"，双手迅速推离地面，双脚用力蹬地，上体保持前倾，加速跑进。（图3-1-3）

(2) 起跑后的加速跑

起跑后的加速跑是蹬离起跑器到进入途中跑的一个跑段，一般为30米左右。身体仍保持较大的前倾姿势，为了不使身体向前摔倒，要积极加快腿的蹬伸与臂

图 3-1-3 起跑过程

的摆动,保持身体的动态平衡。身体的前倾随着步长和跑速的增加逐渐减小,最后接近途中跑的姿势。

(3) 途中跑

途中跑是短跑全程中距离最长和速度最快的阶段,其任务是继续发挥和保持高速度跑。途中跑每一个单步的组成都由支撑时期的着地缓冲、后蹬和腾空时期的折叠前摆、下放摆落动作组成。(图 3-1-4)

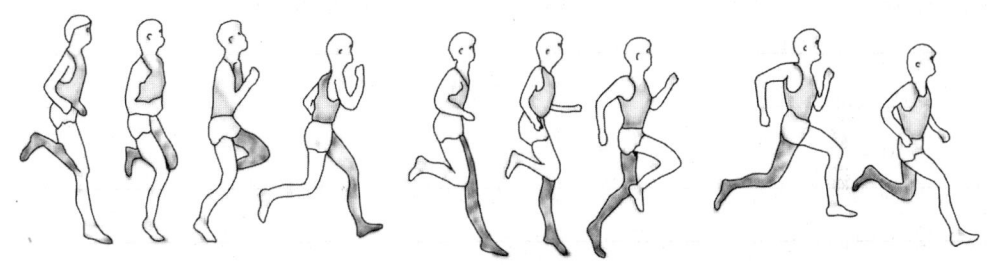

图 3-1-4 途中跑

(4) 弯道跑

从直线进入弯道跑时加大右腿的蹬地力量和摆动幅度,右臂也相应地加大摆动的力量和幅度,摆臂时左臂摆动幅度稍小,靠近体侧前后摆动;右臂摆动的幅度和力量稍大,且前摆时稍倾向左前方,后摆时肘关节稍向外。身体应向内倾斜,但要保持正直或稍向前。外侧脚的脚掌内侧着地,内侧脚的脚掌外侧着地。(图 3-1-5)

(5) 终点跑

终点跑是全程跑的最后阶段(要求在距离终点线 15~20m 处),其任务是尽可能保持途中跑的最高速度。终点跑应力求在疲劳情况下保持途中跑的正确技术，动用全部力量，以最快的速度跑过终点。技术上要求上体适当前倾，加强摆臂，加强后蹬，尽量减少跑速的下降。在运动员跑到离终点线前约一步距离时，上体急速前倾，双臂后摆，以躯干任何部分撞终点线跑过终点（图3-1-6）。跑过终点后应逐渐减速，不要突停，以免跌倒受伤。

图3-1-5 弯道跑

图3-1-6 终点跑

2. 接力跑传接棒技术

（1）上挑式：手握接力棒的中下部，传棒时将接力棒从下向上挑；接棒时四指并拢，虎口张开朝下，掌心朝内，手臂自然向后伸展，准备接棒。

（2）下压式：手握接力棒的中下部，传棒时从上往下压；接棒时四指并拢，虎口张开朝内，掌心朝上，手臂自然向后伸展，准备接棒。

3. 背越式跳高

（1）助跑

开始采用直线助跑，要求身体重心高而平稳，上体略有前倾，后蹬充分有力，前摆抬腿积极、自然，动作连贯，两臂配合大幅度地摆动。进入弧线跑时，身体逐步地向内倾斜，加大外侧臂和腿的摆动幅度。保持头、躯干成一直线向内倾。助跑的整个过程应有明显的加速性和较强的节奏感，尤其是最后几步逐渐加快，到最后一步最快。

（2）起跳

背越式起跳最大的特点是必须做旋转动作。起跳腿是离横杆远的腿，起跳时摆动腿向上向外摆，以使运动员向助跑开始方向做旋转动作。起跳后，转为背向横杆。背越式的过杆动作与俯卧式不同，运动员身体横在杆上，身体各部分依次过杆。过杆时挺腹，全身在杆上处于弧形状态，头部、肩部、胸部在杆后急剧下压，当身体重心达到最高点时，大腿向下并挺胸挺腹，以便顺利越过横杆。

（3）过杆

过杆是最终决定跳跃成败的重要环节，充分利用起跳获得的腾空时间改变身体姿势，缩短身体重心与横杆之间的距离，并利用身体的屈伸、旋转越过横杆。

过杆时，立即屈髋收腹，下颚迅速引向前胸，同时双腿补偿地高举两小腿积极向上甩起。

(4) 落垫

在人体向后上方甩腿之后，保持着屈髋伸膝的姿势下落，最后上背部或背部落于海绵垫上。落在海绵垫后要做好缓冲控制，防止受伤。

4. 蹲踞式跳远

(1) 助跑

助跑时自然放松，逐渐加速，步点准确，最后几步加大步频。

(2) 起跳

踏板要积极用力，起跳腿快速蹬伸髋膝踝环节，摆动腿快速折叠前摆，水平位置时，要挺胸，头和躯干保持正直，两臂上摆，在摆臂摆腿的协调配合下，完成起跳。

(3) 腾空

腾空后，上体正直，保持腾空步，当身体达到最高点时，起跳腿向前上方提举与摆动腿靠拢，身体呈团身蹲踞姿势，两臂由前往后摆动，前伸小腿落地。

(4) 落地

落地时，双脚同时落地，并屈膝缓冲。

5. 铅球

(1) 握球方法

五指自然分开，把铅球放在靠近食指、中指和无名指的指跟处，拇指和小指扶在球体两侧，掌心空出，手腕背屈。手指和手腕力量较强者，可将铅球适当移向手指的第二关节处。

(2) 持球方法

握好铅球后，将铅球放在肩上锁骨窝处，贴紧颈部，头部略向右转，拇指处在锁骨窝的上面、球体的下面，其余四指大体处在球体的侧面，掌心向内，右臂屈肘，大臂与躯干夹角约为90°，手与颈部挤紧铅球，肘部略低于肩或与肩平齐，躯干保持正直（图3-1-7）。

(3) 准备姿势

握、持好球后，侧对投掷方向，两脚左右开立比肩稍宽，左脚尖指向斜前方并与右脚弓在一条直线上，右腿弯曲，上体右转，重心移在右腿

图3-1-7 持球方法

上。左臂自然于胸前。

（4）推球

推球时首先右腿用力蹬转，髋部前移并左转，同时左臂稍内旋经体前带领左肩边移、边抬、边转至投掷方向；紧接着右腿开始转蹬，两腿进行爆发式蹬伸，左肩制动，右肩充分向前，抬肘、伸右臂、用手指拨球，将铅球从肩上向前上方推出。

（5）维持身体平衡

铅球出手后，由于身体重心较高，身体有很大的向前惯性，容易失去平衡冲出投掷圈造成犯规。因此，铅球出手后，要及时交换左、右腿的位置，屈膝、屈髋降低身体重心或改变身体重心运动方向，从而维持铅球出手后的身体平衡。

（6）滑步方法

预备时，侧向滑步侧对投掷方向，两脚左右开立比肩稍宽，右腿弯曲，上体右转，重心移在右腿上，左臂自然于胸前；背向滑步背对投掷方向，两脚前后开立，上体前屈右腿屈膝重心落在右腿上，左臂自然垂于体前。滑步时预摆，最后一次预摆左腿摆回时右腿屈膝，左腿摆出的同时右腿用力蹬地，收小腿滑至投掷圈中心，左腿迅速着地完成滑步动作。

（二）主要战术

1. 径赛赛次战术

径赛赛次一般包括预赛、次赛、复赛和决赛四个赛次。举行分组比赛时，所有运动员必须参加并通过所有赛次，取得决赛的资格。在预赛、次赛、复赛和决赛四个赛次中，只有决赛直接决定比赛名次。因此，对于运动员来说，运动水平不同，实力不一样，则在各赛次中所采取的战术也各不相同。优秀运动员在预、次、复赛中不必苛求每个赛次的小组比赛中均要取得第一名，只需进入规定录取名次即可。对于一般水平的运动员，则要力争在各赛次中进入规定的录取名次。

2. 径赛跑进路线战术

在田径比赛中，运动员的水平非常接近，竞争异常激烈，往往是百分之一秒才能决定胜负，影响这0.01秒的因素很多，其中之一就是选择合理的跑进路线。在径赛中，弯道各道的实跑线，除第一道是沿内突沿外沿30cm处丈量外，其余均为距各道内侧分道线20cm处丈量。因此运动员应尽量沿着跑道内侧跑进，特别应避免在弯道跑时自己处于外侧位置。在中长跑比赛中，应选择在第一道实跑线内侧跑进的路线，并尽可能避免或减少并排跑进时处于外侧位置的跑进时间。

3. 中长跑战术

（1）领先跑

比赛一开始，运动员就一直在前面领先跑进，掌握和控制跑进的速度，从比赛一开始就以高速度压倒对手，并以自己所需要的节奏使对手处于被动地位。领先跑战术适用于耐力好，冲刺能力较差的运动员。在相同条件下，采用领先跑比赛战术的运动员取得优异成绩的可能性比较大。

（2）跟随跑

运动员在比赛过程中一般处于跟随跑地位，而在比赛的最后一程，则充分发挥其令人胆寒的冲刺威力，用非常快的速度取得领先地位，以便胜利到达终点。跟随跑战术一般适用于冲刺能力较强而耐力较差的运动员。

（3）变速跑

对于变速能力强的运动员可以采用这种方法。在比赛中通过主动改变跑进的速度，拖垮对手，达到取得比赛胜利的目的。

4. 高度项目比赛的战术

高度项目比赛，即跳高和撑杆跳高。在整个高度项目的比赛中，总的试跳次数对运动员的成绩影响很大，试跳次数太多，会大量消耗运动员的体力；试跳次数太少，易出现失误，冒险性大。跳高运动员应根据比赛的预定目标，正确运用免跳战术，选择好合理的起跳高度，控制好总的试跳轮次和次数，以取得最佳成绩或打破最高纪录。

5. 远度项目比赛的战术

在跳远、推铅球、掷标枪等田赛远度项目比赛中，当参赛人数不足8人或8人时，人均可试跳6次，由于以运动员在6次中最好的一次试跳（掷）成绩作为最后决定名次的依据。所以，运动员应采取积极大胆的比赛战术，即便出现犯规也在所不惜，适时调整，冲击最好成绩和最高纪录。参赛人数超过8人时，每人则可试跳3次，前8名还可再试跳3次。这时运动员应首先力争在前3次试跳（掷）中达到或接近自己的最好成绩，一般不宜采用过分冒险的计划，以争取先能进入前8名作为第一目标，待进入后3次试跳（掷）再全力以赴地创造好成绩。

（三）田径运动赏析

1. 力量美

田径运动员通过力量训练使肌肉发达强壮有力，为不断攀登体育高峰打下坚实的基础。有力的健美体型给人以雄壮、勇猛、活泼、强健的感觉。表现出具有生气和生命之美，力之壮美体现在田径运动项目之中，如古希腊的塑像"掷铁饼者"至今仍作为美的化身供人们欣赏。

2. 速度美

速度反映了人体进行快速运动的能力，是对运动审美评价的标准之一。为了达到更快的速度，必须采用合理的动作技术，采用正确姿势，最协调的动作，是最科学、最优美的姿势。如奥运会100m赛金牌获得者刘易斯，他的弹跳好、步幅大，身体重心高，因而跑姿轻盈，给人以难忘的速度美感。

3．动态美

田径运动的动态美表现在动静结合上。短跑运动员的起跑由静到动，就像一枚整装待发的火箭，具有无穷的威力。静是为动而准备，如竞赛运动员起跑前的静伏，只等枪声一响，由静到动像一枚发射出的火箭，具有无穷的威力，给人以朝气蓬勃和奋发向上的活力之美。

4．平衡美

身体运动中相对静止的均衡动作显示出平衡美。例如背越式跳高运动员过杆成桥技术；投掷运动项目中最后用力换脚保持身体平衡动作；跳远中腾空步技术等。

5．协调美

田径运动尤其要求运动员全身各部分协调一致，完成运动动作的各个阶段分序严谨而不停顿、动作轨迹显得轻松而协调。这需要人的神经系统各种感知觉良好配合，才能控制和调节身躯做各种变化，也才能给人以美感。

四、当前热点评说

（一）规则方面

①起跑在2003年之前，一名运动员抢跑两次才会被取消比赛资格。从2003年开始，国际田联规定一场比赛只允许一次抢跑，随后抢跑的任何运动员，无论他（她）是否为第一次抢跑者，都将被取消比赛资格。不过这一规则给了运动员可乘之机，一些运动员因为知道第一次抢跑不受处罚，比赛中故意抢跑，给对手施压，制造紧张气氛。为了避免运动员耍这种伎俩，从2010年起运动员只要抢跑一次，就会被立刻取消比赛资格。

②投掷类项目中，由于运动员运动技术的差异与比赛中发挥的不稳定性，投掷方向往往会偏离投射区域，给在场的观众、比赛运动员、裁判员及工作人员带来危险。自1953年到2006年，铅球、铁饼、链球的投射区圆心角度经历了多次修改，从90°逐渐变为70°、65°、45°、40°，最新的田径竞赛规则规定铅球、铁饼、链球落地区标志线延长线夹角由40°减少到34.92°。这一修改从安全的角度出发，降低了意外事故发生的可能性。

（二）代表人物介绍

①尤塞恩·博尔特，1986年8月21日出生于牙买加特里洛尼，前牙买加短

跑运动员，男子100米、200米世界纪录保持者，三届奥运冠军，当今男子短跑无可争议的霸主，被称为世界上跑得最快的人。

②哈维尔·索托马约尔，1967年10月13日出生于古巴的马坦萨斯省。前古巴男子跳高运动员，男子跳高世界纪录2.45米和室内世界纪录2.43米的保持者，也是世界上越过2.4米次数最多的运动员，被誉为世界"跳高之王"。

③娜塔莉亚·莉索芙斯卡娅，1962年7月16日出生于苏联巴什吉尔共和国，前俄罗斯铅球运动员。奥运会、世界锦标赛女子铅球金牌获得者，女子铅球世界纪录22.63米保持者。

④刘翔，1983年7月13日出生于上海市普陀区，前中国男子田径110米栏运动员。刘翔是110米栏史上第一位同时集奥运会冠军、世锦赛冠军、世界纪录于一身的选手，同时也是中国全运会史上第一个三连冠田径选手。

⑤苏炳添，1989年8月29日出生于广东省中山市，中国男子短跑运动员，暨南大学体育学院副教授，男子60米、100米亚洲纪录保持者。

（三）科技的应用

1. 电子计时系统

一百多年过去了，首届现代奥运会上计时所用的跑表如今换成了一系列高科技计时装置，如高速数码摄像机、电子触摸垫、红外光束、无线应答器等。鉴于当今计时技术的快速发展，即便千分之一秒的毫微差距，也决定着冠军的归属。

2. 自动防故障装置

为防止电缆被切断或某一设备停止工作，每一套计时系统均拥有最多四套备用系统。一旦某一设备失灵，这些系统会自动开启，这样一来，计分结果不会丢失（奥运比赛没有重赛）。

3. 智能"裁判"

因为诸多运动员存在"抢跑"的问题，计时员此时还必须起到裁判员的作用，用以保留参赛选手得分的精确性。在奥运会赛场，如果运动员的启动时间早于发令枪响后十分之一秒，就会有专门的系统停止计时钟工作，因为这意味着运动员在发令枪响前之开始"反应"被系统捕捉到。通常情况下，抢跑的选手会失去比赛资格。

第二节 网球运动

一、网球运动概述

（一）起源与发展

网球与高尔夫球、保龄球、桌球并称为世界四大绅士运动。它的起源可以追溯到12—13世纪的法国，当时在传教士中流行着一种用手掌击球的游戏。（图3-2-1）

图3-2-1　14世纪板刻中展示的一位男士和女士在用手掌击球

1358—1360年，古式网球从法国传入英国，当时球拍的拍面改装成羊皮，球由布面改成皮面。15世纪发明了穿弦的球拍，16世纪古式室内网球成为法国的国球。

近代网球起源于英国。1873年，会打古式网球的英国少校M.温菲尔德（Walter Clopton Wingfield），设计了一种叫司法泰克（Sphairistike，意思为击球的技术）的网球运动。1875年，随着这项运动在8字形球场上风靡起来，全英槌球俱乐部在槌球场边另设了一片草地网球场，紧接着古式网球的权威组织者玛利博恩板球俱乐部为这项运动制定了一系列规则。从此，草地网球正式取代了司法泰克。1877年7月，举办了首届草地网球锦标赛，即温布尔登第一届比赛。亨利琼斯同另外两个人为这次比赛制定了全新的规则，他本人担任了比赛的裁判。可以说，亨利琼斯是现代网球的奠基人。（图3-2-2）

图 3-2-2　1880 年网球场上的男士和女士

1881 年，世界上第一个全国性网球协会——美国全国草地网球协会诞生了。该协会当年 8 月 31 日至 9 月 3 日，在罗得岛纽波特港举行第一届美国草地网球的男子单打和男子双打锦标赛，采用了温布尔登的比赛规则。

1887 年，美国草地网球女子单打锦标赛开始举行；1890 年女子双打锦标赛举行；1892 年混合双打锦标赛举行。美国总统西奥多·罗斯福（1901—1909 年期间任美国第 26 任总统）因非常热爱网球运动，被人们称为"网球内阁"。在两次世界大战中，全世界的网球都停赛了，唯独美国没有停下来。极盛时期，美国有 4000 万人参加网球运动。（图 3-2-3、图 3-2-4）

图 3-2-3　1900 年的女子草地网球活动

图 3-2-4　20 世纪初的奢华网球活动

1878 年以来，草地网球已由英国的移民、商人或驻军等传至全球，当时爱好网球的人士绝大多数是富裕的资产阶级。1913 年 3 月 1 日世界网球的最高组织——国际网球联合会在法国的巴黎成立。除了 20 世纪 70 年代采用的"抢七"（tiebreaker）外，1890 年至今，网球规则的变化很小。近几年的变化就是在职业比赛中增加"即时重放"（instant replay）系统，以判定有争议的球。20 世纪 70 年代以后，网球得到了快速发展。

1896年在雅典举行的第一届奥运会上，网球的男子单打和双打被列为正式比赛项目。后来，由于国际奥委会和国际网球联合会在"业余运动员"的定义上有分歧，连续七届奥运会的网球比赛被取消。直到1984年的洛杉矶奥运会上，网球被列为表演项目；1988年的汉城奥运会上，网球重新被列为正式比赛项目。

现代网球运动从英国温布尔登开始到现在已经有100多年的历史。世界网球组织主要有三个：国际网球联合会（International Tennis Federation）、世界男子职业网球选手协会（Association of Tennis Professional）、国际女子网球协会（Women's Tennis Association）。

（二）主要赛事

1. 四大满贯

国际网球四大公开赛简称四大满贯，包括澳大利亚网球公开赛、温布尔登网球公开赛、法国网球公开赛、美国网球公开赛。（图3-2-5）

　　澳网　　　　　　法网　　　　　　温网　　　　　　美网

图3-2-5　四大满贯

①澳大利亚网球公开赛是由澳大利亚网球运动中心管理的，每年澳大利亚网球公开赛是四大公开赛中最早开始的赛事，赛事安排在1—2月。

②法国网球公开赛始于1891年。从1928年起，法网每年5月底到6月初在巴黎西部布洛涅森林边的罗兰·加洛斯网球城举行。比赛场地为红色黏土场地，所以也被称为红土场地网球赛。

③温布尔登网球锦标赛于每年6月最后一周至7月初定期举行，是现代网球史上最早的比赛，由全英俱乐部和英国草地网球协会于1877年创办。首次正式比赛在该俱乐部位于伦敦西南角的温布尔登总部进行，名为全英草地网球锦标赛。

④美国网球公开赛始于1881年，每届比赛均在每年的8月底至9月初在美国纽约城网球总会的国立网球中心举行。从1997年起比赛在新落成的阿瑟·阿什网球中心进行。

2. 金满贯

金满贯是指网球选手在职业生涯中获得所有四大满贯赛事的冠军和夏季奥林

匹克运动会网球项目金牌。由于奥运会是四年一届,而且直到1988年的汉城奥运会上网球才被重新列为正式比赛项目,所以赢得金满贯的机会是非常难得的。狭义上的金满贯又叫"年度金满贯",要求四大满贯赛事冠军和奥运会金牌要在同一赛季内获得。

二、网球运动主要规则

(一) 场地与器材

1. 场地

网球运动能发展到今天这般精彩纷呈,场地、器材方面的改良和创新是一个重要的推动因素。掌握了一些网球基本的技术、战术以后,初学者应该再来了解一些有关场地、器材方面的知识,这对于网球技术水平和网球欣赏水平的提高都很有价值。

(1) 草地

草地是历史最悠久、最具传统意味的一种场地。由于其对草的特质、规格要求极高,而适宜的草籽又不具备良好的适应性,加之气候的限制以及其需要极周到、细致的保养与维护,费用昂贵,所以此种球场(特别是用作正规比赛的草地网球场)很难被推广到世界各地。目前每年的寥寥几个草地职业网球赛事几乎都是在英伦三岛上举行,且时间集中在六、七月份,温布尔登锦标赛是其中最古老也最负盛名的一场赛事。

草地球场的特点是球落地时与地面的磨擦小,球的反弹速度快,对球员的反应、奔跑速度、奔跑技巧等要求非常高,同时球员也利用此特点大打"攻势网球",发球上网、随球上网等各种上网强攻战术几乎被视为在草地网球场上致胜的唯一法宝,底线型选手在草地网球场常常无功而返。

(2) 人造草地

人造草地是天然草场的仿效物,其结构有点儿像地毯,只不过底层是尼龙编织物,其上栽植的是束状尼龙短纤维,为保持纤维的直立性,纤维之间以细砂为填充物。这种场地需要平整、坚固的基底,附设有良好的排水结构。因其白色界线是与周围场地直接拼编在一起的,所以免去了许多诸如画线等维护上的麻烦,使其成为了全天候场地的一种,维护者只需经常梳平整理并适时增添其间的细砂就可以了。

(3) 软性场地(图3-2-6)

图3-2-6 软性场地

法国公开赛的红土球场,是"软性球场"最典型的代表。另外,常见的各种沙地、泥地等都可称为软性场地。

此种场地不是非常坚硬,地表铺有一层细沙或砖粉末,特点是球落地时与地面有较大的摩擦,球速比较慢,球员在跑动中特别是在急停急回时会有很大的滑动余地,这些决定了球员必须具备比在其他场地上更优良的意志品质和更出色的奔跑、移动能力,否则很难取胜。在这种场地上比赛对球员是极大的考验,考验其在底线相持的工夫。球员一般要付出数倍的汗水及耐心在底线与对手周旋,获胜的往往不是频繁上网者,而是在底线艰苦奋斗的一方。值得一提的是,沙地或土地网球场虽然造价比较低,但保养和维护起来却是相当麻烦的,平时它需要浇水、拉平、画线、扫线,雨天过后它需要平整、滚压等。由此,打球的人更应该对场地及场地上的一切设施倍加爱护。

(4) 硬地

硬地是最普通的一种场地,经常打网球的人没有不熟悉此种场地的。它一般由水泥和沥青铺垫而成,其上涂有红、绿等色的颜料或铺有一层高级塑胶面层,其表面平整、硬度高,球的弹跳非常有规律但球的反弹速度很快,平时易于清扫和维护,基本上用不着很精心的照顾。许多公共网球场都采用这种硬地球场。

硬地不如其他质地的场地弹性好,初学者在其上练球时应加强对身体的保护,特别是膝、踝关节,初学者往往由于奔跑、移动的方法可能不尽正确,地表的反作用又很强很僵硬,比较容易对一些部位造成伤害。自我保护的办法是:时刻保持膝关节的弯曲以便随时依靠膝关节的升降和缓冲抵减来自地面的反作用力;奔跑时重心落在前脚掌上以使整个身体更有弹性;变向回动时也尽可能地降低重心。

（5）合成塑胶场

合成塑胶场的材质与塑胶田径跑道的材质属同类，它以钢筋混凝土或其他类似的材质结构为基底，表面铺洒的是合成塑胶颗粒，其间以专用胶水相粘。这种场地的弹性及硬度依塑胶颗粒的大小、铺洒的紧密程度及其本身的特质而定。塑胶场地颜色艳丽、管理方便，室内外皆可铺设，也是可供选择的理想的公共球场。

（6）网球地毯

顾名思义，网球地毯是一种"便携式"可卷起的网球场，其表面是塑胶面层、尼龙编织面层等，用专门的胶水黏接于具有一定强度和硬度的地面上即可，地面一般以沥青、水泥、混凝土为基底，有的甚至可以直接铺展或粘接于任何有支持力的地面上，网球地毯铺卷方便、适于运输且有非常强的适应性，室内室外甚至屋顶都可采用。球的速度需视场地表面的平整度及地毯表面的粗糙程度而定。此种场地在保养上也是非常简单的，只要保持地面清洁，不破损、不积水（配套相应的排水设施）就可以了。

2. 器材

（1）球（图3-2-7）

球的外部需要由纺织材料统一包裹，颜色为白色或黄色，接缝处需无缝线痕迹。重量要介于2盎司（56.7克）和2又1/6盎司（61.4克）之间。在从100英寸（254厘米）的高度向混凝土地面做自由落体运动时，反弹的高度应该介于53英寸（134.62厘米）和58英寸（147.32厘米）之间。

图3-2-7 网球

图3-2-8 网球拍

（2）球拍（图3-2-8）

①球拍的击球面应该是平坦的，由连接在球拍框上的拍弦组成统一规则的击球面，拍弦在交叉的地方应该是相互交织或相互结合的；拍弦所组成的式样应该大体一致，中央的密度特别不能小于其他区域的密度。球拍的设计和穿弦应使球

拍正反两侧在击球时性质大体保持一致。

②从1997年1月1日起，在职业比赛中使用的球拍拍框的总长度（包括拍柄）不能超过27英寸（73.66厘米）。从2000年1月1日起，在非职业比赛中使用的球拍拍框的总长度（包括拍柄）不能超过27英寸（73.66厘米）。

③拍框、拍柄都不能有附属物和装置，除非该附属物仅仅并且非常明确地用于限制和防止球拍磨损、破裂、振动或是用于调整重量分布的，而且它的尺寸以及位置也必须是合理的。

（二）主要规则

1. 比赛

网球比赛分为单打和双打两种形式。球员用网球拍将球击过网，落入对方的网球场地上。每位球员的目的都是尽力将球打到对方的场地上去。就这样一来一回，直到有一方将球打出界线或没接到球为止。

2. 发球

在正式比赛前，需要确定比赛由谁先发球。整个比赛中，双方网球球员轮流发球。发球球员在发球前应先站在端线后，中点和边线的假定延长线之间的区域里。发出的球应从网上越过，落在对角的对方发球区内。每局开始先从右区端线后发球，得或失一分后，应换到左区发球，以此类推。通常发球是将球向空中任何方向抛起，在球落地之前用球拍击球；不过，也可以使用臂下发球。（图3-2-9）

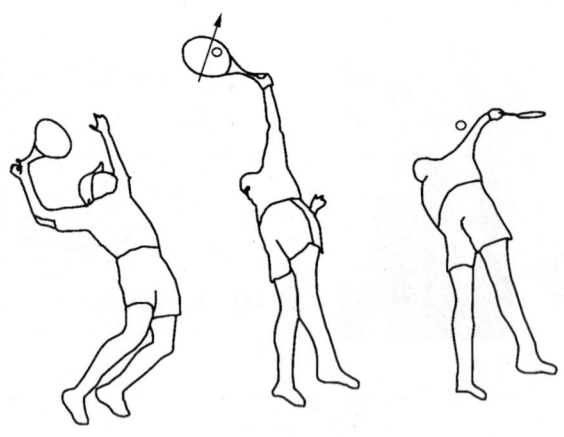

图3-2-9 发球动作

3. 失误

如果球落在对方发球区外，比如球出线或触网，都称为失误，发球球员就要再次发球。落在边界上的球算在线内。若发球两次失误，就叫"双误"，对手赢一分。如果发球球员在发球时脚离开了原基线，也算失误。要是发球触网，但球仍落进了对方的发球区，则为重发球。

4. 局

网球每局的开始比分是 0:0，第一分球记为 15，所以，若发球球员赢了这分球，比分就变为 15:0，若接球员赢了这分球，比分就为 0:15（比号前面给出的是发球球员的分数）。球员的第二分球为 30，接下来为 40（在历史上，这些数字代表 1/4 小时，即：15，30，45，但 45 后来改为了 40）。若对方球员分数只有 30 或还少于 30 的话，那赢了下一个球就能赢了这一局，因为每局比赛中，至少要比对手多 2 分球才能结束该局比赛）。如果双方球员分数都达到了 40，此时称为"局末平分"。接下来，占先的球员会尽力领先 2 分，以赢得这一局。同时，紧追不舍的对手也努力扳平分数又达到"局末平分"，占先的球员赢了下一分，也就赢了这一局。

5. 盘

网球比赛中如果对手落后至少两局，那么先赢得 6 局的球员就赢了一盘。但是，若这盘是 6:5，那么双方就要再打一局。若占先者赢了，即该盘比分为 7:5，判占先者赢得此盘。然而，若另一个球员把这盘扳平为 6:6，那就由决胜局（抢七局）决定谁为胜者。

6. 赛

在网球 3 盘赛中，是先赢得 2 盘者为胜者，即 3 盘 2 胜；在 5 盘赛中，是先赢得 3 盘者为胜者，即 5 盘 3 胜。

决胜局（抢七局）：在决胜局中，要本该轮到发球的球员先发第一分球，对手接着发第 2、3 分球，然后双方轮流发 2 分球。先得 7 分的球员若至少领先了对方 2 分，那么他就赢了该盘比赛。每 6 分球和决胜局结束都要交换场地。不过也有例外，如果按照事先的约定，比赛采取长盘制，则没有决胜局，只有比对方多胜两局才能赢得该盘比赛。在亚特兰大的比赛中，澳大利亚的双伍兄弟曾在半决赛中与对手战成 18:16 的高比分。最终双伍兄弟赢得了金牌。

7. 犯规和处罚

运动员在比赛过程中若出现未经主裁判允许擅自离场、不尽全力比赛、无故中止比赛、无故不参加发奖仪式、做下流动作、口出秽语、受教练临场指导、乱打球、摔球拍或砸设备、打人等有悖体育道德的不良行为时，都将被认为违反行为准则并被罚款。

谈到运动员犯规，必须让大家知道"三级罚分制"这一概念。所谓三级罚分制即警告—罚1分—取消比赛三个过程，具体如下：当一运动员在上述行为规范中违反其中一条时主裁判可对其警告一次，同时要记录其违反规则的内容及时间；若该运动员在此之后再次违反上述规则中的任意一条时，主裁判就应判罚其失1分，同时记录；若第3次出现上述情况，主裁判就要与裁判长商量取消其比赛资格，并且下场后主裁判要根据每一次的记录详细填写罚单。这就是"三级罚分制"。

8. 决胜局计分制规则

在每盘的局数为6平时，有以下两种计分制。

（1）长盘制：一方净胜两局为胜1盘。

（2）短盘制（抢七）：决胜盘除外，除非赛前另有规定，一般应按以下办法执行：

①先得7分者胜该局及该盘（若分数为6平时，一方须净胜2分）。

②首先发球球员发第1分球，对方发第2、3分球，然后轮流发两分球，直到比赛结束。

③第1分球在右区发，第2分球在左区发，第3分球在右区发。

④每6分球和决胜局结束都要交换场地。

三、网球运动主要技战术及赏析

（一）主要技术

1. 正拍击球

从球的旋转性能分类，有上旋球、下旋球、平击球、侧旋球（内侧球）等不同旋转的打法，网球的各种打法与旋转很有关系，下面介绍几种不同的正拍击球法：

（1）上旋球

正拍上旋球是球拍自后下方向前上方挥动摩擦整个球体使球由后下方朝前上方转动，故叫作上旋球。这种打法是在击球时，加大向上提拉挥动的幅度，使球产生较为急剧的上旋。上旋球的特点是飞行幅度高，下降快，落地弹起的反射角度较小，前冲力较大。打上旋球最大的优点是便于加力控制，是正拍击球中既能发力重打，又能控制进入场区减少失误的击球方法，由于在快速跑动时很难调整精确的击球点，而上旋球者有较大的把握性，其他击法容易失误。另外，正拍上旋球的飞行路线呈彩虹状，过网后有急剧下降的特点，可以打出短的斜线球，把对方拉出场外回击取得主动。上旋球还是破坏对方上网的有力武器。较低的上旋球落在对方上网人的脚下，使其难于还击。（图3-2-10）

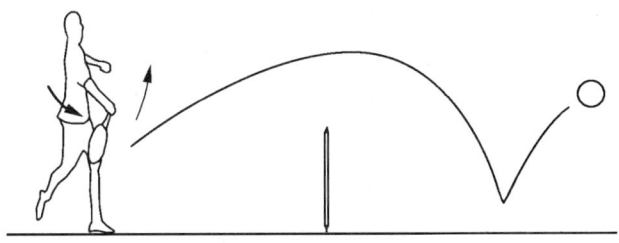

图 3-2-10 上旋球

（2）下旋球

和上旋球相反方向的是下旋球，俗称"削球"。击球时，球拍稍向后倾斜，挥拍是由后上方至前下方打球的后下部产生下旋转，球是由前上方向后下方旋转并向前飘行，过网时很低，落地后弹起也很低并伴有回弹现象，下旋球的落点容易控制，也可以打对方的深区，常用于随击上网，可以协调连贯地把随击与上网结合起来，利用球的飞行时间和深而准的落点冲至网前截击；也可以作为变换旋转和节奏的打法，扰乱对方的节奏，使之失误。

（3）平击球

挥拍击球的路线向上较平缓，击球时拍面几乎垂直于地面。击球的正后部，用同样的力量击球，平击球的球速最快，球落地后前冲力大，球的飞行路线较平直，但其准确性和控制力较差，因此这种击法在比赛中较少使用。（图 3-2-11）

图 3-2-11 平击球

（4）侧旋球

击球时球拍由后部向内侧平行挥动（也称"滑击"），使球产生由外向内的侧旋转，故称侧旋球。这种球呈水平向外侧的弧线飞行，落地后向外跳，常用于正拍直线进攻。

在实践中，球的旋转常是混合性的，球的旋转与来球的方向、力量、旋转速度和击球时的挥拍路线、触球时的拍面角度等因素有关。因此，要掌握正拍击球的不同旋转球方法，需要在平时训练中反复练习。

2. 反拍击球

反拍击球指的是与握拍手方向相反的落地球打法，它和正拍击球一样，也是网球的常用击球方法。初学者一般先学习正拍后再学反拍，这是因为，用右手的人习惯于在身体的右侧做事，正拍的拉拍动作既方便又容易，身体向右转动已成习惯。正拍有了一定的基础，对球的弹跳规律已熟悉，再学习反拍就比较容易。反拍的许多动作要领与正拍相似，只是方向相反，反拍击球需要左眼和右手协调，但由于三叉神经不协调，使人感到别扭。

（二）主要战术

网球球员的打法各不相同，各有好处与缺点。没有最好的打法，只有最合适的打法。观看比赛的很大一部分乐趣来自观赏不同风格、不同打法类型的选手之间的碰撞。网球打法的类型可分为上网型、全能型和底线型三种。

1. 上网型打法

上网型打法的特点是以发球或随球上网为自己创造上网的机会，再通过网前截击、高压限制对方的底线抽击，直接得分或造成短兵相接的中前场搏杀。发球上网是上网型选手在发球局中的主要战术，根据发球技术可以细分为"艺术型"发球上网和"强力型"发球上网。

"艺术型"发球上网在如今职业选手里似乎很难找到，而其曾经的代表人物是拉夫特、埃德博格以及亨曼，他们的发球有非常强烈的旋转，为此不惜以牺牲球速为代价，上旋发球能高高跳过接发者的肩膀，迫使对手在难以发力的高度击球，并快速上网，用出色的网前技巧来拿下这一分。

"强力型"发球上网，其曾经的代表人物是伊万尼塞维奇和桑普拉斯，现在的传承人是卡洛维奇，他们强大的发球往往能直接得分，至少能以球速破坏对手的接发球质量，然后上网轻松得分。

2. 全能型打法

全能型打法的特点是既能发球上网、随球上网，在网前和中场进行短兵相接的搏杀，又能通过底线抽杀控制局面，战术手段多样，能根据对手的情况有针对性地实施战术。拥有全面而变幻莫测的战术，听上去是很完美的，但实际情况并非如此，其一因为各项技术都过硬是很难办到的事；其二光"全能"是远远不够的，必须拥有强大的得分武器才能在现代网坛立足。全能型的代表人物是球王费德勒，他依靠自己全面没有短板的技术可以随时按照场面上的形势来调整自己的临场打法。正是因为其优雅的球风和打法的全面性，使其即便已不是世界第一选手仍然拥有极高的人气。

3. 底线型打法

曾经关于底线型的描述还有攻击型和防守型的分类，现在这种分类已经没有存在的必要了。如今所有的底线型选手，包括那些泥地选手，都是攻守兼备，不然就无法立足于现代网坛。这种打法的特点是以底线抽球的节奏、旋转、球速、落点变化来争取主动，摆脱被动。当对手在底线时，则到处调动他，寻找制胜的机会；当对手在中前场时，则用破网和挑高球来化解。当今网坛80%以上的选手都是采用底线型的打法，纳达尔、德约科维奇、穆雷都是这类型的球员。

（三）网球运动赏析

1. 从技术与战术的角度去欣赏网球比赛

与其他体育项目相比较，网球是一种技巧性很强的对抗性运动。例如同样的一个网球，通过发球，可以击出许多种不同性质的球，有发上旋球、下旋球、侧旋球、前冲以及大力量球等，许多世界级的一流顶尖高手超水平发挥，常常使发球技术达到炉火纯青的地步，就像魔术大师的精彩表演一样，令人拍案叫绝。网球比赛中战术的灵活、巧妙的运用，无疑是一种艺术的创造。网球的战术是随着网球技术的改进以及场地条件的变化而不断发展的，从19世纪初的注重网前截击，到底线抽击挑高球，到底线对攻再到上网型的打法。尽管网球战术不外乎是缩前吊后，抽打两边，然而在大师级选手的拍下，在前后左右、真真假假的变化中，体现出了"快、狠、准、变"的网球战术，往往可以把全场观众的注意力全部集中到这种网球艺术之中，导演出多少令人眼花缭乱的精彩场面，使人陶醉，使人乐而忘返，这就是网球的精华所在。

（1）速度美

速度素质是指人体进行快速运动的能力或在最短时间完成某种运动的能力。按其运动的表现形式可分为反应速度、动作速度、周期性运动的位移速度三种形式。竞技体育"更高、更快、更强"的奥林匹克精神吸引着无数人的关注。网球技术美的特征首屈一指的就是速度。

现代网球比赛中球速越来越快，这就对运动员的移动能力、击球技术提出更高的要求，击球技术包括挥拍、击球。在比赛中速度成为获胜的决定因素，比赛中要取胜或是占取主动就必须有速度的优势。对于网球选手来说，迅速的上肢动作速度和下肢移动速度是快速有力击球的基本要求。面对150千米每小时的发球，快速的反应、预判、挥拍是接好发球的前提。为了能够回击对手一个100千米每小时的球，网球运动员往往就需要通过快速挥拍来控制击球的方向和角度。

底线型选手如果没有快速有力的挥拍击球技术，就不能准确地把握击球点，往往会造成自身的非受迫性失误。对于上网型打法的运动员，没有快速的往前移动、快速的网球截击动作和反应，对手的穿越球会成为其得分的法宝。

2011 年美国网球公开赛，冈萨雷斯以 189 千米每小时的正手击球速度打破了孟菲尔斯 2007 年澳网的正手击球纪录。在女子比赛方面不时爆出的 160 千米每小时的正手击球速度让网球出现了一种"暴力美"，也只有在这种速度才能打破攻守平衡，进而实现破发、取胜。快速的发球、击球，网球运动员的快速移动形成了网球技术的速度美。

（2）力量美

网球是一项力量与速度相结合的运动项目，网球运动员最需要提高的是速度力量。提高速度力量的重点是快速力量。较大的力量施加在球上，赋予球的将会是快速运行的能力。在网球技术中最重要的技术就是发球技术，势大力沉的发球会为比赛赢得先机。

每场比赛中队员的 ACE 球数量作为一项重要的统计数据提供给队员和观众。美国选手安·罗迪克于 2004 年在伦敦女王俱乐部草地网球赛中创男子网球发球最快纪录，时速达到了 246.2 千米每小时（153 英里）。在女子网球运动中有高达 210 千米每小时的发球速度，140 千米每小时的正反手抽击球的速度，而世界顶级的 F1 方程式赛车的平均时速是 310 千米每小时左右，可见较强的力量是取胜的一大利器。

力量与落点，力量与速度是相互促进又有风险存在的，大力发球提高球速对于落点的控制就提出更高的要求。在有限的区域内强调速度、落点、力量矛盾与牵制使网球运动技术朝着综合、科学、有效的方向发展，力量美也在加快球速与控制力量、把握精准落点中体现得淋漓尽致。

（3）准确美

网球作为小球运动的典型代表，在比赛中对于击球以及落点的准确性有较高的要求。网球场地的面积为 23.77 米 × 8.23 米 = 195.62 平方米（单打），在这样一个场地前后左右受限制、要以速度取胜的项目中，对于球的控制与落点准确性的把握无不体现着网球技术的准确美。

网球发球出现的内角、外角、中路追身球以及 T 点球，这些落点的选择与控制往往对于接发球有重大影响。根据对手的接发球站位、对手的正反手弱点进行分析后选择不同的发球落点，进而使得发球方以绝对优势占得先机。网球评论中经常出现的 outside-in 和 inside-out 的词语，这些往往是由于击球落点的变化促使对手的位置出现大幅度的变化，结果出现完美击球或得分。除此之外，网球中鹰眼系统也成就了网球运动的准确美,一些略微的压线球和轻微的出界球都能被鹰眼捕捉到,观众无不称赞这项运动技术的准确美。

(4) 旋转美

网球的击球与运动中球的体积和重量以及与球拍的摩擦接触造就了网球的旋转,小黄球的旋转飞舞出现别样的跳跃轨迹,呈现出网球击球技术的旋转美。网球的旋转分为平击球、上旋球、下旋球、切削球四种。不同的旋转类型呈现不同的飞行特点、跳动特点、反弹特点,对此要采用不同的击球技术。

网球旋转的魅力成就最大的便是纳达尔了,红土场地巨大的摩擦力让纳达尔的独特击球方式创造出最高每分钟 5000 转的"纳达尔转"。纳达尔也凭借出色的制造旋转能力,多次拿下大满贯单打冠军。

在长时间的底线对打中,使用旋转球来打破对手的节奏,不仅可以更好地控制球,提高击球的安全性,还可以在不降低球速的情况下增加击球落点的准确性。使用旋转来增加场上的变化,迷惑对手。准备动作像要击正、反手平击球,但击球时却击出上旋球或下旋球,出乎对手意料之外的击球会使对手难以应付。

综上所述,网球技术中的旋转制造出的变幻莫测的落点、飞行轨迹、弹跳方向以及旋转的重要性和普遍性,呈现出网球的旋转美。

(5) 耐力美

网球运动是一项要求运动员持续不断对球做出快速反应的运动项目,是以多种强度、多种距离、多种间歇构成的复杂运动模式,网球比赛持续时间较长,但又区别于田径等耐力运动。网球场地的面积为 23.77 米 × 8.23 米 = 195.62 平方米(单打),每场高水平的网球比赛平均耗时 3 小时 18 分,比赛双方平均回合 299 次,每场比赛平均击球 1004 次,每一回合击球 3.4 次,跑动 3.2 千米。

快速启动、瞬间急停、高强度的间歇,让网球运动员的体力大量消耗,但运动员依旧能保持规范的击球动作和较高的击球稳定性、准确性。

2. 从不同球员的技术风格角度欣赏网球比赛

技术风格是运动员或运动队的技术系统,是区别于其他运动员或运动队的定型化和经常表现出来的特征,也可理解为运动员在临场技术、战术上所表现出的特长和特点之美。技术风格代表着不同的网球文化,可以说,两个国家的比赛是两种不同网球文化的较量。每个地区根据各自运动员的特点和条件创造出与众不同的风格,构成了自己独特的技术风格之美。每个运动员又根据各自的特点和条件,创造出与众不同的独特风格,突出了个人的特色,也展示了网球运动的魅力。

例如:费德勒的正手被誉为"上帝之手",而纳达尔的正手被誉为"魔兽之转"。费德勒的正手代表了优雅和协调之美,纳达尔的正手则创造了一种充满魔幻色彩的暴力之美。纳达尔自己则将左手正手强烈上旋几乎发挥到了极致,并由此诞生了一个专有名词:纳达尔转。纳达尔转在球拍随挥绕过自己头顶的动作给球加了相当大的旋转,也让纳达尔的动作看上去是那么的彪悍和暴力。

莎拉波娃以场上"咆哮"著称,咆哮声甚至在2005年温网的一场比赛中达到了创纪录的101分贝。莎拉波娃属于侵略底线型球员,她正反手的击球力量、深度、角度俱佳。莎拉波娃最大的优点在于她坚韧不屈的心态和不甘人后的精神,正如Nickbllettieri所说,她"像钉子一样坚韧"。

德约科维奇被誉为球员中的球员,技术相当全面。出色的一发,带有强劲旋转的二发,强大的接发球,稳定的底线相持能力,使得他能够屹立群雄。每次发球拍上10～20下球,也成为其比赛中的一个特点。

3. 从美学的角度来欣赏网球比赛

(1) 场地美

从场地设施的使用,至比赛环境的布置,可以说网球除了讲究实用之外,无处不注意美的氛围的营造。目前的网球运动场地可分为草地、塑胶地、红泥土地、硬地和室内地毯场地。像温布尔登网球中心,它是世界上最早的草地网球场,草坪的草都是由著名的园艺师经过精心培育的最优良品种,通过精心的修剪,以及许多高技术的手段,使这种草坪一年四季保持青绿色,散发着大自然迷人的芳香,许多观众都想一睹为快,它是世界上最漂亮的草地网球场之一。像法国巴黎西部的罗兰·卡罗斯网球中心,它的建筑古典优雅,别具一格,场地色彩宜人,有大面积的绿色视野。在一丛栗树枝叶的掩映下,在蓝天白云的衬托下,人们呼吸着清新的空气和沐浴着明媚的阳光,一踏进场地,就心旷神怡,就好比到了一个梦幻般的人间天堂,享受着网球给人们带来的美。

(2) 外形美

从运动员的身材及服饰来看,无不流露出美的艺术。刚开始出现网球运动时,男子都是绅士风度,穿着西裤、马靴、燕尾服;女士小姐穿着带有裙撑的长裙,后来又改成了短裙。发展到今天,正式比赛的网球服都是白色的,这些服饰做工精良,织材讲究,本身就形成了一道高雅、优美而又靓丽的风景线。同时网球运动员往往有天生的魔鬼身材,修长而又有弹性的双腿,匀称的身材,发达而又协调的肌肉,细腻的皮肤,处处折射出青春的魅力。因此,有些报道说,每当桑普拉斯、萨芬、张德培等著名运动员比赛,在座无虚席的观众席上就有无数的女球迷为他们助威、加油。

（3）动作美

从运动员的动作姿态，也处处能享受到那种其他运动无法带来的美感。像曾五次荣获温布尔登男子单打冠军的博格，其双手握拍抽打反手底线球时的动作，总具有东欧民间舞蹈的韵味；像被称为网坛女杰的纳夫拉蒂洛娃，她快速奔向网前的身姿，常使人想起《天鹅湖》中白天鹅兴高采烈地扑向王子的舞姿；而超级网球巨星康纳斯击高压球的动作，不但具有非洲土风舞的艺术特色，而且当他调整好位置，举拍争取高点压球时的动作造型，宛如古希腊的一座精美雕像，有着极其强烈的阳刚之美。曾有人建议，网球运动员的早期训练要增加学习芭蕾和其他舞蹈动作的内容，他们认为网球的许多动作和舞技是相通的。

（4）行为美

从文化艺术的角度来欣赏网球比赛。因为网球在传统上是一项要求人们举止高雅文明的运动，它要求观众在赛前入场就座，比赛中不得大声喧哗、喝彩和随意把拾得的比赛球扔进场内等。这种长期形成的强有力的传统文化，使人们在网球场上约定俗成地遵循着文明的行为规范，如礼貌的言行、整洁的服饰、友好的态度等，使网球场中充满优良的文化气息和高度文明的氛围，使投身其中的人们得到情操上的陶冶和精神上的享受。这种氛围对普遍文明素质得到提高的现代人来讲必然具有极大的吸引力。

四、当前热点评说

（一）规则方面

在网球运动 100 多年的历史中，唯一的规则改变是在 1970 年引入抢七局和允许选手跳跃发球。

球拍技术的发展将这项运动转变为：选手可以凭藉强力球风与现代高科技的球拍统治赛场，取代那些凭技巧取胜的球员。回合数的减少和以发球"一球定江山"是网球迷们抱怨最多的内容，国际网球联合会（ITF）早已了解到这些，并一直在寻找解决这些问题的方法。国际网球联合会（ITF）在于墨西哥举行的年度大会上已经同意改变规则，允许使用三种不同型号的网球。在该次会议上，国际网球联合会（ITF）以压倒性多数票通过了允许根据场地的不同使用三种不同型号网球的决定，即分别是一号球（快速）、二号球（中等速度）和三号球（慢速）。引入不同种类的网球还将有助加快慢速球场中比赛的速度，例如欧洲的红土赛事，在这种赛事中发球几乎毫无优势可言。过往，人们担心，由于球速变慢，球员会更加用力地击球，导致更多球员受伤，改变规则则可有效避免这种情况。

（二）代表人物介绍

①诺瓦克·德约科维奇（Novak Djokovic），塞尔维亚职业网球运动员。2007年，世界排名升至第三。2008年，首次获得澳网冠军。2016年6月6日，德约科维奇夺得法网冠军，这是其获得的第12座大满贯冠军奖杯。

②安迪·穆雷（Andy Murray），在2012年伦敦奥运会成为100多年以来英国第一位奥运会网球单打金牌得主。2012年美国网球公开赛夺冠，成为继1936年弗雷德·佩里之后，80多年来第一位夺得大满贯男单冠军的英国选手。2013年温布尔登网球公开赛决赛以3:0力克德约科维奇，成为自1936年弗雷德·佩里夺冠之后第一位拿下温网冠军的英国本土选手。

③塞雷娜·威廉姆斯（Serena Williams），是现役球员中夺得大满贯次数最多的女子选手。2015年7月11日，获得第21个大满贯女单冠军。2016年4月19日，夺得2016年劳伦斯世界体育奖年度最佳女运动员。

④李娜，是亚洲第一位大满贯女子单打冠军得主的中国运动员，亚洲女单世界排名最高选手。2011年，李娜在澳大利亚网球公开赛上个人第一次打进大满贯单打决赛并夺得亚军；同年，在法国网球公开赛女单比赛获得冠军。2014年1月25日，第三次跻身澳大利亚网球公开赛决赛并最终收获女单冠军。

（三）科技的应用

以发球直接得分（ACE球）无疑是网球比赛中最轻松的得分方式，它的赏心悦目让观众连连叫好，但观众却只能从视觉角度感受其快，真正将这种速度量化出来的则是雷达测速器。

网球比赛中，在球员发出一记精彩的ACE球之后，电视镜头马上会切换到场边的测速器，这使观众在眼见球速之快后，又从数字角度认识了这记ACE球的威力。

在比赛的时候，球场的一边会有工作人员将测速器对准球员将要发球的区域，这样每一次的发球速度就可以通过显示器展现给观众了。

第三节 排球运动

一、排球运动概述

（一）起源与发展

排球运动诞生于1895年，创始人是美国人威廉·G.摩根。1896年，摩根制定了世界上第一个排球竞赛规则，发表在当年 7 月出版的美国《体育》杂志上。排球问世后，由美国的教会、传教士和驻外军官、士兵传播到了世界各地。因为所采用的规则不同，亚洲排球经历了 16 人制—12 人制—9 人制—6 人制的演变过程，欧洲的排球运动起步要稍晚一些，传入的排球运动已采用运动员轮转、15 分制和 6 人制，其竞技性已渐渐成熟，因此发展较快。美国虽然是排球的故乡，但世界排坛诸强却是中国、古巴、巴西、俄罗斯、意大利甚至是突尼斯等国，因为美国长期只是把排球用于休闲和娱乐，没有作为竞技项目来发展。2005 年 2 月，美国国家女排聘请了中国排球名将郎平为主教练。

世界排球运动的发展主要可分为三个阶段：娱乐排球、竞技排球和现代排球。

①娱乐排球：1895—1936 年。排球本就是为娱乐休闲而创造的，因此排球从诞生之初就被大众认可为一项娱乐性较强的游戏。

②竞技排球：1947—1980 年。第二次世界大战期间，世界排球运动一度停滞不前。直到 1947 年 7 月，国际排球联合会（FIVB）在巴黎召开成立大会，制定了国际排联宪章，成立了技术委员会、竞赛委员会和裁判委员会，正式出版了通用国际排球竞赛规则。从此，排球运动从娱乐阶段进入了竞技阶段。

③现代排球：20 世纪 80 年代至今。20 世纪 80 年代开始，世界排球进入了现代排球阶段。它包括全攻全守排球，社会化、商业化、职业化排球和"大排球"三个内涵。各种技术、战术流派间的交流融合频繁，创新的步伐也在加快，凭一技之长就能一统排坛的时光已一去不返。于是，一场新的排球革命——全攻全守排球悄然开始。

（二）主要赛事

1. 奥运会排球赛

这是最高级别的赛事，4 年一届。1964 年，排球运动首次亮相日本东京奥运会赛场，如今奥运会排球比赛的规模已由最初的 10 支男队和 6 支女队发展到男女各 12 支队伍。奥运会排球比赛包括预选赛、小组赛、淘汰赛（四分之一）半决赛、决赛。中国女排共获得过 3 次冠军。

2. 世界排球锦标赛

世界排球锦标赛是排球界的最高赛事，也是历史最悠久的一项排球赛事。其参赛队伍最多、赛程最长、赛制相对最为严谨和苛刻。因为含金量很高，世界很多传统强队都很在乎世锦赛。

3. 世界杯排球赛

世界杯排球是正式三大赛中最年轻的。自 1991 年改换比赛年份后已经逐渐变成奥运选拔赛。同时也影响形成了国际排球比赛如下的节奏：轮空年、世锦赛大年、世界杯外围赛、奥运大年。

二、排球运动主要规则

（一）场地与器材

1. 场地

比赛场地为对称的长方形，包括比赛场区和无障碍区。

比赛场区为18米×9米的长方形。其四周至少有3米宽的无障碍区，比赛场区上空的无障碍空间从地面量起至少高7米，其间不得有任何障碍物。国际排联世界性比赛场地边线外的无障碍区至少宽5米，端线外至少宽8米，比赛场地上空的无障碍空间至少高12.5米（图3-3-1）。

图3-3-1 排球场画线

场地中线上空架有球网。网宽1米，长9.50米，挂在场外两根圆柱上。女子网高2.24米，男子网高2.43米。球网两端垂直于边线和中线的交界处各有5厘米宽的标志带，在其外侧各连接一根长1.80米的标志杆。

2. 球

球是圆形的，由柔软皮革或合成革制成外壳，内装橡皮或类似质料制成的球胆。球的圆周为65～67厘米，重量为260～280克，气压为0.40～0.45千克/平方厘米。

（二）主要规则

排球运动由两队各六名选手组成，现在还增设了自由人。该运动的目的在于使击出的球稍高于网前伸出的双手，从而使球落入对方的半场而得分。每队的球员都有自己固定的位置，设置三名网前选手和三名靠近底线的选手。每一方击球过网不得超过三次，原则上一名攻击手将和一名队友在网前拦截，阻止球落入本方半场并通过拦截直接得分。

简单来说，运动员不得持球，不得连续击球两次。他们可以用身体的任何一个部位击球，但是如果球从球员身上的某一部位弹到另一部位时，将被认作是两次击球，按违规计算。如果球员在击球时身体的某一部位触网将被判失分。

1. 发球

每方的六名球员按顺时针方向轮流发球。每次本队获得发球权后由发球球员在本方半场的右后角将球发入对方半场重新开始比赛。发球球员可以用上手或下手发球，用拳、伸开的五指或是手臂都可以。发球可以在底线后的任一处开球，但是规则又允许进行跳发球的队员在落下时进入场内。排球可以落入对方半场的任何一处，该发球队员将继续发球直至本队失去发球权。（图3-3-2）

3-3-2 发球动作分解

2. 得分

在新的得分规则下，一方在获得发球权时同时得分，即所谓的每球得分制。比赛由五局构成。在前四局的比赛中，获胜的一方必须达到25分，或在此基础上比对方高出两分。在第五局的比赛中获胜一方只需达到15分，或在此基础上比对方高出两分。

3. 自由人

新设置的自由人将是一名防守专家，可以在后排进行任意的替换，帮助本队抵御对手的进攻。自由人不得发球，拦网或是绕到前排，所以一般由一名身材矮小但是动作灵活的，能够迅速倒地救球使得比赛得以继续的球员担任。自由人可以自由替换，为了易于区别，自由人将穿上与其他球员不同颜色的衣服。

4. 换人

根据另一项被修改的规则，教练员可以在比赛期间站着向球队发号施令，但是必须在一个特定的区域。教练在每局的比赛中共有6次的机会替换队员包括替换自由人。替补队员可以换下某一名先发队员或再被相同的队员替下。

5．其他规则

①只有前排的球员方可拦网。

②球员可在球越过网之前进行拦截，但是不得触网或是干扰对手。

③拦网不算作一次击球。

④球不得触网，也不得碰到同队的队友。

⑤每个队在每局的比赛中都有两次的暂停机会。

三、排球运动主要技战及赏析

（一）主要技术

1．垫球技术

（1）准备姿势

比赛中应根据不同情况采用相应的准备姿势。初学垫球时，由于是垫击一般的轻球，故可采取一般准备姿势。上体稍前倾，两脚开立，两脚间的距离稍宽于肩，两臂微屈置于腹前，两肘稍内收，两眼注视来球。

（2）击球手型、击球点和击球部位

垫击手型目前常用的方法有两种：叠指法——两手手指上下相叠，两拇指对齐平行相靠压在上面一手的中指第二指节上，掌根紧靠，两臂伸直相夹。注意手掌部分不能相叠。包拳法——两手抱拳互握，两拇指平行放于上面，两掌根和两小臂外旋紧靠，手腕下压，使前臂形成一个垫击平面。正面双手垫球的击球点，一般应尽量保持在腹前约一臂距离的位置，用腕上10厘米左右的两小臂桡骨内侧所构成平面击球。手掌自然张开，击球瞬间就是整个手掌包在球中下部。往上击球，确保最高点高过球网。

2．旋转球技术

在空中旋转飞行的球称为旋转球，主要见于扣球、发球之中。如果用同样的角度、同等的力量击球，那么球飞行的路线还受到球体本身旋转的影响。当球不旋转向前飞行时，球的上、下、左、右各处表面空气向后流动的速度是相等的。如果球体本身做上旋转动，则会带动球上部的空气向前流动，与向后流动的空气相抵触，使球上部空气流速减小，而压力增大；球的上旋转动，带动球下部的空气向后流动，与向后流动的空气方向相同，使球下部的空气流速增加，而压力减小。由于球上部压力大，下部压力小，球在飞行中很快就被压下来，形成了下降抛物线的轨迹。旋转越快，下降的速度就越快。同理，下旋球同上飞，侧旋球向侧倾。在排球比赛中，运用旋转的原理指导具体实践，对提高排球技术有很大的促进作用。如扣球和发球时，击出的球呈上旋飞行，则不易越界。

要使发出的球呈上旋飞行，则必须使作用力的方向通过球体的上半部，同时利用手腕推压作用。同理，作用力通过球的下半部，击出的球就会下旋飞行；作用力通过球体的左半部，击出的球就会左旋飞行；作用力通过球体的右半部，击出的球就会右旋飞行。

3. 飘球技术

不旋转，在空中飘晃飞行的球称为飘球，主要见于发球之中。飘球在飞行中的飘晃性能给运动员的判断带来困难，因此它可以增加接发球的难度，是常用发球技术之一。从现象上看，飘球的运动轨迹类似周期摆动，或是以突然失速下吊的方式运动，而不是沿抛物线轨迹运动。从发球技术上看，发飘球时，要使作用力通过球体重心，使球不发生旋转。击球时手和球的接触面要小，发力突然、短促，手腕跟球的接触时间要短。

球的飘晃是一种随机现象，不能按队员意志加以控制。但发飘球的关键在于击球的作用力要通过球体重心，使球不旋转地飞出。为此，击球时手腕要保持紧张，形成一个坚硬的平面，用力要迅速集中。实践中常常可以发现，手击球的瞬间，如果手臂做迅速的下拖动作，可能使球产生重飘或上下飘的现象；如果手臂突然停止用力，无下拖动作，可能使球产生轻飘或左右飘的现象；如果手臂随球继续向前用力，可能使球突然减速下沉。

（二）主要战术

1. 进攻战术

排球的进攻战术是指在接对方发过来、扣过来、拦过来和传过来、垫过来的球后，全队所采取的有目的、有组织的配合进攻行动。进攻战术又可分为进攻阵型和进攻打法两方面。

（1）"中一二"进攻战术阵型（图3-3-3）

"中一二"进攻战术阵型是3号位队员作二传，将球传给4、2号位队员进攻的组织形式。其优点是一传向网中3号位垫球比较容易，因而有利于组成进攻，适合初学者采用；二传队员在网前接应一传的移动距离近，向2、4号位传球的距离较短，容易传准。缺点是战术变化少，对方容易识破进攻意图。

（2）"边一二"进攻战术阵型

"边一二"进攻战术阵型是2号位队员作

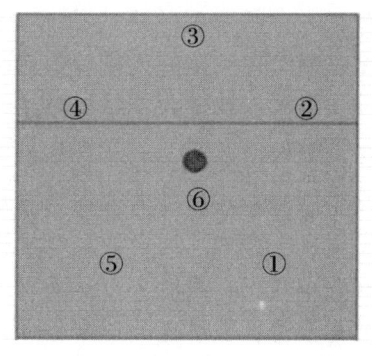

图3-3-3 "中一二"进攻战术阵型

二传，将球传给3、4号位队员进攻的组织形式。其优点是右手扣球者在此3、4号位扣球比较顺手，战术变化较多。缺点是5号位接一传时，向2号位垫球距离较远；一传垫到4号位时，二传传球较为困难。（图3-3-4）

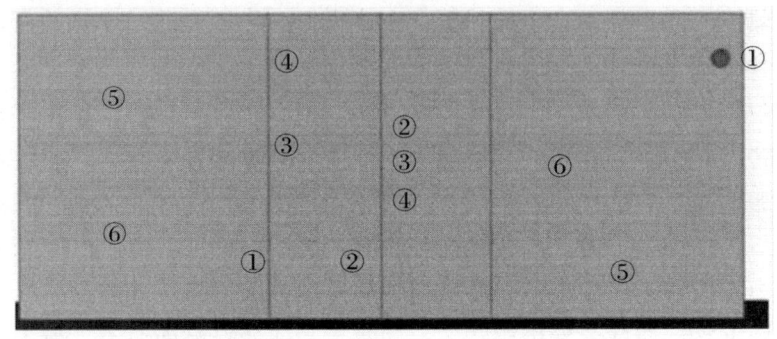

图3-3-4 "边一二"战术阵型

（3）"插上"进攻战术阵型

"插上"进攻战术阵型是二传队员由后排插上前排作二传，把球传给前排4、3、2号位队员进攻的组织形式。其优点是能保持前排三点进攻，战术配合变化多，并能利用网的全长组织进攻。缺点是对插上二传队员的要求较高。

2．防守战术

排球的防守战术是组织进攻或反攻战术的基础，没有严密的防守，进攻就无从组织。一切防守战术都应从为积极进攻和反攻创造条件的角度进行设计和考虑。

（1）接发球

当对方发球时，本方处于防守地位，也是组织第一次进攻的开始。事先站好位置，摆好阵型，是接好发球的基础。站位的阵型，不仅要有利于接球，也要有利于本方所采用的进攻战术。同时，还要根据对方发球的特点，采取不同的阵型。通常多采用五人接发球和四人接发球。

①五人接发球站位阵型是除1名二传球员站在网前或从后排插上准备二传不接发球外，其余5名队员都担负一传任务的接发球站位阵型。其优点是队员均衡分布，每人接发球的范围相对减小；接发球时，已站成了基本的进攻阵型，组织进攻比较方便，适合接发球水平不太高的球队。其缺点是一传队员从5号位插上时距离较长，难度大；3号位队员接球时，不便组成快攻战术；不利于队员间的及时换位；队员之间地带较多，配合不默契时，容易互相干扰。

②四人接发球站位阵型是插上二传队员与同列的前排队员均站在网前不接发球，其他4人站成弧形接发球的站位阵型。其特点是便于后排插上和不接发球的

前排队员及时换位；其缺点是要求对接发球的 4 人有较高的判断、移动能力和掌握较好的接发球技术。

（2）接拦回球

本方扣球时必须加强保护，积极防起被拦回来的球，并及时组织继续进攻。由于拦网人可以将手伸过网拦网，拦回的球通常速度快、角度小，因而接拦回球的保护阵型应形成多道防线的弧形状，且第一道防线紧跟在扣球人身后。以我方 4 号位队员进攻，其他 5 人保护为例。5 号位队员和向左后方移动的 3 号位队员形成第一道防线，1 号位队员保护后场则为第三道防线。其他位置进攻时，保护的阵型也可按同样道理布阵。

3．接传、垫球

当对方无法组织进攻，被迫用传、垫球将球击入本方时，我方的防守便称为接传、垫球的防守。这种情况在初学者中出现较多。由于来球的攻击性小，我方的防守阵型与不拦网情况下的防守阵型相同，即前排除二传队员外，其他的队员都迅速后撤到各自的位置，准备接球后组织进攻。需要注意的是在后撤和换位的过程中，动作要迅速并随时做好接球的准备。

4．攻防转换

在排球比赛中，攻与防是密切联系、相互转换、连续进行的。这不仅在于排球技术本身具有攻与防的双重含义，还由于全攻全守、攻防兼备是当前排球运动的发展趋势。正在进攻的一方，必须同时注意防守；处于防守的一方，必须随时准备反攻。在进攻与防守的转换中，如果准备不充分，动作不连贯，一味进攻或防守，就可能贻误战机，招致失败。因而，在进攻的时候准备防守，在防守的时候想到进攻，才能有备无患，立于主动地位。同时，因阵容部署上也要有相应的措施和方法。

5．攻守转换

当球扣入对方区后，进攻的一方应立即转入防守状态。当球扣过网或二传不慎传球过网后，前排队员应迅速靠网前站位，准备拦网；后排队员由上前保护扣球，迅速转为退守原位，准备防守。其阵型一般为"三一二"站法和"三二一"站法两种。前者适合于"心跟进"防守阵型，后者适合于"边跟进"防守阵型。

6．守攻转换

当对方扣球过网后，防守一方在防守的一刹那就转入了进攻。这是由于后排队员在防守来球时，必须根据本队所采用的进攻战术，有目的地将球起到预定目标，并根据保护扣球的部署，立即跟进保护前排队员进攻。前排参加拦网的队员，在完成拦网动作之后，必须立即转身或后撤，准备接应或反攻扣球。前排未参加拦网的队员，在后撤防守之后，转为接应或反攻扣球。

7. 假交叉

假交叉战术，实际并不能称其为交叉战术。假交叉进攻是后交叉进攻的演化和延伸。具体就是3号位队员在二传手身前或身后做近替快球等个人快速突击战术的掩护，2号位队员先跑后交叉战术，向3号位跑动，但是当二传手传出球之后又跑回2号位进行进攻。从定义可以看出假交叉战术中，实际结果并不存在交叉跑动和进攻点上的换位，实际进攻点是2号位队员，而2号位队员仍然在2号位进攻，假交叉战术只不过是有交叉跑动的趋势。假交叉战术的核心实际就是，队员采用假动作、假跑位，在网上造成对手的进一步迷惑和混乱。在网上的局部区域形成以多打少出其不意的突击效果。

假交叉战术在实战中，与后交叉、反交叉战术相结合，能造成虚实结合、变化多样的2、3号位的进攻体系，运用十分普遍。假交叉战术由于2号位队员需要有假动作和假跑动，在进攻中要求2号位真正的攻击队员拥有比较强的个人能力。在位置上的横向变化，也要求其与二传手之间的配合，与掩护队员之间的呼应要相当默契。由于2号位队员跑动范围比较大，二传手传球弧度不会太低，所以2号位队员一般会使用背飞，并围绕个人战术进行突破。中国女排的假交叉战术是相当熟练和经典的。我们所熟悉的"双背飞"就是假交叉战术的一种，刘亚男背快掩护，周苏红会先往3号位进行假跑动，接着再返回2号位进行背飞突破。这个战术在世界大赛中取得了非常好的效果，将中国女排的2、3号位进攻充分结合和变化，令对手防不胜防。俄罗斯女排、日本女排的假交叉战术也相当丰富。由于日本女排主攻和接应的游动特性，结合前交叉，日本女排将假交叉战术充分运用在前排，大家可以观看日本女排1999年、1996年的比赛录像，再比较中国女排的比赛录像，观察2、3号位的假交叉进攻和整体战术的相互结合。

（三）排球运动赏析

排球运动以人体及其人体动作姿态，运动方式等手段来表现运动技巧、力量和美。排球运动美的特征表现在它的技术性、战术性以及节奏性几个方面。

1. 排球运动的技术美

排球运动中有发、垫、传、扣、拦五大基本技术，而每种基本技术又有很多分支，如发球又分正面上手、勾手发飘球、跳发球、侧面下手发球、勾手大力发球等，每种发球方法在技术上都有一定的区别，发球时的抛球高度、击球稳度、击球部位以及用力大小都直接影响到球的效果。另外，运动员可以根据比赛具体情况，灵活地运用各种发球技术，用相应动作发出不同性能的球。分解每一个微小的动作，用摄像机拍下来，能够清楚地看到上下肢协调用力，大臂带动小臂，最后到手腕、手指最后的拨动，每一个发球动作都是一幅优美的画面。

2. 排球运动的战术美

排球战术有多种分类方法，按参与战术的人数分为个人战术和集体战术，而个人战术主要又分为发球个人战术，一传个人战术，二传个人战术，拦网个人战术，扣球以及防守个人战术。集体战术则首先分为集体进攻和集体防守战术，而集体进攻战术中又分为"中二传""边二传"和"心二传"进攻阵形，各种进攻阵形下又有许多进攻打法组合。各种打法无不体现出排球运动员技术的目的性、行动的遇见性、判断的准确性、进攻的主动性、防守的积极性、战术的灵活性、动作的隐蔽性以及配合的整体性，无论从视觉上，还是心理上，都能够给观看者一种美的享受。

3. 排球运动的节奏美

排球运动的节奏是技术、战术在时间和空间上的综合反映。进攻时高度、力量和技巧的结合，以及快攻与强攻，前沿进攻与纵深进攻的结合，防守中边跟进与心跟进的结合，前排拦网与后排防守的配合，特别是根据对方进攻，列出相应的防守类型，使攻防战术衔接不乱，运用自如，节奏分明。如在移动中的节奏，可以归纳为"快—慢—快"加球的助跑节奏为"一早，二慢，三快"（即起动步早，方向步要慢，踏跳步要快）；而扣球节奏，是一拍助跑，二拍起跳，第三拍击球所组成。诸如此类，组成了排球比赛的节奏，但这种节奏有别于音乐节奏，是不成型的节奏。在同一项基本技术中，为了选择正确的运用时机，也常常变化技术的节奏，以造成对方的措手不及。一场排球比赛，除了在技术，战术，作风，心理和体力等方面进行较量外，节奏的掌握也起着相当重要的作用，节奏一乱，往往会乱了全队的阵脚，甚至导致"兵败如山倒"的场面。

四、当前热点评说

（一）规则方面

2017—2020年新版规则与2013—2016年旧版规则对比：

通过对比2013—2016年旧版规则，发现2017—2020年新版规则共有38处改动，其中关于比赛的改动有29处，裁判员职责有5处，其他方面则有4处。另外2017年在国际排联小年龄组实验的新规则有5条。

通过新规则和旧规则的对比，可以发现新规则的改动主要注重以下五个方面：①注重比赛市场开发和发展，如端线外无障碍区宽缩短为6.5米、可以根据广告的要求调整网眼大小等；②更加注重对参加比赛的运动员的保护，如新规则允许运动员使用加压护具进行保护和支撑、网柱外部必须进行柔软包裹等；③注重对规则执行的公平化和简单化地修改。新规则对触网犯规重新进行了定义和修改，减少裁判员的主观判断，给比赛的所有参与者带来更好的体验。④注重运用科技的手段为排球比赛服务。为了更好地减少因裁判员出错影响比赛结果的情况，新规则要求正式比赛要采用电子记录表，而在国际比赛和中国排球超级联赛上都已采用鹰眼挑战系统保证比赛的公平性和流畅性。⑤注重排球比赛的观赏性和时间的可控性。从 2017 年在国际排联小年龄组实验的新规则来看，计分方式采用 7 局 4 胜制，单局 15 分，每局之间的间隔缩短至 2 分钟，取消技术暂停等 4 处改动都是为了注重提高比赛的观赏性和对排球比赛时间的可控性。

（二）代表人物介绍

①郎平，中国著名女子排球运动员、教练员，运动员时期凭借强劲而精确的扣杀而赢得"铁榔头"绰号。郎平与美国名将弗罗拉·海曼、古巴名将米雷亚·路易斯并称为 20 世纪 80 年代世界女排"三大主攻手"。

②大松博文，二战期间他曾担任日本侵略军第三十一师团的辎重兵中队长，战后他成为了日本排球教练，并亲手打造了"东洋魔女"。此人还曾在周恩来总理的批准下来中国协助中国女排训练，并做出了有益的指导。

③阿塔莫诺娃，俄罗斯女排的传奇主攻，先后五次参加奥运会。阿塔莫诺娃第一次参加奥运会就是代表独联体队，而到了北京奥运会时期她已经是五度征战。

（三）科技的应用

排球比赛引入"鹰眼"系统

国际排联主席魏纪中在总结伦敦奥运会排球和沙滩排球比赛时表示，由于现代排球比赛速度越来越快，对裁判和司线员也提出了更高的要求。因此国际排联决定在比赛场地内增加高科技设备，以减少误判和错判。

现在排球比赛扣球速度有可能达到每小时 100 公里，这使得司线员很难看清球是否出界。因此国际排联将通过设在场边的摄像头等设备来辅助裁判做出正确的判罚。

（四）"女排精神"

在我国三大球项目上，中国女子排球队在 1981 年世界杯比赛中，战胜日本女队首次夺得世界冠军，并在此后获得了五连冠的骄人战绩，成为世界排球史上第一支获得"五连冠"的队伍，实现了大球项目第一个冲出亚洲、走向世界。中国女子排球队感动和激励国人主要在于不服输的劲头和顽强拼搏的精神。全国掀起了学习"女排精神"的热潮，喊出"学习女排，振兴中华"的口号。习近平总书记在 2019 年国庆前夕会见中国女排代表时说:"广大人民群众对中国女排的喜爱,不仅是因为你们夺得了冠军,更重要的是你们在赛场上展现了祖国至上、团结协作、顽强拼搏、永不言败的精神面貌"。

第四节 篮球运动

一、篮球运动概述

(一)起源与发展

篮球运动是于 1891 年由美国詹姆士·奈史密斯博士发明的。奈史密斯制定了第一部 13 条的原始规则,目的是使篮球游戏在公平对等的条件下进行,同时不允许粗野动作的发生。1915 年美国制定了全国统一的篮球竞赛规则。1932 年,刚诞生的国际篮联以美国大学使用的篮球规则为基础,制定了第一份世界统一的竞赛规则。随着篮球运动的发展,场地设备得到改进和完善,规则也不断地增删和变化,现行规则共有 61 条和 57 个手势图。

1932 年 6 月 18 日国际业余篮球联合会(简称国际篮联)在瑞士日内瓦成立。1936 年第十一届奥运会上,男子篮球被列为正式比赛项目。1950 年和 1953 年分别举行了第一届世界男篮和女篮锦标赛。1968 年成立了"国际小篮球委员会"。1976 年第二十一届奥运会又增加了女子篮球比赛。

1936 年至 1948 年间,由于规则的不断修改,促进了篮球攻防战术的变化运用,提高了攻防的速度。进入 20 世纪 50 年代,世界各强队普遍重视和发展运动员的身高。在 1952 年第十五届奥运会篮球比赛中,出现了身高 2 米以上的高大队员。他们在高空争夺中占有明显的优势,掌握了比赛的主动权。但他们灵活性差,技术单调,在篮下死打硬攻,战术呆板,使比赛速度受到影响。为此,国际篮联扩大限制区,时间增加了 30 秒(后改为 24 秒)和干扰球的规则。

20 世纪 60 年代,各国在重视发展运动员高度的同时,加强了高大队员技术和灵活性的训练。60 年代中期,美国的迪安·史密斯提出攻守平衡的理论,使世界各国开始重视进攻和防守的均衡发展,特别是防守有了新的发展和突破。防守不再是消极的,在防守的选位上改变了过去"以人为主""以区域为主"的观念,而是"以球为主",使防守具有集体性、积极性、攻击性和破坏性。

20 世纪 70 年代世界强队运动员的身高增长到惊人的程度,参加第八届世界男篮锦标赛的队员,身高 2 米以上的多达 48 人。苏联队平均身高 2.02 米,前南斯拉夫队平均身高 1.99 米,美国队平均身高 1.98 米。这些高大队员既有高度,又有速度，能里能外，技术全面，充分体现了"大个队员小个化"的特点。快攻成为各队进攻中首先采用的锐利武器。高空优势体现在篮下的争夺，篮板球的争抢在篮圈水平面之上，投篮技术出现了空中换手投篮，各种单、双手扣篮等新式技巧。高超的技巧表现在传球、运球动作熟练，运用自如。

（二）主要赛事

1. NBA

NBA是美国职业篮球联赛的简称，于1946年6月6日在纽约成立，由北美三十支队伍组成的男子职业篮球联盟，汇集了世界上顶级的球员，是美国四大职业体育联盟之一。

2. 世界篮球锦标赛

世界篮球锦标赛是国际篮球联合会举办的国际性的篮球赛事，男子从1950年开始，女子从1953年开始，男、女比赛分别举行。历届比赛某些情况下间隔时间不同，一般是4年一届。从1986年起，男子和女子的比赛都在同一年进行，也都按照4年一届的时间举行。

3. 奥运会篮球赛

1936年柏林奥运会上，男子篮球比赛第一次被列为奥运会比赛项目。女子篮球到1976年蒙特利尔奥运会上才被正式纳入。奥运会篮球比赛只设男女2个团体项目，各有金、银、铜3块奖牌。

二、篮球主要运动规则

（一）场地与器材

①篮板：篮板两面应以透明的材质制成，最好是强化安全玻璃，其硬度相当于厚度三厘米的木板。篮板的规格为宽1.80米，垂直高度1.05米，其下沿距离地板最少2.90米。篮板的表面应平整，四周画上自界外线算起宽为59厘米、高为45厘米的长方形，此长方形底线的上沿必须与篮圈上端相接。

②球篮：球篮包括篮圈和篮网。篮圈由坚实的铁料制造，内沿直径最少为45厘米，最多为45.7厘米，并漆成橘色。金属篮圈直径最小为1.6厘米，最大为2.0厘米。篮网应为白色，悬挂于篮圈上，其目的是使球入篮后能稍受阻力，篮网应有十二目以便悬挂在篮圈上，其长度最短为40厘米，最长不得超过45厘米。

③球：篮球必须是正圆体，颜色为橘色，外皮必须用皮、橡胶或合成物质等材质制成，重600～650克，周长75～78厘米。球内气压的程度，以从球底部

量起约 1.8 米的高度落到比赛场地上，其反弹高度从球的顶部量起不得低于 1.2 米，或高于 1.4 米。

④定时器：定时器显示比赛时间、双方比数和球队犯规次数，应该安置在场内每一个人均能清晰看见的地方。

⑤24 秒定时器：24 秒定时器应为自动计时，采用数字式倒数计时，显示单位为秒。

⑥记录表：所有国际篮球协会举办的正式比赛，其记录表均应由国际篮球总会审定。

⑦犯规次数牌：应为白色底，数字最小尺寸为长 20 厘米、宽 10 厘米。2×20 分钟赛制，数字为 1~5（1~4 为黑色，5 为红色）。4×12 分钟赛制，数字为 1~6（1~5 为黑色，6 为红色）。

⑧球队犯规标志：球队犯规标志应为红色，至少宽 20 厘米、高 35 厘米，置于记录台上，让场上每个人都能清晰看见。

（二）主要规则

篮球规则指篮球比赛中应用的各种规则。基于适用范围分为 FIBA 规则，NBA 规则，NCAA 规则等。在世界上通用的篮球规则是国际篮球联合会指定的 FIBA 官方篮球规则。

1. 违例

①3 秒违例：队员在进攻时不得进入对方限制区超过 3 秒。

②5 秒违例：队员在执行罚球时，必须在 5 秒内把球投出或队员在掷界外球时必须在 5 秒内把球掷入界内。

③8 秒违例：某方在进攻时需在 8 秒内使球进入到本方的前场（对方的后场）。

④球回后场：进攻方在前场的球不得使球回到本方后场，包括掷界外球。

⑤干扰球：当球完全在篮圈水平面上下落时，所有队员不得触碰球。如进攻方触碰球，且球进入篮筐，得分无效；如防守方触碰球，则判进攻方得分。

⑥脚踢球：比赛过程中，任何队员不得故意用脚触碰球。

⑦两次运球：队员控制球后将球掷、拍或滚，在触及另一队员之前再触及球为运球。用双手同时触及球的一刹那或使球在一手或双手中停留的一刹那，运球完毕。队员不能再次运球，如运球，则为两次运球。

⑧24 秒进攻违例：当队员在控制活球时，该队必须在 24 秒内完成投篮。

2. 犯规

①侵人犯规：队员不准通过伸展臂、肩、髋和膝和过分弯曲身体成不正常姿

势,以阻挡、拉人、推人、撞人等阻碍对方。如果对方在进行投篮时受到侵犯,球不中,则在相应投篮分值的区域进行相应次数的罚球。如投篮再受到侵犯,则得分有效,追加罚球一次。

②技术犯规:在比赛中,如出现不尊重对手或裁判等行为,或者对记录台工作人员做出不尊重行为,有报复动作或阻延比赛进行的行为,可判罚技术犯规,执行一罚一掷(罚球一次并在中线延长线掷界外球)。

三、篮球运动主要技战术及赏析

(一)主要技术

篮球技术主要通过运球、传接球、投篮、防守、抢篮板球等多个手段来进行比赛。其中,进攻手段有运球、传接球、投篮和抢篮板球(前场篮板),防守手段则为通过脚步的移动和手上的防守动作,阻止对方投篮得分和抢篮板球(后场篮板)来获取自身进攻的机会。

1. 运球

运球的技术动作方法较多,简单概括可分为以下几种:高运球、低运球、运球急起急停、体前变向换手运球、背后运球、运球转身和胯下运球。其中,运球进行持球突破,还需要脚步的配合,主要分为交叉步突破和顺步突破两种。

(1)交叉步突破

以防守队员左侧突破为例。突破时,用左脚掌内侧向左后方用力蹬地,迅速向防守人左侧跨出一大步,同时弯腰屈膝、上体右转探肩,贴近对手身体,在右脚离地前,用右手立即将球拍至左脚右前方,右脚迅速蹬地跨步,加速超越对手。

(2)顺步突破

准备姿势与交叉步相同。突破时,右脚向右前方跨出一步,向右转体探肩,重心前移,左脚前脚掌迅速蹬地,向右前方跨出,突破防守。

2. 传接球

传接球是篮球比赛中进攻队员之间有目的转移球的方法,是进攻队员在场上相互联系和组织进攻的纽带,是实现配合的具体手段,是比赛中使用最多的技术。传球的动作包括双手胸前传球、双手低手传球、双手头上传球、单手肩上传球、单手胸前传球、单手体侧传球和单双手反弹传球。接球的动作包括双手接胸部高度的球、双手接头部高度的球、双手接反弹球和单手接球。

3. 投篮

单手肩上投篮,以右手为例。右手持球于肩上,左手扶球的左侧,右臂屈肘，上臂与地面接近平行。两脚前后或左右开立，两膝微屈，重心落在两脚之间。投篮时，下肢蹬地发力，右臂向前上方伸直，手腕前屈，食、中指发力拨球，通过指端将球投出。

4．防守

防守分为两种，一是防守无球队员，二是防守持球队员。

在防守无球队员时，防守者面向对手，身体侧向球站位，近球侧的手臂伸前，干扰对手的接球路线，脚步随球的变化灵活移动，时刻注意堵截对手，摆脱对手，与同伴协防和抢断球。防守有球队员时，如果队员距离篮筐较远，则主要防守对方突破。此时，防守队员应降低重心，双脚采取平行姿势，两膝弯曲，臀部下坐，背要直，两手位于膝部以下，肘关节靠近身体，掌心向上并稍向内侧相对，五指自然张开，当对手运球至投篮范围时，防守者主要是要阻止对方投篮，斜步防守，一手臂上举。

5．抢篮板球

抢篮板球分为抢进攻篮板和抢防守篮板，都是为了获得球权后而组织进攻得分。在抢进攻篮板时，进攻队员首先要判断球的位置，争先抢到有利位置，以便更加容易抢到篮板球。在抢防守篮板时，防守队员则要提前卡位，把进攻队员挤在自己的身后，以便争抢篮板球。在抢到防守篮板后，首先是保护球，不让对方抢球，其次是转身面向进攻方向，寻找快攻机会，如没有快攻机会，则把球传给后卫，组织进攻。

（二）主要战术

1．篮球战术的组成

篮球战术由技术、方法和形式三个基本要素组成。技术是队员进行比赛的基本手段，是战术的基础；方法是战术的具体内容和核心环节，是队员和队员之间有意识、有组织、有步骤的行动方案和过程；形式是战术的外部表现。篮球战术的实施由开始组织、协同配合和结束转换三个阶段构成。开始组织阶段主要是转入有组织的攻守，根据所运用的战术，迅速组织和形成一定的阵式与队形；协同配合阶段主要是在第一阶段的基础上，有组织地攻击或制约对方，进攻以投篮为目的，防守以争夺控球权为目的展开对抗；结束转换阶段主要是在协同配合阶段后，迅速转入下一个攻守回合，继续不停地展开攻守对抗。

2．篮球进攻战术

篮球战术的运行及轮转遵循活与变，是通过洞悉对方的防守，在站位的基础上，进行挡与拆、掩护、切入、策应的配合。最初的篮球没有三秒区，常是中锋站在篮下，其他四位球员在外线不断地传球转换进攻点。随着规则的更新、球员实力的进步，如今的篮球战术需要五位球员集体运行，如一侧战术配合的同时，另一侧的球员伺机为切入的球员挡拆配合，球转换另一侧进攻，不断轮转，造成时间与空间的差异，进攻得手。如此演变出了更加深入复杂多变的战术进攻。

篮球战术的良好应用在于全队的和谐统一，要充分利用基础配合及其变化来创造攻击机会，扩大攻击面，增多攻击点，加强进攻的攻击性。掌握根本，变之又变，魅力无穷。

3. 篮球防守战术

"2-3联防"是我们最常见到的区域防守。这种防守的优势是保护内线，也就是"油漆区"，而且让你的大个子队员一直保持在内线待着。它的弱点是能够被外线优秀的投射打败，因为这种防守会让侧翼、高位和底角经常处于空位状态。

盯人防守，是每个防守队员守住一个进攻队员，在防住自己对手的基础上相互协作的全队防守战术。

(三) 篮球运动赏析

1. 篮球运动中的对抗美

对抗是当今篮球发展的一个重要特征。在篮球运动中对抗表现为身体、技术、战术、心理、智力等多方面的对抗，运动员在对抗中挑战自身极限、发挥创造力赢取对手，充分地显示了人的本质力量，对抗美总是寓于身体、技术、战术和智慧之中。篮球运动就其运动形态而言，隶属于竞技运动中的对抗类项目。竞技运动最显著的特征就是对抗，它是竞技运动在发展和变化中永恒的存在形式，是其本质的特征。对抗在竞技运动中的普遍存在，显示了对抗融于竞技的必然性。在篮球比赛中的对抗表现形式主要为身体对抗、技术对抗、战术对抗、心理对抗、智慧对抗，我们从这些对抗中看出运动员所表现出的非凡技巧和超人智慧，我们可以体会到队员自信能战胜对手的表情，能体会到无论是进攻还是防守，运动员表现出的勇猛顽强、斗志高昂的精神。运动员只有在激烈的竞争对抗中，独特的高超技艺才能充分显示出来，也只有激烈的对抗才能带给我们更多的悬念，而悬念美是美的一种重要表现形式。

2. 战术配合的变化美

篮球战术配合产生的美在于通过它人们能够感受到集体协调一致的配合行动，能够感受到运动员的篮球意识水平，能够感受到教练员的智慧。战术配合的多样性可以使篮球运动更加具有变化，更加具有欣赏性，一套成功的战术配合能够更加完美地展现篮球运动的技术、体能、意识，一套成功的战术配合为篮球运动技术提供了一个展示的舞台。队员的均衡落位、穿插跑动体现了篮球运动的层次性和变化性，简单的技术能够在队员的穿插跑动中显得更加富有变化，不仅增加了运用的效果，而且增加了技术的美感。

战术配合的变化美不仅体现在战术配合方法的变化，也体现运动员战术意识的水平。竞技篮球竞赛过程中，场上情况千变万化，原定的战术配合不可能适应场上出现的任何情况，实战中运动员的战术意识水平应该起到一定的调节作用，对于执行战术过程中出现的意外情形应该审时度势，快速地做出正确的决定。这种战术意识加强了战术变化的灵活性，使得观众能够欣赏到更多精彩的战术配合。

战术配合的多变性使得篮球竞赛充满着不可预测性，可以充分体现教练员的智慧美。比赛时，双方的实力水平不再是衡量胜负的唯一标准，因为，教练员临场战术的运用在很大程度上影响比赛的结果。正确的战术配合可以最大限度发挥运动员的能力，可以把运动员联结成一个整体，由于战术配合的整体效应，他们在比赛中发挥出的能力超过 5 名运动员个人能力的简单相加，最终赢得比赛的胜利。

3. 篮球运动中的精神美

人的精神美划分为"智慧的美、道德的美"。篮球的精神是由篮球的事业所决定的，篮球的事业是一个集体的事业，正像公牛王朝，即使乔丹再伟大，如果没有皮蓬、罗德曼等其他队员的辅助，他也不能完成公牛王朝的霸业。即使乔丹、皮蓬、罗得曼等人的技艺再精湛，如果没有禅师菲尔·杰克逊的调教也不会有那样惊人之举，这就是篮球精神——团队精神。只有队员之间团结协作，才能创造出完善的篮球精神，才能使这项运动更完善，才能使篮球事业更加辉煌。篮球能使人们拓展心胸、拥抱理想，把团体义务置于个人荣耀之上。优秀的球队不是单纯凭个人的优异表现，而是要靠每个球员抛开自我，携手为共同目标努力，只有这样才能体会篮球精神的博大与精深，才能使篮球运动变得更加完美。

四、当前热点评说

（一）规则方面

篮球规则于 2010 年和 2014 年进行了两次大的修改。

2010 年的修改中，一是延长了 3 分线的距离（6.25 米改为 6.75 米），改变了 3 秒区的形状，两项改变主要是加大了内线球员与外线球员的防守距离，利于进攻，倡导内外结合的比赛，增加观赏性。二是取消了在比赛过程中的跳球，改为双方交换球权。三是增设了篮筐下的合理冲撞区。

2014 年则是改变了原来的计分方法，把原来的得失分比率改为净胜分，二次进攻的时间由原来的 24 秒改为 14 秒，目的都是鼓励各队积极进攻，增加比赛的观赏性。

最新的 2018 年的修改中，有几点是比较大的修改，一是"24 秒"修改，为了使在比赛中有更多的投篮得分机会，当球队已经在它的前场可处理球时，缩短进攻队投篮时间，每当裁判员因为控制球队的犯规或者违例（包括球出界）停止比赛后，判给对方队一次掷球入界时，进攻计时钟应复位。如果根据交替拥有程序新的进攻方拥有掷球入界权，进攻计时钟也应复位。如果掷球入界在该队的后场，进攻计时钟应复位新的 24 秒；如在前场，进攻计时钟应复位 14 秒。二是"技术犯规"，为避免判罚一次技术犯规后带来的双重罚则的情况，确保有球与无球球队之间的平衡，FIBA 将原规则修改为：如果被判一次技术犯规，应给予一次罚球。罚球后，应由判罚技术犯规时控制球或拥有球权的队掷球入界重新恢复比赛。

（二）代表人物介绍

①姚明，1980 年 9 月 12 日出生于上海市徐汇区，1998 年 4 月，姚明入选王非执教的国家队，开始篮球生涯。2002 年，他以状元秀身份被 NBA 的休斯敦火箭队选中。2003 年至 2008 年连续六个赛季入选 NBA 西部全明星阵容。他用高超的体育技能，在一个强手如林的国家运动项目中占有了一席之地，成就了很多人的梦想，更成为中国人的骄傲。他出色的表现和随时听从祖国召唤的爱国精神，使他带给人们的思考已经远远超过了体育本身。对祖国的情感，对现在的把握和对未来的期待，都将使他成为中国体育和 NBA 的历史人物。

②迈克尔·乔丹（Michael Jordan），1963 年 2 月 17 日生于纽约布鲁克林，美国著名篮球运动员，司职得分后卫，历史上最伟大的篮球运动员。所属运动队为芝加哥公牛（1984—1998），华盛顿奇才（2001—2003）。曾获得 6 届 NBA 总冠军、2 届奥运会冠军、3 次 NBA 全明星赛最有价值球员（MVP）、5 次常规赛（MVP）、6 届总决赛 MVP。

③科比·布莱恩特（Kobe Bryant），1978 年 8 月 23 日出生于美国宾夕法尼亚州费城，前美国职业篮球运动员，获得五届 NBA 总冠军、四届 NBA 全明星赛最有价值球员奖、两届 NBA 总决赛最有价值球员奖，还曾获得 NBA 最有价值球员奖。

（三）科技的应用

由 94Fifty 出品的智能篮球，它和普通的篮球在外观、重量、皮质等方面没有差别，但是里面有 9 个感应器，用来追踪打篮球的人的投球速度、弧度、力量、突破能力，也可以计算用户的投篮命中率，通过蓝牙低耗能技术与 iPhone、iPod Touch 里的程序相连。在 2013 年 11 月发布智能篮球以前，94Fifty 已经和美国职业篮球教练协会合作，让真正的篮球教练提供建议和反馈作为数据基础。

（四）"小篮球"大梦想

中国的篮球运动实现了冲出亚洲走向世界目标。但是，距离奥运会摘金夺银还有漫长的路。改革创新,中国篮球协会换届,姚明当选协会主席,以中国篮协成功换届为标志,让"专业人办专业事"的改革思路也为其他体育社团实体化改革提供了借鉴。新一届的篮协提出了诸多改革方案,其中"夯实基础需把量做大",要在校园篮球和业余篮球上着力操作,让中国篮球的基础更加牢固,提出了"小篮球"计划。"小篮球"计划是针对 6～12 岁少年儿童开展的篮球普及运动,采用小球、低篮、小场,真正把篮球运动推广到基层少年儿童中去,成为少年儿童最喜爱的运动之一,并养成终身参加体育锻炼的习惯。我们以为这种改革,符合《"健康中国 2030"规划纲要》的要求,符合普及与提高的发展方向。未来的篮球,值得期待。

第五节 足球运动

一、足球运动概述

(一)起源与发展

足球作为公认的世界第一大运动,它的起源存在较大争议。目前比较公认的有两种说法:古代的足球(足球游戏)起源于中国,而现代足球运动则起源于英国。

时任国际足联副秘书长热罗姆·项帕涅说,国际足联在 2001 年就认定"足球是起源于中国,然后经波斯、埃及、意大利后辗转传播到英国,然后得到发展"。项帕涅认为:虽然有不少国家都认为自己是足球运动的诞生地,但研究国际足球的历史学家有确切证据表明,足球最早起源于中国——中国古代的蹴鞠就是足球的起源。

足球作为世界第一大运动,其官方组织 FIFA(国际足球联合会),从最初的只有七个成员国(法国、比利时、丹麦、荷兰、西班牙、瑞典、瑞士)发展为拥有 CAF(非洲足球联合会)、CONCACAF(中北美洲及加勒比海足球协会)、CONMEBOL(南美洲足球协会)、OFC(大洋洲足球协会)、AFC(亚洲足球联合会)、UEFA(欧洲足球协会联盟)六大足球联盟,209 个成员的世界较大的体育组织之一。

(二)主要赛事

1. 世界杯

世界杯(FIFA World Cup)即国际足联世界杯,成立于 1904 年 5 月 21 日。世界杯自创建发展至今,俨然是世界上最高荣誉、最高规格、最高知名度的足球

比赛，与奥运会并称为全球体育两大顶级赛事。世界杯每四年举办一次，任何国际足联会员国（地区）都可以派出代表队报名参加这项赛事。世界杯是世界足球运动发展推广普及的源头和根本，所以也被誉为"生命之杯"。

2. 欧洲足球锦标赛

欧洲足球锦标赛（UEFA European Football Championship）简称欧锦赛、欧洲杯，是一项由欧洲足联成员国间参加的最高级别国家级足球赛事，于1960年举行第一届，其后每四年举行一届。

二、足球运动主要规则

（一）场地与器材

1. 一般球场尺寸大小

足球场必须是长方形，边线的长度必须长于球门线的长度。

长度：最短90米（98码）最长120米（131码）

宽度：最短45米（49码）最长90米（98码）

2. 国际比赛球场标准

长度：最短100米（109码）最长110米（120码）

宽度：最短64米（70码）最长75米（82码）

赛场尺寸：比赛场地必须是长方形，边线的长度必须长于球门线的长度。长度90～120米（100～130码），宽度45～90米（50～60码）。

国际比赛：长度100～110米（109～120码），宽度64～75米（70～82码）。

世界杯决赛阶段：长度105米（约115码），宽度68米（约74码）。

3. 场地标记

比赛场地是用线来标明的，这些线作为场内各个区域的边界线应包含在各个区域之内；两条较长的边界线叫边线，两条较短的线叫球门线；所有线的宽度不超过12厘米（5英寸）；比赛场地被中线划分为两个半场；在场地中线的中点处做一个中心标记，以距中心标记9.15米（10码）为半径画一个圆圈。

4. 球门区

球门区在场地的两端，规定如下：

球门必须放置在每条球门线的中央。它们由两根距角旗杆等距离的垂直的柱子和连接其顶部的水平横梁组成。两根柱子之间的距离是7.32米（8码），从横梁的下沿至地面的距离是2.44米（8英尺）。两根球门柱和横梁具有不超过12

厘米（5 英寸）的相同的宽度和厚度。球门线与球门柱和横梁的宽度是相同的。球门网可以系在球门及球门后面的地上，并要适当撑起以不影响守门员。球门柱和横梁必须是白色的。

从距每个球门柱内侧 5.5 米（6 码）处，画两条垂直于球门线的线。这些线伸向足球比赛场地内 5.5 米（6 码），与一条平行于球门线的线相连接。由这些线和球门线组成的区域范围是球门区。

5. 罚球区

罚球区在场地的两端，规定如下：

从距每个球门柱内侧 16.5 米（18 码）处，画两条垂直于球门线的线。这些线伸向比赛场地内 16.5 米（18 码），与一条平行于球门线的线相连接。由这些线和球门线组成的区域范围是罚球区。

在每个罚球区内距球门柱之间等距离的中点 11 米（12 码）处设置一个罚球点。在罚球区外，以距每个罚球点 9.15 米（10 码）为半径画一段弧，称为弧顶。

6. 旗杆

在场地每个角上各竖一根不低于 1.5 米（5 英尺）的平顶旗杆，上系小旗一面。在中线的两端、边线以外不少于 1 米（1 码）处，也可以放置旗杆。便于区分球出界的时候，能够辨析是角球还是界外球。

（二）主要规则

1. 队员人数

一场比赛应有两队参加，每队上场队员不得多于 11 名，其中必须有一名守门员。如果任何一队少于 7 人则比赛不能开始。在由国际足联、洲际联合会或国家协会主办的正式比赛中，每场比赛最多可以使用 3 名替补队员。竞赛规程应说明可以有几名替补队员被提名，从 3 名到最多不超过 7 名。

2. 队员装备

队员不得使用或佩戴可能危及自己及其他队员的装备或任何物件（包括各种珠宝饰物）。

队员必需的基本装备是：运动上衣、短裤（如穿紧身内裤，必须与短裤的主色同一颜色）、护袜、护腿板；护腿板必须由护袜全部包住，由适当的材料制成（橡胶、塑料或其他类似材料），提供适当程度的保护、足球鞋。每名守门员的服装颜色必须有别于其他队员、裁判员和助理裁判员。

3. 比赛时间

比赛分为两个半场，每半场 45 分钟。特殊情况经裁判员和双方同意另定除外。任何改变比赛时间的协议（如因光线不足每半场减少到40分钟）必须在比赛开始之前制定，并要符合竞赛规程。

4．计胜方法

进球得分：当球的整体从球门柱间及横梁下越过球门线，而此前未违反竞赛规则，即为进球得分。

获胜的队：在比赛中进球数较多的队为胜者。如两队进球数相等或均未进球，则比赛为平局。

竞赛规程：竞赛规程应说明，若比赛结束为平局，是否采用决胜期或国际足球理事会同意的其他步骤以决定比赛的胜者。

三、足球运动主要战术及赏析

（一）主要技术

现代足球比赛中，运动员身体素质不断提升，攻击力占优势的球队队员通过快节奏的传导和转移让弱队防守时疲于奔命，而防守好的球队队员也会利用自己的身体优势实行高位逼抢和区域抢截对攻方形成高压防守。所以在足球运动发展的过程中，由于人的能动性有限，足球比赛的攻、守矛盾还是在进一步发展，这就更加要求队员的身体素质不断提高，踢球技术更加精细，发展更加全面；攻防转换速度加快、难度增大；隐蔽性、实用性的踢球技术增多，不合理的踢球技术减少，甚至被淘汰；停球技术和接球技术有了新的发展；头球难度增加的同时，因为其触球位置高，所以作用也在增大；运用身体各个部位控制球，运球过人的单一技术减少，复合动作增加；运球技术动作快速简练、合理实用；铲抢技术、抢点射门以及一次出球配合，广泛运用且颇有成效。

（二）主要战术

1．第一个经典阵型：WM

英格兰教练查普曼创造了对历史有些了解的球迷就很熟知的阵型：WM。此前的足球是没有什么特定阵型的，经常出现9个前锋的状况（有点类似于大家小学刚会踢球时候的"一窝蜂"打法）。WM的出现有一个重大的历史契机，就是1925年英格兰足协修改明确了越位规则。这种"瞎踢"的打法一下子被限制了，球队迫切需要一种更理性的打法。于是，20世纪30年代的时候，著名教练查普曼发明了这种仔细分析起来比较简单的阵型。

防守的时候球队的5个人站成M字形，也就是三个后卫，两个后腰。前场5个人站为W字形，三个前锋突前，身后是两个内锋。实际上防守的时候后腰回撒，进攻的时候内锋插上，形成球队一半人进攻、一半人防守的状态，实际上也体现了最早的攻守平衡的理念。

这种阵型十分"规整"，攻守相对比较平和，对球场的各个位置都可以控制住。所以逐渐在英格兰流行起来，并且风靡世界，逐渐成为统治性的阵型，而且一统治就是 20 多年。

2. 世界的第一次阵型革命

WM 的流行使得世界足球的发展在阵型上终于理性起来，球员不会再是在场上乱跑，而是比较有目的性地活动，但是消极的因素也随之而来。W 与 M 相对，全场队员一个对一个，谁也不会轻易地有表现机会。结果就是场上的场面沉闷，双方队员谁也施展不开，精彩程度大打折扣。

革命性的成就是由 20 世纪 50 年代公认的无冕之王匈牙利队带来的。匈牙利在拥有了普斯卡什、柯奇士等一大批进攻天才以后，想出了破解 WM 限制的方法。他们将突前的中锋回撤到中场，站在两个后腰身前进行策应和衔接，而将两名内锋（金左脚普斯卡什和世界杯射手榜位居前列的柯奇士）前压到进攻第一线上，使阵型成为了 3—3—4 或者 3—2—1—4，这一变化在当时带来了天翻地覆的改变，WM 阵型的三个后卫根本无法限制四名前锋的冲击，加上当时普斯卡什的压倒性实力，使得匈牙利队当时凭借四前锋阵型所向披靡。

3. 足球王国掀起的革命

匈牙利队的阵型一下子在世界上掀起了四前锋热潮，因为这一阵型不但新奇，更可以带来好看的令人振奋的足球比赛。当年的中国队留学时学习的也是这种进攻阵容。但是从一开始，人们就已经认识到了攻守平衡的重要性，所以如何能抑制前场四前锋的进攻，就成了一个课题。

这一次的革命者是巴西队，巴西队在 1954 年的世界杯上负于匈牙利队，1958 年推出了限制四前锋的阵型：4—2—4。他们将一名防守中场后撤到后卫线，3—3—4 阵型中的另一名原先更多作为坠后中锋的中场也更多地承担了防守任务。4 个前锋对抗 4 个后卫，这样双方的变化必须多起来。

巴西当年拥有大家熟知的攻击手迪迪、"鸟儿"加林查作边锋，更有年仅 17 岁就已显出无与伦比天赋的贝利。但是必须看到巴西队另外几人的作用：中场瓦瓦和扎加洛，边后卫队长卡洛斯·阿尔贝托。两名中场是能力很全面的球员，正是因为这两人能力很强，才使得只有两人的中场不显得太单薄。边后卫阿尔贝托经常地向前插上助攻，也赋予了后卫这个词更多的含义。

这是世界足坛第一次的 4 后卫体系，边后卫助攻等都是首创，因为传统的 3 后卫阵型在一般情况下后卫是不会前插的。这次革命性的创举也为日后的众多 4

后卫阵型奠定了基础。

4. 经典的 4—4—2

足球王国英格兰再次为世界贡献了一个经典阵型，时至今日仍然最广泛使用的阵型：4—4—2。英格兰不像巴西那样拥有如此众多、出色的攻击手，但是拥有以博比为代表的一批优秀的中后场球员。在有了 4 后卫后，各队对于两边锋的盯防越来越紧，因此英格兰人索性舍弃流行了一段时间的 4 前锋阵型，放弃两边锋，而是将他们转为边前卫。1966 年拉姆西爵士带领球队依靠 4—4—2 夺取了世界杯冠军，依靠的就是中后场严密的防守和严谨的组织，寻找到机会后交给中锋解决战斗，这也使得赫斯特得以创造了世界杯决赛上演帽子戏法的记录（图 3-5-1）。

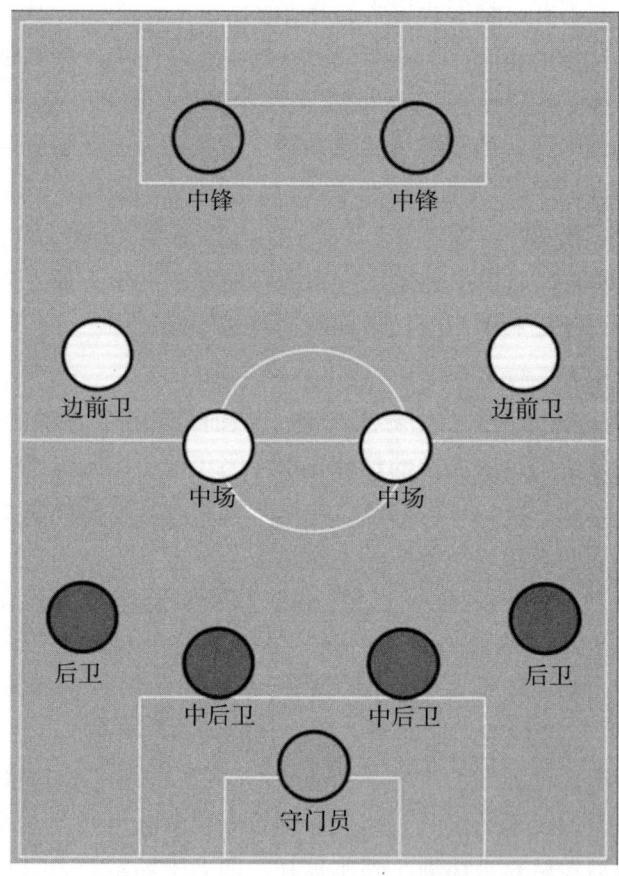

图 3-5-1 4-4-2 阵型

(三) 足球运动赏析

1. 足球的技术美

技术美主要体现在运动员为了达到比赛要求,获取好成绩而完成各种技术动作的过程。比如体操中的托马斯全旋、十字支撑、空中转身三周半,滑冰运动员的各种难度动作,羽毛球运动员后场腾空大力扣杀,这些动作中无不充满了体育的美感。

足球作为一种以脚控制球为主的高难度体育运动,其运动过程中表现出的各种技术美感与之相比毫不逊色。"倒钩射门""凌空打门""蝎子摆尾"等高难度的射门动作让人们惊叹于运动员身体的控制能力和精准的时空感;"油炸丸子""彩虹过人"等杂耍般的过人动作让人们感慨运动员高超的技艺,充分展示了足球的美感,而有着"盘带大师"之称的齐达内和德尼尔森的盘球动作就像跳舞一样充满艺术感,给人美的享受,特别是德尼尔森在过人时做出的动作令人叹为观止,浮想联翩,甚至称他是"在邮票上跳舞的人"。前巨星贝利和巴斯滕因为技术出色,被邀请参与了两部电影的拍摄(《胜利大逃亡》和《假动作》),在影片中足球的技术美获得了充分的展露。

2. 足球的战术美

战术美具体表现在战术的成功应用,这同技术美主要表现在动作的成功完成道理是一样的。当今的体育比赛无论是一对一的单打独斗,还是全队参与的集体抗衡,在双方实力相当的情况下,谁的战术组织运用得好,就会赢得比赛的胜利,正所谓"两强相遇勇者胜,两勇相遇智者胜"。这智就是指战术,它是人们的一种智慧投入,战术在运动中的地位是非常重要的,它往往对足球比赛的结果起着关键的作用。战术运用得当,能起到攻击对手发挥自己的作用,同样,它也可以给人带来美感,足球比赛当中经常出现多人小组配合,经过多次甚至十余次的连续传递,最后将球送入球门,就像是计算机设定的一样准确,这与工业社会的流水线生产方式是非常契合的,让人赞叹足球运动员的精湛球艺,由于战术不像技术那么直观,它体现在多人的配合甚至是整个比赛战略安排中,不易觉察,因而,战术美的体会需要更多的知识与耐心,对人的审美能力提出了更高的要求,德国队、意大利队、阿根廷队是足球领域中战术美的典型代表。

3. 足球的戏剧美

有位名人曾经说过:足球是个大舞台,在这个舞台上,球员各司其职,扮演着属于自己的那份角色。所不同的是舞台上的人都知道自己是在演戏,而足球场上的球员并不明白自己的这一身份罢了。这话很有道理,球场和舞台有很多相似之处,如果把球场比做舞台,球员就是演员,球迷就是观众,而且同样上演着喜怒哀乐，每个人——从球迷到球员——都是全情的投入，社会学界流传着这么句话："社会大体育，体育小社会"这在足球领域表现得尤为明显，还记得加斯科因的眼泪吗？还记得巴乔小辫罚失点球后的沮丧吗？还记得贝贝托进球后的摇篮曲吗？还有齐达内、巴蒂、罗马里奥、费戈……

足球是一部大戏，世界杯是最好的剧场。4年一度的世界杯吸引了世界各地的球队为之奋斗。通过地区的外围赛，产生了最终入围的32支球队，世界杯一旦开幕，足球大戏也打开了它的帷幕，32支球队，736名球员，有主角，有配角。主角有传统强队和那些不时冒出的黑马，配角则是那些实力羸弱的队伍以及第1次参与世界杯的新贵们，他们大多扮演着陪太子读书的角色。世界杯开幕后，各支球队纷纷向着冠军发起冲击，由于竞技结果的残酷性，冠军只有一个，大多数球队最终只能获得一个失败者的地位，从这个意义上说，冠军才是真正的主角，其他都是配角。

足球虽然是一部大戏，但它和戏剧也有不同。戏剧的表演是事先安排设定好的，演员只不过是按导演的安排行事，甚至小到一句话、一个动作都不能错，否则就会发生侯宝林先生相声中的武松打虎总也打不死的笑话。总之，戏剧是一切情节都是可以预知的，这就减少了它的悬念，而体育比赛没有设定，因而体育比赛总是充满了悬念美。一场公平竞争的比赛双方都是以自己的能力来博胜负，没有任何外在的凭借，双方在场上斗智斗勇，靠自己的能力取胜，胜负也充满了不可预知性。而且由于足球不像其他体育比赛悬殊那么大，因而其悬念美就显得特别强，以弱敌强、以少打多仍然获胜的例子屡见不鲜。比如世界杯赛上的塞内加尔队以及韩国队的表演就充分说明了这一点。足球比赛总是扣人心弦，不到最后一声哨响，从场内到场外，从球员到教练，那根弦总是绷得紧紧的，因为谁也无法预知下一分钟会发生什么事，而观众也在紧张刺激的比赛中获得了最大的满足。

悲剧美是足球戏剧美的又一种，竞技场上有胜利者就有失败者，胜利者的喜悦各有不同，失败者的悲哀却都相同。世界杯在经过一个月的鏖战之后最终只能产生一个冠军，其他都是失败者，对于足球小国来说，也许这不算什么，但对于一些很有实力而又带有很高期望值的国家来说，被淘汰甚至获得亚军等不错的名次都是很难接受的。比如巴西，这样一个有着深厚足球传统的国家，还有法国、阿根廷，在他们的国家，球迷们只认可冠军，亚军也是一种失败。如法国，世界杯之前，冠军的头号大热门，世界杯之后，小组赛就被淘汰。他们带着卫冕冠军的光环，有着鼎盛的阵容，肩负着法国人民的期望满怀豪情来到亚洲，准备卫冕，一切似乎都在朝着好的方向前进，可就在世界杯将要开始的时候，他们失去了齐达内、皮雷，比赛中主力队员被红牌罚下，教练用人不当，球员心气也没调整好，而且射门老打在门框上——运气也不在他们一边，结果3场比赛1球未进，叨陪末座，黯淡出局，这一切和他们曾经的辉煌仅有一步之遥，不禁让人慨叹胜利与失败之间转换速度之快。悲剧使人深刻，法国队的失败又一次证明了那个浅显而又亘古的道理：世界上没有常胜将军。法国队在比赛中一直踢的很努力，机会也不少，完全不似那些未战先怯的队伍，这更增添了其失败的悲剧色彩，让人倍感悲壮，经过艰苦努力达到光辉的顶峰让人感到崇高；而经过殊死拼搏战斗到最后一刻才被打倒同样是一种崇高、壮美。

四、当前热点评说

（一）规则方面

2009—2010赛季的欧洲联赛（前身为欧洲联盟杯）中，欧足联已经试行过底线裁判制，取得了一定经验。如今则要推广到更具影响力的欧洲冠军联赛，同样参加实验的还有欧洲超级杯、法国联赛杯、亚足联主席杯以及一些巴西、墨西哥国内的赛事。

2010年7月21日美联社消息，国际足联通过了正式决议，决定在2010—2011赛季欧洲冠军联赛中实行五裁判执法制度，即增加两名底线裁判帮助执法，以求减少绿茵场上泛滥成灾的误判错误。

国际足球理事会（International Football Association Board，IFAB）在威尔士的加迪夫城召开了会议，着重讨论了关于裁判制度改革的相关问题，焦点话题就是底线裁判的引入。这项改革的核心是在保持传统的一名主裁、两名边裁不变的前提下，增加两个底线裁判帮助主裁执法。他们在比赛大部分时间站在球场两端底线外，负责关注该侧禁区内的情况，可以有效遏制禁区内假摔的发生，并提高点球判罚、进球判罚的准确性。

（二）代表人物介绍

①贝利，前巴西著名足球运动员，全名埃得森·阿兰德斯·多·纳西门托，昵称贝利。著名足球运动员，进球过千（正式进球700多个）。球技出神入化，被称为"世界球王"。他曾代表巴西国家队参加过4次世界杯足球赛，是世界上唯一一位三夺世界杯冠军的球员。

②范志毅，中国足球代表人物。1969年11月6日生于上海杨浦区，祖籍宁波。原中国职业足球运动员、国家足球队队长。现任上海申花足球俱乐部青训总监兼预备队主帅。1994年起效力于上海申花足球俱乐部。1998年转会至英格兰甲级联赛水晶宫队，并成为当年的年度最佳队员，且担当过该队队长。2002年，代表国家队参加韩日世界杯，之后正式退出国家队，总共代表国家队参加国际A

类赛事 109 场。

（三）科技的应用

1. 定位喷雾剂

裁判手中那支神奇的喷雾，用来标记任意球和防守人墙位置，无色无味，平时装在裁判的腰间。它的神奇之处是喷出的泡沫在 3 分钟之内消散，不会留下任何痕迹，也不会干扰比赛。

喷雾技术最早出现在 2008 年阿根廷的低级别联赛中，后来在足球比赛中广泛使用，2014 年出现在巴西世界杯赛场上，也标志着定位喷雾剂正式进入了主流的足球世界。

喷雾主要成分是水，还有丁烷等混合物，喷雾喷出时，会有小水滴，泡沫最多只会保持三分钟，留在草地上的水和活化剂残留可挥发，对草地和空气没有污染，很环保。

2. 加入 NASA 科技的足球鞋：99 克的足球战靴

Adizero 99g 足球战靴，重量只有 99 克，iPhone 6 的重量是 127 克，你可以想象一下，这样的足球鞋有多轻。如此轻盈的战靴，怎样才能保护足球运动员灵活的双脚，抗击飞来的鞋钉和坑洼的球场？那是因为加入了 NASA 的黑科技。阿迪达斯产品部经理哈齐姆·库拉克解释："NASA 研发的轻盈布料激发了设计灵感，我们用这种材料制作足球战靴。与此同时，我们增加了内部骨架结构的设计，提高鞋子的支撑能力和保护性。另外，薄层面料和高科技的鞋跟设计，都是 Adizero 99g 成为世界最轻足球鞋的关键元素。"

跑鞋还内置了一个运动传感器，支持通过 iPhone、iPad 等电子设备记录球员的速度、奔跑距离、步频、步幅等数据，帮助运动员制定训练计划等。

3. 世界杯上的门线技术：GoalControl

门线技术（Goal-line technology），是近年兴起的足球运动辅助工具，可以判断球是否进入了球门线，从而判断进球是否有效。

门线技术目前有 GoalControl、鹰眼系统、CairosGLT 系统三类系统。2014 年世界杯上采用的是德国一家名为 GoalControl 的公司开发的球门线技术系统，每套系统耗资 10 多万欧元。系统利用 14 台高速摄像机向架设在球场顶部的数据间传送数码照片，经过对数据的分析再把结果传送到裁判所戴的特殊手表上，如果确定球过了门线，手表上就会显示"goal（进球）"，整个过程用时不足一秒钟。FIFA 一直反对引入门线技术，认为引入门线技术会影响比赛进程，改变足球比赛的连贯性，应只靠裁判和第四官员执法。但是 2013 年国际足联通过了门线技术，引入了 GoalControl 系统。

(四) 社会热点——足球梦

"足球是世界上开展最广泛、影响最大的体育运动项目,号称世界第一运动",其影响力不言而喻。冲出亚洲、走向世界是中国足球运动的梦想,也是亿万国人的期望。近年来,党中央、国务院高度重视校园足球的发展。国务院办公厅印发了《中国足球改革发展总体方案》。与此同时,各部委积极行动制定了相关政策,"足球进校园"已列入建设体育强国的重要任务,发展和振兴足球,对提高国民身体素质、丰富文化生活、弘扬爱国主义集体主义精神、培育体育文化、发展体育产业、实现体育强国梦具有重要意义,对经济、社会、文化建设也具有积极促进作用,我国足球改革发展迎来了前所未有的大好机遇。我们相信,中国足球运动会得到快速的发展,一定能够实现冲出亚洲走向世界,圆"足球梦"。

第六节 乒乓球运动

一、乒乓球运动概述

(一) 起源和发展

乒乓球起源于英国。19 世纪末,欧洲盛行网球运动,但由于受到场地和天气的限制,英国有些大学生便把网球移到室内,以餐桌为球台,书作球网,用羊皮纸做球拍,在餐桌上打来打去。这就是 Table tennis 的名的由来。Table tennis 出现不久,便成了一种风靡一时的热门运动。

1926 年,国际乒乓球联合会(ITTF)正式成立,并决定举行第一届世界乒乓球锦标赛。乒乓球运动的发展大约经历了五个阶段。

初期,运动员使用的球拍虽形状各异,但都是木制的,球弹出后速度慢、力量小,没有什么旋转技巧;打法也很简单,就是把球在两者之间推来推去。20 世纪 20 年代以前,乒乓球运动一直停留在游戏阶段,20 世纪 20 年代以后开始举行邀请赛。

1903 年,英国人古德发明了胶皮球拍,有力地促进了乒乓球技术的发展。从 1926 年到 1951 年,世界各国选手大都使用表面有圆柱形颗粒的胶皮拍。击球时增加了弹性和摩擦力,可以使球产生一定的旋转,因而出现了削下旋球的防守型打法。这一打法在欧洲流行长久,不少运动员采用这种打法获得了世界冠军。这一时期乒乓球运动的优势在欧洲。

20 世纪 50 年代初,奥地利人发明了海绵球拍,日本运动员道德在世界比赛中使用,并一举夺取了第十九届世界锦标赛的四项冠军,打破了欧洲运动员的垄断地位。由于日本运动员利用这种球拍创造的远台长抽进攻型打法，具有正手攻球力量大，速度快，发球抢攻威胁大等优点，因而速度慢、旋转弱、攻击力不强的欧洲防守型打法被逐渐取代，使日本夺得了五十年代乒乓球运动的优势。1952年到1959年，在49项次世界冠军中，日本队夺得24次项次，占47%。这是乒乓球运动水平的第一次大提高。

1959年，容国团获得了第二十五届世界乒乓球锦标赛男子单打冠军后，中国运动员开始登上了国际乒坛。逐渐形成了以"快、准、狠、变"为技术风格的直拍近台快攻打法。在1961年第二十六届世界锦标赛中，中国队既过了欧洲关，又战胜了远台长抽加秘密武器——"弧圈球"打法的日本选手，第一次夺得了男子团体世界冠军。并连续获得第二十七、二十八届男子团体冠军。中国近台快攻的优点是站位近，速度快，动作灵活，正反手运用自如，比日本远台长抽打法又大大前进了一步。六十年代，中国乒乓球技术水平位于世界最前列，乒乓球运动的优势由日本转移到中国。这是乒乓球运动水平的第二次大提高。

在日本、中国乒乓球运动发展的同时，欧洲运动员从失败中总结经验教训，经过近二十年的努力，终于取日本弧圈球技术和中国近台快攻打法之长，创造出适合于他们的先进打法，即以弧圈球为主结合快攻的打法，代表人物是匈牙利的克兰帕尔和约尼尔；以快攻为主结合弧圈球的打法，代表人物是瑞典的本格森、捷克的奥洛夫斯基等。这两种打法的特点是旋转较强，速度快，能拉能打，低拉高打，回旋余地较大。乒乓球运动又推进到旋转和速度紧密结合的新高度。这是乒乓球运动水平的第三次大提高。

（二）主要赛事

1. 世界乒乓球锦标赛

比赛每两年举行一届，共设男子团体、女子团体、男子单打、男子双打、女子单打、女子双打和混合双打7个项目。

2. 世界杯乒乓球赛

世界杯乒乓球赛（World Cup Table Tennis Match），由国际乒乓球联合会主办，从1980年起每年举行1届，又称"埃文斯杯赛"。比赛仅设男子单打一个项目，1997年增设女子世界杯乒乓球赛，也仅设女子单打一个项目。

3. 奥运会

1988年乒乓球正式进入奥运会，奥运会上设有男单、男双、女单、女双四个项目。在2008年北京第29届奥运会上，增加了男女团体赛，取消了男女双打赛。第32届东京奥运会上增设了混合双打项目。

二、乒乓球运动主要规则

（一）场地与器材

1. 场地

乒乓球的场地为长方形，其长度不得小于 14 米，宽不得小于 7 米，天花板高度不得低于 4 米。地面应为木制或经国际乒联批准的品牌和种类的可移动塑胶地板。地板具有弹性，没有其它体育项目的标线和标识。地板的颜色不能太浅或反光强烈。赛区应用 75 厘米高的深色挡板围起，与相邻的比赛场地及观众隔开。比赛场地仅限于室内。

2. 器材

（1）球

从 2014 年 7 月 1 日起，国际乒联举办的赛事中，均使用的是新型无缝塑料乒乓球，特点是环保无污染、无接缝、弹性大、不易燃、易运输和存放。重量仅为 2.7 克，直径为 40.00～40.60mm。

（2）球拍

乒乓球拍主要有直拍和横拍两种样式。乒乓球拍由底板、海绵和胶皮构成。底板主要有纯木底板和碳素纤维底板两种类型。海绵厚度不得超过 2.2 毫米。常见胶皮类型有正胶、反胶、生胶和长胶。

（3）球台

乒乓球台的规格是高 76 厘米、长 2.74 米、宽 1.525 米，国际规定应由坚实木料制作，具有一定弹性，颜色为墨绿色或蓝色。台边各有 2 厘米宽的白线，长的称边线，短的称端线。台面中央有一条 3 毫米宽的白线，称中线，将两个台区各分为左右两个部分。球网包括网，网柱，支架三部分。网将台面分成大小相等的两部分，网垂直于台面，与端线平行，高 15.25 厘米，网柱外缘离开边线 15.25 厘米，网与网柱台面紧贴。

（二）主要规则

1. 发球、接发球和方位的选择

乒乓球比赛包括男女单打、男女双打和混合双打。双打比赛以两名运动员为一方。有发球权的一方叫发球方，对方叫接发球方。

①每场比赛开始前，由双方运动员用抽签的方法选择方位和发球、接发球。中签者有选择方位和发球、接发球权，也可要求对方先做选择。如中签者选择先发球或先接发球，对方则选择方位；如中签者选择方位，对方则选择先发球或接

发球。

②一局中首先发球的一方,在该场下一局应首先接发球。

③一局中,在某一方位比赛的一方,在该场下一局应换到另一方位。在决胜局中,一方先得 5 分时,双方应交换方位。

④在双打的第一局比赛中,先发球方确定第一发球员,再由先接发球方确定第一接发球员。在以后的各局比赛中,第一发球员确定后,第一接发球员应是前一局发球给他的运动员。

⑤在双打中,每次换发球时,前面的接发球员应成为发球员,前面的发球员的同伴应成为接发球员。

⑥一局中首先发球的一方,在该场下一局应首先接发球。在双打决胜局中,当一方先得 10 分时,接发球方应交换接发球次序。

2. 合法发球

①发球时,球应放在不持拍手手掌上,手掌应静止、张开、伸平、四指并拢,拇指自然张开。

②球停留在静止的不持拍手手掌上的最后一刻,直到发球时击球,不持拍手和球以及整个球拍应始终高于球台水平面。

③发球球员只能手向上抛球,不得使球旋转,使球从手掌向上直抛,至少抛到不持拍手手掌上方 16 厘米处。

④当球从抛起的最高点降落时,发球球员才能击球,并使球首先触及发球员台区,然后直接越过或绕过球网,触及接球员台区(图 3 - 6 - 1)。

图 3 - 6 - 1 合法发球

⑤双打比赛中,发球应先后触及发球员和接发球员的右半区。

3. 换发球

在获得每两分之后,接发球方即成为发球方,依此类推,直至该局比赛结束,或者直至双方比分都达到 10 分或实行轮换发球法,这时,发球和接发次序仍然不变,但每人只轮发一次球。

4. 重发球

回合出现下列情况应判重发球：

①如果发球球员发出的球，在越过或绕过球网装置时，触及球网装置，此后成为合法发球或被接发球球员或其同伴阻挡。

②如果接发球球员或接发球方未准备好时，球已发出，而且接发球球员或接发球方没有企图击球。

5. 合法还击

对方发球或还击后，本方运动员必须击球，使球直接越过或绕过球网装置（包含触及球网装置）后，再触及对方台区。凡属上述情况，均为合法还击。

6. 比赛违例

①比赛过程中，球拍两次触球；

②比赛用拍的两块胶皮使用相同颜色；

③发球遮挡；

④发球时，球与球拍的垂直距离少于16cm；

⑤击打来球时，球触到腕部以上；

⑥双打比赛中，运动员击球次序、发球区域错误。

7. 胜负评定

一局比赛：在一局比赛中，先得11分的运动员为胜方，但打到10平以后，必须先得2分者为胜方。

一场比赛：国际规定团体赛为五局三胜制，单打为七局四胜制，双打为五局三胜制或七局四胜制。

三、乒乓球运动主要技战术及赏析

（一）主要技术

1. 攻球技术

攻球技术（图3-6-2）是乒乓球比赛中争取主动和得分的重要手段。按身体方位有正手攻球、反手攻球、侧身攻球；按站位有近台快攻、中台快攻、远台快攻；特点是种类多，球速快，力量大。

2. 推挡技术

推挡是我国直拍快攻打法的基本技术之

图3-6-2 攻球

一，站位近、动作小、落点多变、速度快并具有一定的力量。在比赛中能主动调动和压制对方，为正手攻和侧身攻创造有利时机，在被动和相持时还可以起到积极防守和主动相持的作用。

3. 弧圈球技术

弧圈球技术的优势在于把复杂的乒乓球旋转和速度较好地结合起来，使得我们在处理纷繁复杂的来球时显得简单有效。弧圈球技术不但可以在近台使用，也可以在中远台发起有力的进攻，其适用范围广，技术运用和变化多，因此，目前也成为乒乓球运动技术中最为流行的一种进攻性技术。

4. 搓球技术

搓球技术常用于接发球，有利于增强回球的下旋强度，为进攻创造机会，具有旋转、速度、落点的变化。按搓球时间不同，分慢搓和快搓；按搓球的落点不同，分搓长球和摆短；按搓球旋转性能不同，分搓转与不转、搓侧旋球等。

5. 削球技术

削球主要是削球或攻削打法类的主要技术，主要利用球拍的摩擦力切削击球，是乒乓球防守技术之一。击球时，球拍后仰，由体侧上方向前下方挥拍，挥拍呈圆弧路线，在球的下降期触球的中下部。具有球速慢、弧线长、球下旋等特点。以其旋转和落点变化威胁对方。

6. 发球技术

乒乓球发球在整个比赛环节中起到至关重要的作用，是比赛中前三板的首要技术，其发球的质量高低直接影响到后面的相持球胜负。从发球站位上主要分为正手位发球、反手位发球，从旋转上可分侧上旋、侧下旋、顺旋、逆旋以及转和不转。从抛球的高度上分高抛发球和低抛发球，从落点上分为台内发球和底线发球。从发球速度上分为奔球和急下旋等。一个质量较好的发球要与发球落点、线路、速度等相结合，使其成龙配套。

（二）乒乓球主要战术

1. 发球抢攻战术

发球抢攻是我国直板快攻打法的"杀手锏"，是力争主动、先发制人的主要战术。各种类型打法的运动员都普遍采用发球抢攻来抢占每个回合的上风。比赛中利用发球的旋转、落点变化来控制对方，使其回球较高，然后再以有力的扣杀或用前冲弧圈球等技术进行攻击，常能取得主动或直接得分。发球战术运用的是效果主要取决于发球的质量和第三板进攻的能力。

2. 接发球战术

（1）接发球控制

控制包括两个方面：一是适应来球的性能，保证回球的命中率。二是要对来球有制约力，运用自己已掌握的技术，在速度、力量、弧线、旋转、线路和落点的变化方面，有效地控制对方。

（2）接发球抢攻

各种拉攻技术都可以用于接发球抢攻，但难度较大。抢攻的成功率取决于对来球准确的判断、及时抢位及合理地使用力量等因素。

3. 搓攻战术

搓攻战术是进攻型打法的辅助战术之一，主要利用搓球（图3－6－3）旋转的变化和落点的变化为抢攻创造机会。这一战术在基层比赛中被普遍采用。搓攻战术也是削球型打法争取主动的主要战术之一。常用的搓球战术有：

①慢搓与快搓结合；

②转与不转结合；

③搓球变线；

④搓球控制落点；

⑤搓中突击；

⑥搓中变推或抢攻。

图3－6－3　搓球

4. 对攻战术

对攻战术是进攻型打法在相持阶段常用的一项重要战术。快攻类打法主要依靠反手推挡（或反手攻球）和正手攻球（或正手拉弧圈球）的技术，充分发挥快速多变的特点来调动对方。常用的对攻战术有以下几种：

①紧逼对方反手，伺机抢攻或侧身抢攻、抢拉；

②压左突右；

③调右压左；

④攻两大角；

⑤攻追身球；

⑥变化击球节奏，加力推和减力挡结合，发力攻、拉与轻打轻拉结合，也可造成 对手的被动局面；

⑦改变球的旋转性质，如加力推后、推下旋；正手攻球后，退至中远台削一板对 方往往来不及反应，可直接得分或创造机会球。

5．拉攻战术

拉攻战术（图3-6-4）是以攻为主的选手对付削球的主要战术。为了发挥拉攻的战术效果，首先要具备连续拉的能力，并有线路、落点、旋转、轻重等变化，其次要有拉中突击和连续扣杀的能力。常用的拉攻战术主要有：

图3-6-4 拉攻战术

①拉反手后，侧身突击斜线或中路追身球；

②拉中路杀两角或拉两角杀中路；

③拉一角或杀另一角；

④拉吊结合，伺机突击；

⑤拉搓结合；

⑥稳拉为主，伺机突击。

6．削中反攻战术

我国乒坛名将陈新华以及第四十三届世乒赛男团冠军主力丁松成功地运用削中反攻的战术创造了辉煌，令欧洲选手手足失措，无以应对。这种战术主要靠稳健的削球，限制对方的进攻能力，为自己的反攻创造有利条件。它不仅增强了削球技术的生命力，也促进了攻防之间的积极转化，常用的削中反攻战术主要有：

①削转与不转球，伺机反攻。

②削长短球，伺机反攻。

③逼两大角，伺机反攻。

④交叉削两大角，突击对方弱点。

⑤削、挡、攻结合，伺机强攻。

（三）乒乓球运动赏析

1．乒乓球运动的速度美

乒乓球运动中的击球速度是指对方来球落到我方台面开始，经过我方球板击球到落到对方台面为止所用的时间。世界超一流高水平乒乓球运动员在比赛时，球从球台的一端到另一端（即已方来球的第一弧线的时间）只需要不到0.2秒的时间。乒乓球运动员要在这个时间内完成来球判断、步法移动、引板、调整板形、挥板击球等多个动作，这种速度是其他绝大多数运动项目无法比拟的。乒乓球的"速度美"还体现在它的战术变化"速度"快，攻防转换"速度"快，比赛进行"速度"快等等。

2. 乒乓球运动的旋转美

乒乓球的体积和重量以及乒乓球拍的材料决定了乒乓球可以拥有强烈而复杂的旋转。乒乓球运动中，攻、拉、推、搓四项基本技术中拉和搓两项都是以制造旋转为主要特征。强烈的旋转还将给对手造成其他的困难。以弧圈球为例，其强烈的上旋将使得对手回球更易出界，而强烈的下旋则给对方的进攻增加了困难，使对方不易发力拉打。正是由于旋转球在乒乓球运动中的巨大威力，使得制造和控制旋转成为了乒乓球运动员的一项极为重要的技术。在现阶段，任何打法的乒乓球运动员，如果不具备出色的制造和控制旋转的技术将不可能成为世界级的高水平选手。乒乓球运动中旋转的复杂程度、强烈程度形成了乒乓球运动特有的旋转美。

3. 乒乓球运动的准确美

乒乓球运动中的击球落点需要具有高度的准确性，运动员在控制落点时不但要考虑自己想把球打到哪一位置，还要在击球时考虑对方来球的旋转对己方击球落点的影响。这就使得在乒乓球运动中更要准确地控制击球落点。例如，当大多数运动员正手和反手两面都能进攻时，想要不给对方进攻的机会就需要将击球的落点控制的较短。正因为如此，在乒乓球运动中，将击球的落点划分的极为精确，表现出乒乓球特有的准确美。

4. 乒乓球运动的力量美

在从事乒乓球运动的过程中，运动员应能根据比赛的实际情况极为精细、准确地控制自己的力量，以成功地完成运动任务。例如在发力拉球和发力扣杀时，需要运动员有较大的爆发力，保证击球的威力。而在摆短时，又要求运动员控制好自己的用力，如果用力稍大，回球出台，将会给对方进攻的机会；而力量稍小，球不过网，又会直接造成自己的失分。可谓"失之毫厘，差之千里"。乒乓球运动中对击球力量的精细控制使得乒乓球运动具有了独特的力量美。

四、当前热点评说

（一）规则的改变

1. 发球规则

2001 年，国际乒联将规则修改为每两球换发一次，限制发球，前三拍进攻的威力有利于比赛的回合,增加比赛的观赏性。

2. 计分规则

2002年,国际乒联将5局3胜制,每局21分的赛制,改为7局4胜制每局11分赛制,增大比赛的偶然性。

3. 器材规则

国际乒联在2011年5月的代表大会通过了伦敦奥运会赛后全面禁用赛璐珞乒乓球决议,从2014年7月1日开始,国际乒联举办的赛事中,均使用的是新型塑料乒乓球。新型塑料球的材质是一种绿色环保的材质,采用的是一种全新的工艺,整个球没有连接缝,所以又称为无缝塑料乒乓球。新型塑料球与赛璐珞乒乓球除了其材质的不同以外,最大的问题是直径的变化,新型塑料球的直径,上调到40mm～40.6mm。

4. 规则变化带来的影响

发球由连续5个发球改为2个发球,选手落后时缓冲的余地小了。过去在关键时刻轮到自己发球时,高水平选手可以把5个发球加以战术组合,通过变化多端的发球变换战术扩大优势或者追上对方,但现在2个发球的规则让他们几乎无法组合战术。11分制的比赛平均局点相对更多,同时,也使胜负的偶然性增大。局点的增加,使比赛更加激烈,使运动员在比赛中处理关键球的次数也相应增加,这无疑对运动员的技术与战术及心理素质,提出了更高的要求。使用新材料的大球,使运动员击球的速度相对减慢,使比赛的来回球增多,一般情况下,难以一拍置对方于死地,比赛更加激烈、精彩,以前那种几板攻球打败对手的局面明显减少了,这无疑提高了比赛的观赏性。

(二) 代表人物介绍

①容国团(1937—1968),男子乒乓球运动员。1937年8月10日出生于香港工人家庭,籍贯广东省中山市。中国乒乓球乃至中国体育界第一个世界冠军。1959年,第二十五届世界乒乓球锦标赛在联邦德国多特蒙德举行,容国团夺得男单冠军,为中国夺得世界体育比赛中第一个世界冠军。

②瓦尔德内尔,1965年出生于瑞典斯德哥尔摩,瑞典男子乒乓球运动员。瓦尔德内尔是世界上第一位集奥运会、世乒赛、世界杯、欧锦赛冠军为一身的乒乓球大满贯。多次代表瑞典乒乓球队征战世乒赛,与中国几代选手抗衡了20多年,是世界乒坛的一位标志性人物。由于打球极具艺术性和多变性,又被称为"乒坛莫扎特""乒坛常青树"。

③邓亚萍,1973年2月5日出生于河南郑州。在她的职业生涯中,她获得了4枚奥运金牌和很多其他冠军头衔。在1992年的巴塞罗那奥运会,她赢得了女单

和女双金牌。到了 1996 年的亚特兰大奥运会，邓亚萍蝉联了女单和女双冠军。她统治着 20 世纪八九十年代的乒乓球球坛，连续 8 年在世界乒坛排名第一，是史上排名第一时间最长的女运动员。

（三）科技的应用

2017 年，中国乒乓球学院和新松公司合作研发的、国内首台具有自主知识产权并产品化的乒乓球机器人，在第 19 届中国国际工业博览会上正式亮相。第二年世界人工智能大会，一个拿着乒乓球拍的机械手臂展现在大家面前，它能像人一样精准地把球给打回来。进入 2020 年，名为"庞伯特"的乒乓球机器人在中乒院训练馆"上岗"，该发球机可遵循教练预先输入的程序执行训练，从而解放教练员的双手。

第七节 羽毛球运动

一、羽毛球运动概述

（一）起源与发展

羽毛球最早出现于 14—15 世纪时的日本，当时的球拍为木质，球用樱桃核插上羽毛做成。

18 世纪时，印度的普那出现了一种与早年日本的羽毛球极相似的游戏，玩法是两人相对站着，手执木板来回击球。

1873 年，在英格兰格拉斯哥郡的伯明顿庄园举行的一次宴会上，几个从印度退役回来的军官，用球拍（香槟酒的软木瓶塞插上鹅的羽毛）隔着宴会桌对击球。此游戏很快被英国人广为接受并流传开来。因此，人们以伯明顿这一地名为此项运动命名。

1877 年，第一本羽毛球比赛规则在英国出版。1893 年，英国成立了世界上第一个羽毛球协会。1899 年，该协会举办了第一届全英羽毛球锦标赛（图 3-7-1），每年举办一次，沿袭至今。羽毛球运动从斯堪的纳维亚传到英联邦各国，20 世纪初流传到亚洲、美洲、大洋洲，最后传到非洲。

1934 年，国际羽毛球联合会（International Badminton Federation）（下简称国际羽联）成立。当年，国际羽联第一任主席汤姆斯爵士捐资制作了一座奖杯，该奖杯作为世界羽毛球男子团体赛的流动奖杯颁发，所以世界羽毛球男子团体赛又称汤姆斯杯赛（Thomas Cup Badminto）。

1939 年，国际羽毛球联合会通过《羽毛球竞赛规则》。

20世纪50年代亚洲羽毛球运动发展很快，马来西亚取得2届汤姆斯杯赛冠军。同时印度尼西亚队在技术和打法上有所创新并很快取得了霸主地位。60年代以后羽毛球运动的发展逐渐移向亚洲。1981年5月国际羽毛球联合会重新恢复了中国在国际羽联的合法席位，从此揭开了国际羽坛历史上新的一页。21世纪进入了中国羽毛球选手称雄世界的辉煌时代。

1988年汉城奥运会上，羽毛球被列为表演项目。1992年巴塞罗那奥运会上，羽毛球被列为正式比赛项目。从此羽毛球运动进入新的发展时期。

图3-7-1 1899年第1届全英羽毛球锦标赛比赛现场

（二）主要赛事

1. 汤姆斯杯赛

汤姆斯杯羽毛球赛（Thomas Cup Badminton，中文简称"汤杯"）是世界上最高水平的男子羽毛球团体赛，即世界男子羽毛球团体锦标赛，由原国际羽联创办于1948年，每两年举办一次。

1934年国际羽联成立时，英国人乔治·汤姆斯被选为主席。5年后，汤姆斯在国际羽联会议上提出，组织世界性男子团体比赛的时机已成熟，并表示将为这一比赛捐赠一个奖杯，称为"汤姆斯杯"（图3-7-2）。

汤姆斯冠军奖杯（正面）　　汤姆斯冠军奖杯（底部）

图 3-7-2　汤姆斯冠军奖杯

2. 尤伯杯赛

尤伯杯羽毛球赛（Uber Cup Badminton）是代表了当今世界羽毛球最高水平的女子团体赛，即世界女子羽毛球团体锦标赛（图 3-7-3）。从 1956 年至 2000 年间，国际羽联共举办了 18 届尤伯杯赛。如同汤姆斯杯一样，尤伯杯从 1984 年起改为每两年一届。（图 3-7-3）

1981 年，世界羽联和国际羽联合并为新的国际羽毛球联合会，决定从 1986 年起汤姆斯杯和尤伯杯赛两年举办一届，每届两项赛事同期同地举办。

3. 世界羽毛球锦标赛

世界羽毛球锦标赛即世界羽毛球单项锦标赛是国际羽毛球联合会在继汤姆比赛、尤伯杯赛后，为了适应世界羽毛球运动日益发展的需要而设立的一

图 3-7-3　尤伯杯冠军奖杯

个以个人单项为竞赛项目的羽毛球锦标赛。从 1985 年起，该项赛事改为两年举办一次，直到 2005 年止。自 2006 年起，世界羽毛球锦标赛成为了国际羽联日程表上一年一次的赛事，目的给予运动员们更多机会去赢得官方的"世界冠军"称号。每到奥运会举办的年份，锦标赛不举办，以便为奥运会羽毛球比赛让路。

4. 苏迪曼杯

苏迪曼杯（Sudirman Cup Badminton）羽毛球混合团体锦标赛，简称苏迪曼杯，又称世界羽毛球混合团体锦标赛。1989 年开始举办，两年一届，在奇数年举行，比赛由男女单打、男女双打组成。

继汤姆斯杯赛、尤伯杯赛和世界锦标赛世界三大比赛之后，为了提高世界各国羽毛球运动的综合实力水平，1987 年，国际羽毛球联合会决定新增设一项世界男女羽毛球混合团体锦标赛，并以苏迪曼杯作为这一锦标赛的优胜者奖杯。

5. 世界杯羽毛球赛

世界杯羽毛球赛属于邀请性比赛，由国际羽联邀请当年成绩优异的选手参加（图3-7-4）。该比赛创办于1981年。按照国际惯例，世界杯羽毛球赛将邀请世界排名男单前十六名、女单前十二名、男双前八名、女双和混双前六名的选手参赛。

图3-7-4 世界杯羽毛球赛标志

图3-7-5 全英羽毛球锦标赛标志

6. 全英羽毛球锦标赛

全英羽毛球锦标赛是由英格兰羽毛球协会于1899年创办的。它是世界上历史最悠久的羽毛球赛事。最初由英国和英联邦国家选手参加，现在已成为全球性的羽坛大会战（图3-7-5）。

二、羽毛球运动主要规则

（一）场地与器材

1. 羽毛球场

羽毛球场地呈长方形，场地上空12米以内和四周4米以内不应有障碍物。球场中央网高1.524米，双打边线处网高1.55米。场地长度为13.40米，双打场地宽为6.10米，单打场地宽为5.18米（图3-7-6）。

2. 羽毛球拍

拍根据拍框、拍杆部分的材料结构分成不同类型的球拍。总的来说分成三类，分别是进攻型、控制型以及防守型。

3. 羽毛球

羽毛球由羽毛和球托组成，球重4.74~5.5克，由16根羽毛插在半球型软木托上，球高68~78mm，羽毛尾端开口直径58~68mm。

（二）主要规则

1. 比赛的计分方法及规则

①单双打均采用 21 分制，即分数先达 21 分者胜，3 局 2 胜。每局双方打到 20 平后，一方领先 2 分即算该局获胜；若双方打成 29 平后，一方领先 1 分，即算该局取胜。

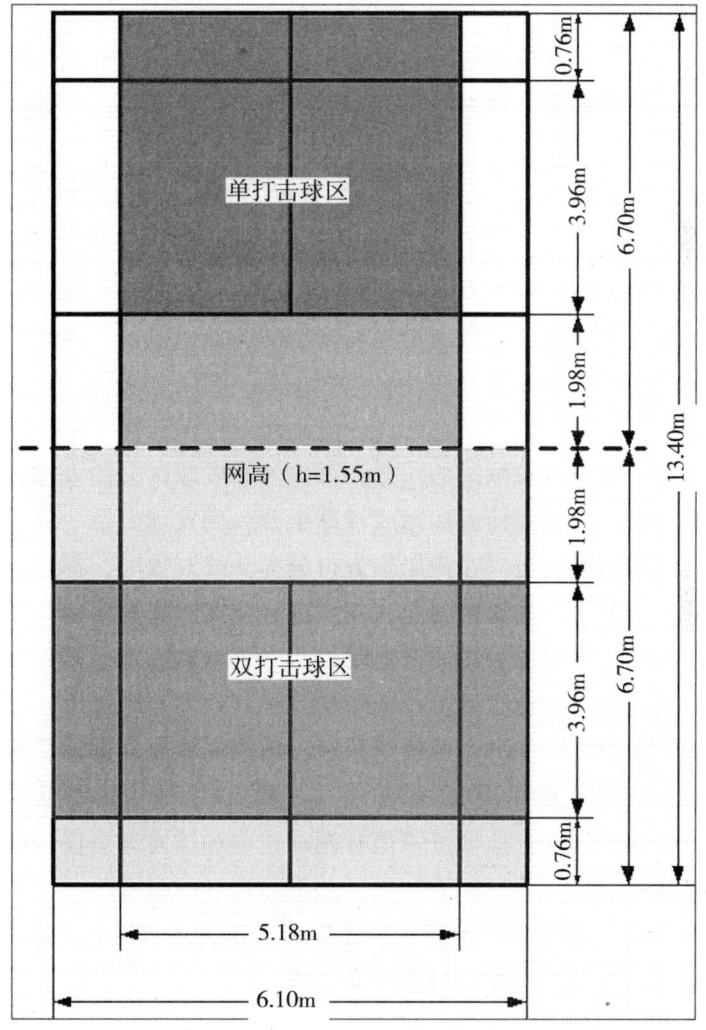

图 3-7-6　羽毛球场地标准尺寸图解

②新制度中每球得分，并且除特殊情况（比如地板湿了，球打坏了）外，球员不可提出中断比赛的要求。但是每局一方以 11 分领先时，比赛进行 1 分钟的

技术暂停，让比赛双方擦汗、喝水等。

③得分方有发球权，如果本方得单数分，从左边发球；得双数分，从右边发球。在第三局或只进行一局的比赛中，当一方分数首先达到 11 分时，双方交换场区。

④单双打应以 3 局 2 胜定胜负，团体赛多采用 5 局 3 胜制。

2. 比赛中的站位

（1）单打

发球球员的分数为 0 或双数时，双方运动员均应在各自的右发球区发球或接发球；发球球员的分数为单数时，双方运动员均应在各自的左发球区发球或接发球。

如裁判要求"再赛"，发球球员应以该局的总分来确定站位。若总分为 15 分（单数），双方运动员均应在各自的左发球区发球或接发球；若总分为 16 分（双数），双方运动员均应在各自的右发球区发球或接发球。在球发出后，双方运动员就不再受发球区的限制，可自由击到对方场区的任何位置，运动员的站位也可以在自己这方场区的界内或界外。

（2）双打

一局比赛开始和获得发球局的一方，都应从右发球区开始发球；只有接发球球员才能接发球；如果其同伴去接球或被球触及，则发球方得一分。

每局首先发球的运动员，在该局本方得分为 0 或双数时，都必须在右发球区发球或接发球；得分为单数时，则应在左发球区发球或接发球；每局首先接发球的运动员，在该局本方得分为 0 或双数时，都必须在右发球区接发球或发球；得分为单数时，则应在左发球区接发球或发球。

任何一局的本方发球球员失去发球权后，由该局首先发球球员发球，然后由首先发球球员的同伴发球，接着由他们的对手之一发球，然后再由另一对手发球，按此顺序传递发球权；运动员不得有发球错误和接发球错误，或在同一局比赛中有两次发球机会。

一局胜方的任一运动员可在下一局先发球，负方中任一运动员可先接发球；在球发出后的规则同单打一样。（图 3-7-7）

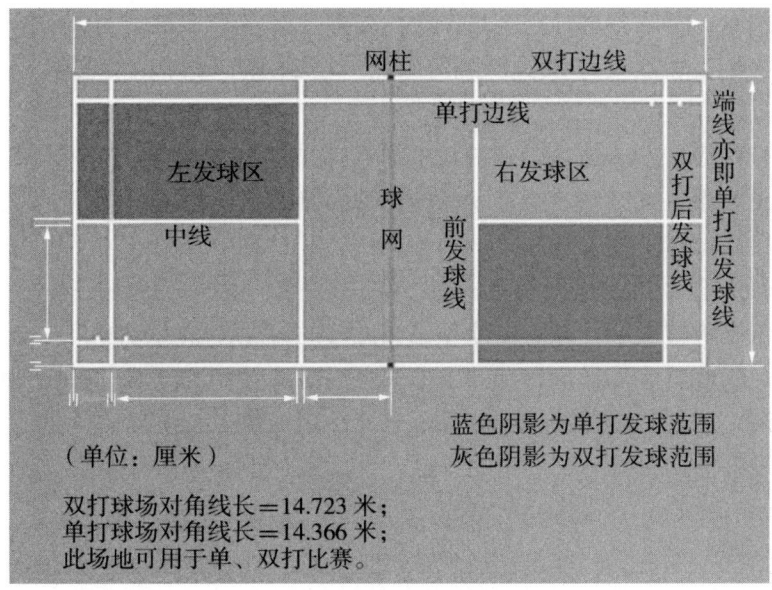

图 3-7-7 单双打场地尺寸及发球位置示意图

3. 交换场地

第一局结束以及第三局中，或只进行一局的比赛进行至对手达到 11 分时双方交换场计；运动员未按以上规则交换场区，发现后立即交换，已得分数有效。

4. 羽毛球比赛发球规则

（1）合法发球

一旦发球球员和接发球球员都站好各自的位置，任何一方都不允许延误发球；发球球员和接发球球员应站在斜对角的发球区内，脚不触及发球区和接发球区的界线。

发球球员的球拍应首先击中球托，从发球开始直到球发出之前，发球球员和接发球球员的两脚必须都有一部分与球场接触，不得移动；在发球球员的球拍击中球的瞬间，整个球应低于发球球员的腰部。

在击球瞬间，发球球员的球拍应指向下方，使整个拍头明显低于发球球员的整个握拍手；发球开始后，发球球员必须连续向前挥拍，直至将球发出。

发出的球，应向上飞行过网，如果未被拦截，球应落在规定的接发球区内（即落在线上或界线内）。

（2）违规发球

根据规则的规定，如果发球不合法，应判"违例"。

发球球员发球时未能击中球，应判"违例"；一旦双方运动员站好位置，发球球员挥拍时，发球球员球拍头第一次向前挥动即发球开始；发球球员应在接发球球员准备好后才能发球，如果接发球球员已试图接发球则应被认为已做好准备。

发球开始后，发球球员的球拍击中球或者未能击中球均为发球结束。

双打比赛中，发球球员或接发球球员的同伴站位均不限，但不得阻挡对方发球球员或接发球球员的视线。

（3）重发球

下列情况应重发球：如有不能预见或意外的情况，除发球外，球挂在网上或停在网顶；发球时，发球球员和接发球球员同时违例；发球球员在接发球球员未做好准备时，球托与球的其他部分完全分离；司线员未看清球的落点，裁判员也不能做出决定时。重发球时，最后一次发球无效，原发球球员重发球。

5. 羽毛球比赛过程的违例情况

下列情况均属违例：球从网孔或从网下穿过；球碰到屋顶、天花板、四周墙壁或运动员的身体、衣服；球碰到场地外其他人或物体；球拍或球的最初接触点不在击球者网的一方（击球者击球后，球拍可以随球过网）；妨碍对手，如阻挡对方紧靠球网的合法击球；比赛时，运动员故意分散对方注意力的任何举动，如喊叫、故作姿态等；同一运动员两次挥拍连续击中球两次或同一方两名运动员连续各击中球一次。

三、羽毛球运动主要技战术及赏析

（一）主要技术

1. 正手握拍

掌握正确的握拍姿势是一个基本的因素。多数的主动击球都是以正手的姿势进行，而其他的握拍方法也都是从正手握拍法加以变化得来的。握拍之前，先用左手拿住球拍，使球拍与地面垂直，再张开右手，使手掌下部靠在球拍的握柄底托部位，虎口对着球拍框，小指、无名指和中指自然并拢，食指与中指稍稍分开，自然弯曲并贴在柄上（图3-7-8）。

2. 反手握拍

反手的基本握拍姿势是在正手握拍的基础上把球拍框向外转，在右手持拍的情况下就是向右转，拇指前内侧顶在球拍内侧的宽面上，或者是拇指前内侧贴在拍柄的窄棱上。具体看自己的习惯和当时的情况。食指向其余三指并拢，掌心和拍柄间留一定的空隙，以方便手腕和手指发力。针对不同的来球，反手接球的握拍方式也要有相应的变化，但这些变化都是从正手握拍变化而来的，而不是反手的基本姿势（图3-7-9）。

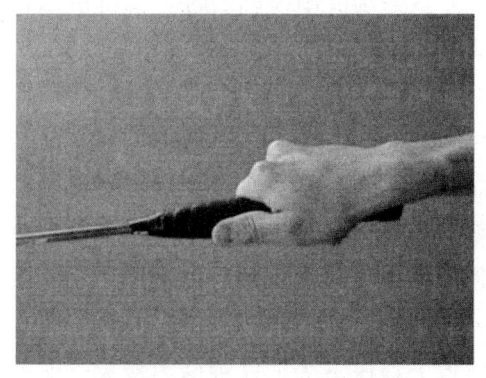 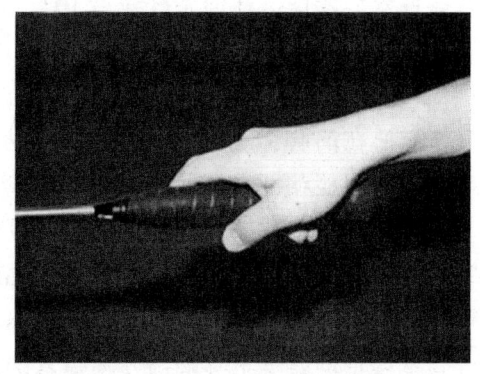

图3-7-8　正手握拍姿势　　　　　　图3-7-9　反手握拍姿势

3. 发球

发球是羽毛球基本的重要的技术之一。羽毛球的发球虽不能像乒乓球的发球那样产生各种旋转，但它可以通过不同的发球手法，发出不同弧度、不同落点的球来控制对方，为本方创造进攻得分的机会。

发球可分为正手发球和反手发球。一般来说，发网前球、平快球、平高球均可以用正手发球或反手发球的技术来完成，而发高远球则须采用正手发球。

（1）高远球

高远球是球的运行轨迹又高又远，下落时与地面垂直，落点在对方场区底线附近的球为高远球。单打比赛时，常采用这种发球迫使对方退到最远的底线去接发球。如果发出的高远球质量好，就可以使对方在接后场高远球时不容易马上组织进攻，在一定程度上限制对方一些进攻技术的发挥。在对方体力不支时，发后场高远球也可以使对方消耗更多的体力。

（2）发平高球

比高远球低、速度较高远球快、具有一定攻击性的球为平高球。发球前准备姿势同发高远球。发球的动作过程大致与发高远球一样，只是在击球的一刹那，小臂加速带动手腕向前上方挥动，拍面要向前上方倾斜，以向前用力为主。发平高球时要注意发出球的弧线以对方接球时伸拍打不着球的高度为宜，并应发到对方场区底线。

（3）发平快球

平快球比平高球的弧线还要低、速度还要快。在面对反应较慢、站位较前、动作幅度较大的对手或是初学者时，效果往往很好。

（4）反手发球

反手发球的特点是动作小、出球快、对方不易判断。在双打比赛中多采用此发球技术。发球站在前发球线后10～50厘米及发球区中线的附近，也可以站在前发球线及场地边线附近的地方（双打比赛中，从右场区发球时可以看到）。

发球时，面向球网，两脚前后站立（左脚或右脚在前均可），上体稍前倾，身体重心在前脚上。右手反手握拍，左手拇指、食指和中指捏住球的两三根羽毛，球托明显朝下（避免犯规），球体与拍面平行或球托对准拍面放在拍面前方。

击球时，小臂带动手腕朝前横切推送。发网前球时，用力要轻，主要靠"切"送；发平快球时，发力要突然，击球时拍面要有"反压"动作。

4．杀球技术

杀球是把对方击来的球在尽量高的击球点上斜压下去。这种球力量大，弧线直，落地快，给对方的威胁很大。它是进攻的主要技术。

杀球分为正手杀直线与对角线球、头顶杀直线与对角线球、正手腾空突击杀直线球和反手杀直线球。

（1）正手杀直线球（侧身起跳）

正手杀直线球的准备姿势和动作要领与正手击高球大体相同。步子到位后，屈膝下降重心，准备起跳。侧身起跳时，往右上方提肩带动上臂、前臂和球拍上举，以便向上伸展身体。起跳后，身体后仰挺胸成反弓形。接着右上臂往右后上摆起，前臂自然后摆，手腕后伸，前臂带动球拍由上往后下挥动，这时握拍要松。

（2）头顶杀直线与对角线球

头顶杀直线与对角线球的动作要领和准备姿势与头顶杀高球相同。不同点是，挥拍击球时要集中全力往直线方向或对角方向下压，球拍面和击球方向水平面的夹角小于90°。

5．推球技术

推球是把对方击来的网前球推击到对方的后场两底角去。球飞行的弧线较低平，速度较快。

（1）正手推球

正手推球是运动员站在右网前，球拍向右侧前上举。在肘关节微屈回收时，前臂稍外旋，手腕稍向后侧，球拍也随之往右下后摆，拍面正对来球。推球时，身体稍往前移，右前臂往前伸并带内旋，手腕和手指控制拍面角度，手腕由后伸至伸直并闪腕，食指向前压，小指和无名指突然握紧拍柄，拍子急速地由右经前上至左地挥动推球，使球沿边线飞向对方后场底角。在回动过程中，拍子回收。

（2）反手推对角线球

反手推对角线球是运动员站在左网前,以反手握拍,前臂往前上方伸举。在前臂稍向左胸前收引,肘关节微屈,手腕外展时,变成反手推球的握拍法,松握球拍,反拍面迎球。当前臂前伸并带外旋,手腕由外展到伸直闪腕,中指、无名指和小指突然握紧拍柄,拇指顶压,往右前方挥拍时,推击球托的左侧后部,使球沿对角线方向飞行。击球后,手臂回收,恢复击球前的准备姿势。

6. 扑球技术

对方发网前球或回击网前球时,在球刚越到网顶即迅速上网向斜下方扑压,称为扑球。扑球有正手和反手两种方法。

(1) 正手扑球

右脚蹬步上网,身体右侧前倾,手举球拍于右肩上方。击球时,利用手腕由后伸到前屈收腕的力量,带动球拍向下扑击球。如果球离网顶较近,靠手腕从右前向左前"滑动"击球。

(2) 反手扑球

右脚跨至左前再蹬跳上网,身体右侧前倾,反手握拍举于左前上方。击球时,前臂伸直外旋带动手腕内收至外展,拇指顶压加速挥拍扑球。若来球靠近网顶,手腕可外展由左向右拉切击球,以免触网。击球后,右脚着地屈膝缓冲,回收球拍于体前。

7. 挑球技术

挑球是把对方击来的吊球或网前球挑高回击到对方后场去,这是在比较被动的情况下采取的一种防守性技术。挑球有正手挑球和反手挑球两种。

(1) 正手挑球

正手握拍举在胸前。右脚向右前跨出一大步,左脚在后,侧身向右,重心在右脚上。同时右臂向后摆,自然伸腕,使球拍后引。然后以肘关节为轴,屈臂内旋,并握紧球拍,用食指及手腕的力量,将球向前上方击出。

(2) 反手挑球

反手握拍举在胸前。右脚向左前方跨出一大步,重心放在右脚上。同时右肩向网,屈肘引拍至左肩膀,然后以肘关节为轴,握拍经体前由下往上,用拇指第一指节压住拍柄的宽面,用力将球击出。

(二) 主要战术

1. 单打的主要战术

单打的打法是根据比赛者的个人技术特点、身体素质、心理素质等条件而形成的技术打法,常见的大概有以下五种:

(1) 控制后场,高球压底

发球开始就运用高远球或进攻性的平高球压对方后场底线，迫使对方后退，当对方回球不够后时，以扣杀球制胜；或当对方疏于前场防守时，就可以以轻吊、搓球等技术在网前吊球取胜。轻吊必须在若干次高远球大力压住后场，且对方不能及时回到前场的基础上进行。这种打法主要是力量和后场的高、吊、杀技术的较量。对于初学者，这是一种必须首先学习的基础打法。

（2）打四角球，高短结合

在后场以高远球、平高球和吊球，在前场则以放网前球、推球和挑球准确地攻击对方场区前后左右四个角落，调动对方前后左右奔跑，顾此失彼，待对方来不及回中心位置或回球质量差时，向其空档部位发动进攻制胜。这种打法要求进攻队员具有较强的控制球落点的能力和灵活快速的步法，有速度，否则难占上风。

（3）下压为主，控制网前

该打法主要通过后场的高远球、扣杀、劈杀、吊球等技术，先发制人，然后快速上网以搓、推、扑、钩等技术，导致对方直接失误，或被动击球过网，被进攻队员一举击败的一种打法。这种打法通常也称"杀上网"，是进攻型的打法，能够快速上网高点控制网前，对速度耐力和力量耐力也要求较高。但体力消耗较大，如果碰上防守技术好的对手，体力往往成为成败的关键因素。

（4）快拉快吊，前后结合

这种打法以平高球快压对方后场两底角，配合快吊网前两角（或运用劈杀）引对方上网，当对方被动回击网前球时，即迅速上网控制网前，以网前搓、钩球结合推后场底线两角，迫使对方疲于应付，为前场扑杀和中、后场大力扣杀创造机会。这也是一种积极主动、快速进攻的打法。这种打法，要求运动员身体素质好，特别是速度耐力要好，技术全面熟练，而且还应具备突击进攻的特长技术。

（5）守中反攻，攻守兼备

该打法以平高球和快吊球击向对方前后左右四个角落，以调动对方。让对方先进攻，针对进攻方打的高远球、四方球、吊球等，加强防守，以快速灵活的步法、多变的球路和刁钻准确的落点，诱使对方在进攻中匆忙移动，勉强扣杀，造成击球失误；或当对方回球质量较差时，抓住有利战机，突击进攻。这种打法要求队员具有攻中有守、守中有攻的控球和反控球能力，不仅应具备优良的速度耐力、灵活的步法、准确快速的反应和判断应变能力，更应具有顽强的拼搏精神和心理素质，这样才能在逆境和被动局中保持沉着冷静，并奋起反击。

2. 双打的主要战术

双打技术是根据双方的技术水平、身体素质和心理素质以及伙伴的配合特点，经过长期训练而形成的。常见的大致有以下三种：

（1）前后站位战术

此打法基本上是本方处于发球时所采用。发球的队员站位较前。发球球员发球后立即举堵前场区，另一名球员则负责中场或后场的各种来球。前后站位法可充分运用快攻压网前搓、吊、推、扑技术，寻找空隙，一举打乱对方站位；或通过后攻前扑，后场连续大力扣杀，前场积极封堵，当回球在网附近时，一举给予致命打击。

（2）左右站位战术

本打法基本上为本方处于接发球状态和受到下压进攻时所采用。对方发球或打来的平高球处于后场，接球方可从原来的前后站位立刻转换为左右站位，两人各负责左右半场区的防守，以平抽、平打压住对方后场底线两角，在对方扣杀球时也能以平抽反击或挑高远球至两底角，造成对方回球无力，一举扣杀或吊球成功。

（3）轮转站位战术

在比赛中，攻守双方总是根据比赛的情况而不断地在前后站位和左右站位间相互变换。对于站位的变换通常具有如下特点：

①发球或接发球时前后站位。当对方回击高球至后场偏一侧进攻时，位于前面的队员要直线后退，后方的队员看情况向侧移动，改换成左右站位。

②发球或接发球时处于左右平行站位。在发球后或在对击球过程中，一旦有机会进行下压进攻时，一名球员便快速上网封堵，另一人则快速移动到后场进行大力扣、吊、杀球，导致对方处于被动地位。

（三）羽毛球运动赏析

1. 羽毛球运动中的速度美

在羽毛球运动中，速度乃是重要的素质。"快"体现在动作完成、爆发力，球的飞行速度。还包括反应的灵敏性以及起动和跑动的速度。高水平运动员能像武林高手一样，在对手击球的一瞬间看清楚对方球员做出的微小动作，并在瞬间做出技战术的回应。中国羽毛球一直以"快"为特点称雄羽坛，在进攻和防守上都能以快制胜。2006年世界羽毛球锦标赛上，林丹扣杀球速（300km/h）接近F1赛车。2008汤姆斯杯上林丹还创造了339km/h球速的纪录。这些比赛中，林丹都以快战胜了对手。观赏这些比赛也给观众带来了美享受，给观众以美的盛宴。

2. 羽毛球运动中的力量美

力量是骨骼肌紧张或收缩时所表现的一种机能能力。在羽毛球运动中，运动员击球的力量直接影响球的质量，扣杀时较大的击球力量将缩短对手的判断时间，即使对手的判断正确，也可能因为没有充足的时间移动脚步而造成失误。而在处理网前的搓、放、勾、扑、挡等球时，又要求运动员具有较好的控球能力，如力量过小，会造成自己的失误；力量过大则会给对方创造进攻的机会。无论是大力的扣杀，还是稳巧控力，都无时无刻不在展现力的美。

3. 羽毛球运动中的柔韧美

在羽毛球运动中柔韧美经常被人忽视，羽毛球运动中柔韧能赋予动作以轻快、柔和、舒展、弹性的节奏流畅的特殊魅力。羽毛球运动员的跨步救球、胯下救球、网前挑球等大幅度的伸展充分体现了羽毛球运动中惊人的柔韧美。

4. 羽毛球运动中的灵敏美

2008年北京奥运会，羽毛球男子单打决赛中，首次在国际大赛亮相的马来西亚选手李宗伟虽然以0∶2输掉了比赛，但这个成绩并没有影响到观众和球迷对他的认可。赛场上，他展现了猎豹一样灵敏的往前扑球技术和凌厉的后场杀球技术，充分的体现了羽毛球运动中灵敏的要素。

5. 羽毛球运动中的耐力美

速度耐力、力量耐力的训练是羽毛球运动员训练中必不可少的。拥有良好的耐力素质往往是运动员获胜的关键。在双方技战术水平相当的情况下，拼耐力就成了运动员的砝码。一场高水平的羽毛球比赛，有时要持续一个多小时，这时就需要运动员具备良好的体力和耐力。羽毛球运动员只有在拥有良好的耐力素质基础上，才能在比赛的自始至终向观众和球迷展示他们的魅力。

四、当前热点评论

（一）规则方面

1877年真正意义上诞生了第一本关于羽毛球运动规则的书籍。1939年国际羽联通过了第一本《国际羽毛球竞赛规则》，在这区间的竞赛规则为男单15分制，女单11分制；1982年国际羽联对竞赛规则进行了修改，规定不可发旋转球，同一时间中国加入羽毛球的赛事中。2001年在世界各类比赛中实行每局7分，5局3胜制，这一规则虽然很好的控制了比赛的时间，但是遭到了各国优秀运动员的反对，最终很快遭到淘汰。2005年国际羽联开始在系列星级公开赛中实行21分制（每球得分制），这一规则很好的控制了比赛的时间；大大增加了比赛的激烈、精彩程度。2017年国际羽联修改了发球规则，高度不超过1.15米。羽毛球运动自诞生以来，就处在不断的创新发展、完善中，尽管在新规则当中仍然存在着不利因素，但却增加了比赛的激烈性、悬念性，更有利于吸引观众和媒体的转播，可以让优秀的运动员得到更长的运动生涯。

（二）代表人物介绍

①王文教，1933年11月出生印尼，籍贯福建。20世纪50年代初是印尼家喻户晓的羽毛球明星。1954年，他为振兴新中国羽毛球事业，从印尼回到中国国家队执教。在其执教期内，王文教培养出一大批羽球人才，如田秉毅等。王文教任总教练期间，中国羽毛球队一共获得56个单打世界冠军和9个团体世界冠军。他为羽毛球事业作出重大贡献，在2019年被评为全球华侨华人年度人物。

②陶菲克，印尼退役羽毛球球星陶菲克·希达亚特在印尼公开赛上六夺男单冠军，2005年世锦赛2-0击败林丹，成为世界羽坛首位大满贯球员。2004年雅典奥运会上，他在决赛中2-0力克对手夺得单打金牌。

③张宁，1975年5月19日出生于辽宁省锦州市，前中国羽毛球队队员。2004年，雅典奥运会上，张宁2-1击败张海丽获得奥运会女单冠军。2008年8月，在北京奥运会羽毛球女子单打决赛中，张宁以2-1的比分战胜谢杏芳获得冠军，成为首个卫冕的奥运会羽毛球单打冠军。2008年11月18日，张宁出任中国羽毛球队女单主教练。

④傅海峰，中国羽毛球队男子双打运动员。2006年、2009年—2011年，蔡赟/傅海峰四次获得世锦赛男双冠军，成为羽毛球男双史无前例的世锦赛四冠王。2012年8月5日，伦敦奥运会羽毛球男双决赛中，蔡赟/傅海峰2-0战胜丹麦选手获得男双冠军，这也是中国队首次获得奥运会男双金牌。2016年里约奥运会羽毛球男双决赛中，傅海峰/张楠2-1击败马来西亚组合吴蔚昇/陈伟强，获得男双冠军。傅海峰成为历史上第一位卫冕男双奥运冠军的选手。

（三）科技的应用

1. 高科技的羽毛球拍

羽毛球拍中的黑科技——强芯填充技术，通过热力学的不稳定性，瞬时形成大量的气泡核；在填充和冷却过程中，气泡被固定，最终球拍被无缝填充。使用此技术可以提高球拍性能，提升击球性能，例如在使用强力扣杀技术的时候更加省力。

2. 羽毛球比赛鹰眼规则挑战的应用

"鹰眼"也被称为即时回放系统，它是对裁判判罚精确性的得力辅助工具。这一技术原理并不复杂，但十分精密。这个系统由8个或者10个高速摄像头、四台电脑和大屏幕组成，参赛队员如果对裁判判罚不满意可以要求看"鹰眼"回放，也就是挑战裁判在场上的权威地位。所以称"鹰眼挑战"。2014年的汤尤杯，国际羽联首次将"鹰眼"技术运用到比赛中。

第八节 高尔夫球运动

一、高尔夫运动概述

(一) 起源与发展

高尔夫运动起源于15世纪的苏格兰。当时的牧羊人常用赶羊的棍子玩一种击石子的游戏，比谁击得远击得准，这种游戏后来就演变为高尔夫球运动。中国《丸经》记载，"捶丸"游戏是一项非常绅士的运动。元朝绘画《捶丸图》证明了"捶丸"就类似于现在的高尔夫运动。明朝所绘的《宣宗行乐图》也印证了此观点。《丸经》一书就是当时人们为了详细说明"捶丸"规则所编写的书。

19世纪，高尔夫传入美国，中国则在19世纪末引入了高尔夫运动。1860年英格兰举行了最早的高尔夫球公开赛（图3-8-1），随后，印度、加拿大、新西兰、美国也相继举办比赛，至此之后，高尔夫运动迅速发展。

图3-8-1 历史上的高尔夫

高尔夫是英文"GOLF"的音译，它由字母G（Green）、O（Oxygen）、L（Light）和F（Friendship）组成，可见这是一种绿意盎然、远离尘嚣，在阳光普照下以球会友的运动。

世界第一家高尔夫俱乐部设立在苏格兰的爱丁堡，而世界上最有名气的高尔夫俱乐部和世界上第一家女子高尔夫俱乐部都设在苏格兰，高尔夫运动最初的规则是由苏格兰的高尔夫俱乐部制定的。

高尔夫运动曾在1900年和1904年被列为奥运会项目，但不是正式比赛项目。19 世纪末，高尔夫运动传入中国，直到 1986 年 1 月，中国首次举办了"中山杯"高尔夫邀请赛。目前，高尔夫运动正在中国大地上流行起来。

（二）主要赛事

1. 美国高尔夫球公开赛（U.S Open）

美国高尔夫球公开赛一般在 6 月中旬举办，举办地点不是固定的，赛事每年都会选择美国国家境内的某一个有名的高尔夫球场作为主办场地。首届美国高尔夫球公开赛是 1895 年 10 月 4 日举办的，举办地是罗德岛。

2. 英国高尔夫球公开赛（British Open）

英国高尔夫球公开赛是四大大满贯赛事中历史最悠久的赛事，同时是除美国高尔夫球公开赛以外最著名的赛事，该赛事由英国圣安德鲁斯皇家古典高尔夫俱乐部主办，一般在每年 7 月的第三个周末举行，首届比赛于 1860 年举办，至今已逾一个半世纪。由于这是一场古老且隆重的赛事，所以无论是在参赛球员的心中还是在观赛球迷的心中，英国高尔夫球公开赛都有其独特而不可动摇的历史地位。

3. 美国高尔夫球大师赛（U.S Masters）

美国高尔夫球大师赛从 1934 年开始举办，即使至今已走过 80 余年光景，但却是四大大满贯赛事中最年轻的赛事。大师赛举办时间是每年四月的第一个完整周，是四大大满贯赛事中最早开打的。大师赛的举办地固定在美国佐治亚州的奥古斯塔国家高尔夫球场，这是四个大满贯赛事中唯一固定赛事举办场地的大赛。

4. 美国职业高尔夫球协会锦标赛（PGA Championship）

美国职业高尔夫球协会锦标赛与其他三项大满贯赛事很重要的一点不同在于，这项赛事只允许美国职业高尔夫球协会注册的球员参加，也就是说，根据规定，业余球员是没有参赛资格的。在四项大满贯赛事中，美国职业高尔夫球协会锦标赛是一年之中最晚开打的，是名副其实的大满贯收官之战。正因如此，这项赛事被参赛选手视作年度"荣誉的最后一击"，球员们都以取得这项赛事的优异成绩来作为这一年圆满结束的奖励。

美国职业高尔夫球协会锦标赛于一般都在每年 8 月中旬举行，与英国高尔夫球公开赛相隔四周。夺得美国职业高尔夫球协会锦标赛冠军的优胜者，除了获得赛事奖励的奖金之外，同时还将会赢得由纽约商业界大亨罗德曼·沃纳梅克捐赠的沃纳梅克奖杯。

5. 亚运会的高尔夫球运动

亚运会的高尔夫总共设 4 个项目，男子个人赛、女子个人赛、男子团体赛和女子团体赛。2010年10月，第十六届亚运会在中国广州举行，高尔夫项目是此届亚运会的亮点之一。位于广州市花都区的九龙湖高尔夫球会成为第十六届亚运会高尔夫项目比赛场地（图3-8-2）。

图3-8-2　广州九龙湖高尔夫球会

二、高尔夫运动主要规则

（一）场地与器材

①场地应满足高尔夫球娱乐活动的特点和技术要求，应选择交通便利、环境优美、绿色植被充裕茂盛和无污染的地段。

②高尔夫球场除主赛球场外，一般还应包括练习场地、俱乐部会馆、后勤服务区、管理办公区、停车场等，需要时还可附设度假居住设施、游泳池和其他娱乐设施等。

③高尔夫球场需有较开阔的草坪，一般宜利用丘陵缓坡地带设置，占地面积65000～70000平方米，球道处地面起伏高差10～20米为宜。

④正规球场应划分为18个大小不一、形状各异的场地，每块场地均由开球台、球道、果岭和球洞组成。标准球场的总长为5943米～6400米（6900～7100多码），宽度不定。球场四周应有界线标志，关键地段设置界桩。每个分场地占地面积3～3.5公顷。

⑤开球台即开球用的草坪，台上有两个球状标记，相距4.5米左右，两个标记之间的连线即开球线。开球台一般面积为30～150平方米，较其周围地表高0.31米，表面为修剪过的短草，有一定坚硬度且表面平滑。一般每个洞设两个开球台，分别供男女选手使用。如供正式比赛使用，还需增设第三个开球台。球洞应高于开球台，但不宜超过20m。

⑥高尔夫球的基本器材包括球、球杆和球座。球为胶质材料制作，直径不小

于4.16厘米，重45.93克。击球杆分木杆和铁杆两种，木杆长度有五种型号，铁杆长度有九种型号。球杆由杆头、杆基、杆把三部分组成，长度0.91～1.29米。场地内可有意设置沙坑、水塘、小溪等形成障碍物地带，以增加击球的趣味和丰富场地的景观。

⑦合理布置不同长度的球道，球道长度一般按标准杆数计算，男子为35杆，女子为36杆。通常场内设3杆洞4个，4杆洞10个，5杆洞4个；高尔夫球是用橡胶制成的实心球，表面包一层胶皮线，涂上一层白漆。球的直径42.67毫米，重46克。高尔夫球从结构上可以分为单层球、双层球、三层球、多壳球；从硬度上可以分为硬度90～105、硬度80～90、硬度70三种。球棍长约1米，棍的末端可以是木制的，也可以包一层铁皮；按球杆的不同用途，球杆被设计成不同的杆头形状和杆身长度。这样高尔夫球杆大致可分为木杆、铁杆、挖起杆以及推杆，还有一种介于铁杆和木杆之间的球杆，叫混合杆，又叫铁木杆；推杆最早多设计成L形的，也有少数职业选手仍沿用传统L形推杆，到后来的Ping型推杆，发展至two balls甚至three balls、马蹄形、圆锥形等各式能让人感受平衡的推杆。

（二）主要规则

虽然高尔夫球有许多规则，然而最基本不外乎下列两点：一是参赛者务必在公平的条件下进行比赛。二是比赛过程中必须能客观地处理对自己有利的状况。

1. 基本规则

高尔夫规则虽是由高尔夫协会所制定的，但绝大多数规则仍是委由选手本身执行实际上的管理。当比赛进行时，每位选手皆负有使比赛公平公正之责任；并且基于公平竞争的精神，每一位选手应要求自己成为一位遵守规则的裁判。

2. 以击球方式将球打进洞

所谓打高尔夫球最基本原则就是将一颗球自球台连续打击至其进洞为止。简而言之，即是由第一杆开始，接着第二、第三杆，重复地击球，将球打进洞，除此之外便别无他法。若是拿着球移动，或是利用投掷、滚地等方法，都是违反规则的。

3. 待球处于静止状态后方能继续进行比赛

当球被击出后，不论是在何种状态下行进，都应该等到球处于静止状态后才可继续进行比赛，此乃高尔夫不变的法则，绝对不可触摸或挪动球的位置，亦不能为求便于挥杆而改变周遭的环境。

三、高尔夫运动主要技战术及赏析

（一）主要技术

1. 球的飞行状况和球杆的关系

决定球的飞行状况的五项因素：杆头杆的速度、球头的轨迹、杆面角度、杆面倾角、击球中心度。

球的飞行特征有三点：距离、方向和轨迹。

杆头速度直接影响距离，球杆头路线与球杆面位置影响方向。球杆头移动角度影响轨道和距离，杆头面接触影响距离和方向。

2. 挥杆的基本动作及击球准备

击球准备可细分为六个基本动作，每一个动作都会影响到挥杆的过程，它可以说是最基础的基本动作，分别是：握杆、双脚位置、站姿、球位、身体平行线、重量分配。

握杆为基本动作的开始，球员与球杆唯一接触就是球杆，握杆之前的三项准备工作是：①握把装设的位置要完全正确；②将杆面准确瞄准目标；③瞄球时，身体及双臂和球杆形成一个固定角度，每次才能握杆一致。

握杆的基本方法有重叠法、互锁法、棒球法。

基本的挥杆动作分为：击球准备、上杆、上杆顶点、下杆、击球、送杆、收杆。（图3-8-3）

图3-8-3　动作分解

3. 高尔夫基本挥杆技术：

（1）上杆、上杆顶点

上杆时，保持杆头以低平的路线慢慢向球后方移动，接着手臂与肩一起将右方推到与目标线平行，此时开始曲腕，身体重心逐渐移到右脚，当杆头到达与腰同高位置时，杆身应该与双脚尖在同一直线上对齐，杆头朝向天空，杆面与身体一样对着正前方，双臂开始沿着与目标线平行的直线向右伸展至极限。挥杆的弧度越大，所形成的杆头速度越快，球飞行的距离越远。

注意：上杆时，身体重心不能有太大的起伏，视线始终盯住球，肩部转动90°，髋部平行转动，右手大手臂与小手臂成90°，小手臂与球杆成90°。

（2）下杆

当挥杆至上杆顶点时，就应该开始下杆。下杆是用球杆杆头接触球的动作，在挥杆过程中是速度最快，同时也是最重要的一部分。如果上杆动作正确且流畅，下杆时即可以节省体力，并集中注意力于增加杆头速度。上杆到下杆间方向上的转动非常重要，整个上杆的过程是身体右侧带动开始转动，而身体左侧和右膝抵挡。

下杆应由腿部动作开始，随着身体重心移动，并配合些微小的腿部侧向移动，以产生击球时的力，除了眼睛看准球外，运用肩膀与腰部之抗力产生的反弹力量，将手腕带着球杆尾端向下挥动击球，而球杆头尽量留住以增加速度。

注意：下杆时，下盘先动，先把髋部还原，手臂尽量保持不变。当腕部还原，右手臂贴住身体时，开始释放杆头，击球时胯部平行转动，保持身体重心不要向上顶，眼睛始终盯住球。

（3）击球

球杆接触到球的刹那称为击球时，击球时的姿势尽量恢复到准备时的姿势，杆面也正对目标。为了看到杆面是如何与球接触，眼睛更应盯住球。从下杆到击球时，由于右手贴近身体，所以杆头的轨道应该从目标线内进入击球才不会造成切球。双脚站稳，但重心略为偏左脚以顺势送杆。

很多球员在杆头通过击球点时，右脚跟向上提起，仅以右脚趾着地，这种姿势不仅造成身体重心不稳而无法扎实击球，同时也使得在上杆时因身体肌肉转动紧绷所储的动力无法有效地发挥出来，杆头速度因而减慢，丧失击球距离。切记，在杆头通过击球区时，双脚应保持站立时的位置，换句话说就是，击球时双脚应保持平贴于地面。

（4）送杆和收杆

送杆动作宛如上杆的倒影，双肩转动的感觉和上杆如出一辙。送杆不单是良好击球动作的自然结果而已，正确的送杆动作可将球送往球手想要的位置。杆头通过击球点应该尽量朝目标低而远送出，双手伸直，但不能僵硬。球杆送至与地面平行时杆头应朝向天空，杆面保持方正，这是杆头有没有回正击球的关键。此时，右手臂向上翻转，与左手臂形成交叉状态。但手要放松才能做出来。送杆其实是利用下杆的惯性，所以身体的转动应该是被球杆头带动而非主动，否则将丧失速度及稳定性。

好的送杆在下杆时便已决定，所以修正时应该从下杆或上杆改起。脊背要保持与上杆相同的角度，至挥杆完成后，才可改变以解除背部的压力。很多人会用右肩送杆，这样容易造成左曲球或者右曲球。右肩应该留住以产生抗力，在下杆及送杆时右肩和身体右侧皆是被杆头带动而保持被动。收杆的好坏可判定挥杆动作是否做得完整且准确，而关键就在于平衡。由于惯性作用，球杆在送杆后应顺势绕着身体带到背后，双手到达与左肩同高的位置。左手放轻松弯曲但勿太开，右手略弯但感觉上要离开头部。身体应正对目标。头部转动正面看球。由于站姿时身体的姿态是前倾，所以收杆时上半身应该略向右倾，但要保持平衡。

（二）主要战术

1. 发球台开球策略

①球杆的选择：根据自己的球技水平及对每支球杆的熟练程度来选择开球策略

②开球位置的选择：在球场遇见狗腿洞时，选择好的开球位置将更有利于减轻球员的心理压力，扩大落球区域，更好地把小球落在球道上。

2. 球道上进攻果岭的策略

①下坡或顺风时击球策略：在下坡或者顺风情况下，相对一般的击球环境是比较轻松舒服的。同等距离击球情况下，需要选择小一号或者更多的球杆，借用顺风或者下坡让球飞行更远，同时顺风条件下能够使击球方向更稳定。通过一些击球技巧的改变，我们能够更好地利用顺风，如将球位稍微移向目标方向，这样可以让击球的弹道更高，如将球位稍微远离目标方向，这样可以让击球的弹道更低，但此时需要预留更长的滚动距离。

②上坡或逆风时击球策略：在上坡或者逆风情况下，相对一般的击球环境变得更加复杂和困难。同等距离击球情况下，需要选择大一号或者更多的球杆，因为上坡或者逆风会让球飞行更短，滞留在空中的时间更长，同时逆风条件下能够使击球方向更不稳定，上坡时球员的击球过程中重心更难控制，而且很难转移到位，出现拉左的情况，击球时需要更轻松的挥杆，避免大幅度和大力气的挥杆。

③球道沙坑击球策略：无论沙子的质地是柔软还密实，球杆都应做到先击到球再击到沙子，确保干净利落的击球。如果沙坑前沿太高，只能根据起飞角度选择合适的球杆，如果球距离沙坑前沿较远，则需要根据击球距离的需要选择合适的球杆。

（三）高尔夫运动赏析

1. 高尔夫运动体现的环境美

在当今世界的运动项目中，高尔夫运动是与众不同的，它没有统一的体育场地，只基于自然地形，巧妙地结合了人工设计的基本概念，使高尔夫球场充满魅力和魔力。无论在繁华闹市间还是在波涛汹涌的海岸边上，无论附着在苍翠的山坡上还是扎根在洁白无垠的沙滩上，高尔夫球场都可以融合神奇的自然元素和人文主义思想。全球有超过30000个高尔夫球场，也就有超过30000个鬼斧神工、不尽相同的体育元素。（图3-8-4）

图3-8-4 深圳观澜湖高尔夫球会

2. 高尔夫运动体现的素质美

高尔夫被称为"绅士运动"。注重礼仪修养是高尔夫最重要的文化组成部分之一。高尔夫文化要求人们着装得体，敦和有礼，爱惜球场，保护环境，珍惜时间，实事求是，讲求诚信。

3. 高尔夫运动体现的动作美

高尔夫运动在很多人看来是"贵族运动"，是有钱人玩的游戏，只不过是用杆子把球打进球洞里而已，不过就是穿得光鲜亮丽举止文明一点的足球运动而已。事实上，这种看起来"简单"的运动，却被认为是世界上难度最大的运动项目之一。暂且不提高尔夫球运动中那些晦涩难懂的物理分析，只说挥杆的技术就有成百上千种之多。每个动作的角度、力度、击球部位、击球者站位等都会造成击出的球千变万化（图3-8-5）。世界上没有两次相同的挥杆动作，也不会出现一模一样的击球效果。高尔夫球运动的多变性、偶然性是吸引多数高尔夫爱好者参与其中的重要原因。

图3-8-5 完美的击球动作

4. 高尔夫运动体现的艺术美

高尔夫球场不仅是一个专供高尔夫球运动的体育场所，也是一件充满美学和哲学思想的艺术品。这是一种独特的边缘艺术，完美地融合了高尔夫运动和园林艺术的功能。事实上，任何高尔夫球场都是运动功能属性与园林艺术属性相互作用和融合的结果。一座球场是否具有魅力取决于是否将这两个属性结合得更好，更具特色。高尔夫球场作为与土壤建筑材料形式相关的"艺术品"，其功能和艺术设计将对运动员的运动情感和运动表现产生重大影响。富有园林艺术性的球场和一个缺少艺术价值的球场带给人们的感官刺激是完全不同的。高尔夫球场具有其卓越的艺术价值，对于高尔夫球手来说是一种极大的乐趣，并带来视觉的刺激，激发他们的运动激情和旺盛的斗志，以取得更好的成绩；相反，缺乏艺术地位只会让球员无动于衷，使高尔夫成为一种无聊的体育锻炼。

四、当前热点评说

（一）规则方面

2020年高尔夫新规对以往规则做出了一些修改，首先是在罚杆区找球时间不得大于3分钟，否则算遗失球；封顶赛不代表可以OK球，另外计分卡填写也需注意；抛球方式方面，抛球高度必须与膝盖高度相同；握杆方式也进行了进一步规范；球杆长度标准方面，一轮比赛中所拥有的球杆里面最长那支球杆长度，但推杆除外，一般是1号木杆；在"合理判断"方面和球杆损坏方面，新规做出了较多修改……2020年新规有非常大的改动，因篇幅有限，建议有兴趣的读者可参看新规则。

（二）代表人物

①泰格·伍兹，绰号"老虎"，被誉为史上最伟大的高尔夫球员之一，1975年12月30日出生于加利福尼亚，在洛杉矶地区长大。截至2020年，伍兹共获得80项冠军记录，并与同时被授予"总统自由勋章"，三次获得世界体育界最高荣誉"劳伦斯世界体育奖"。

②李昊桐，1995年8月出生于湖南，中国高尔夫运动员，是新一代中国高尔夫领军人物。2009年，年仅14岁的他参加了全国业余高尔夫球希望赛，成就首个正式冠军；2011年转战职业赛，并于2015年11月闯进世锦赛10强。2017年，李昊桐获得"劳伦斯"最佳新人奖提名。

③汤姆·沃森，1949年9月4日在美国密苏里出生，赢得过八次大满贯，包括1977年和1981年两届名人赛冠军、1982年美国公开赛冠军和5个英国公开赛冠军，1988年成为高尔夫名人堂成员之一，他也是近代最伟大的高尔夫球手之一。

（三）科技的应用

2019年，卡拉威公司发布了EPIC FLASH发球木的人工智能杆面，一举成为了目前美国最畅销的高尔夫产品，该产品可有效提高球速。在美巡赛中，多为球星使用了该产品，并取得了优异的成绩；而在业余球员中，他们的平均开球距离增加了约12.9码。此外，在EPIC FLASH球杆中，人工智能杆面与JAILBREAK越狱科技相结合，体现为连接顶冠和底面的一对内置沙漏形杆件，可在触球时稳固这两个部位，以进一步提高球速。

第九节　花样游泳运动

一、花样游泳运动概述

（一）起源与发展

花样游泳起源于欧洲，1920年花样游泳创始人柯蒂斯（Katherine Curtis）将跳水和体操的翻滚动作编排成套在水中表演。1930年后传入美国和加拿大，在原有的基础上又逐渐配上舞蹈、音乐和节奏。起初仅作为两场游泳比赛的场间娱乐节目，后来逐渐融入舞蹈和音乐，成为一项优美的水上竞技项目。1934年在美国芝加哥万国

博览会上举行首次表演，从而使其名声大噪。（图3-9-1）

世界花样游泳运动发展历程：1937年考斯特成立世界上第一家花样游泳俱乐部；1952年被列为奥运会表演项目；1973年举行第1届世界花样游泳锦标赛；1984年花样游泳被列为奥运会正式比赛项目，设女子双人和团体两枚金牌；1984年8月举行了国内首届花样游泳锦标赛。1987年第6届全国运动会将其列为正式比赛项目。

图3-9-1 花样游泳运动标识

（二）主要赛事

1. 国际泳联花样游泳大奖赛

由国际泳联主办。它是国际泳联旗下最高水平的花样游泳赛事之一，设立托举、双人、集体、自由自选组合等项目，共有来自中国、俄罗斯、西班牙、意大利、加拿大等国家和地区的7支队伍参赛。

2. 奥运会花样游泳比赛

奥运会时，每个国家或协会只能参加一个集体项目和一个双人项目，每个国家最多可报9名运动员。奥运会资格赛集体前3名和双人前16名将获得奥运会的参赛资格，东道主将直接获得奥运会参赛资格。

3. 全国花样游泳锦标赛

全国花样游泳锦标赛是由国家体育总局游泳运动管理中心主办，每年举办一次，是全国花样游泳级别最高的赛事之一。

二、花样游泳运动主要规则

（一）场地与器材

泳池至少要有30米长、20米宽，在其中12米长、12米宽的区域内水深必须达3米。水的温度应是26℃，允许1℃的温差。水必须十分干净，并能让人看到水底，这是要让人们看见运动员的动作是否正确。自选动作的场地，需要更宽些，以便运动员发挥高难技术。花样游泳比赛的技术动作，不仅可以在水面上做，也可以在水中做。

花样游泳比赛由于包括规定动作（限18岁以下年龄组进行）和自选动作的内容，因而在服饰上有一定的要求。

1. 佩戴鼻夹

由于花样游泳的动作多由倒立姿势构成，为了避免发生呛水，运动员无论训练还是比赛，鼻夹必不可少。它是由富有弹性的钢丝再套上一层橡胶管制成的，以免使皮肤受摩擦而损伤。

2．音响设备

自选动作比赛时，音响设备由录音机、扩音器、水上扬声器、水下扬声器和无线麦克风等组成。平均音量不能超过 90 分贝，瞬间的爆破声最大不能超过 100 分贝。同时还需要提供适宜的伴奏复制设备。参赛者必须在录音带上标明单位、运动员姓名、参赛项目和音乐速度。赛前可以进行音乐带的片段测试，以调整音量和速度。

（二）主要规则

1．参赛资格

奥运会时，每个国家或协会只能参加一个集体项目和一个双人项目，每个国家最多可报 9 名运动员。（图 3-9-2）

集体项目的参赛名额是 8 个队；双人项目参赛名额是 24 个队。

奥运会资格赛集体前 3 名和双人前 16 名的队将获得奥运会的参赛资格。东道主将直接获得奥运会的参赛资格。

图 3-9-2　动作整齐划一的运动员

2．竞赛规则

在奥运会、世界锦标赛、洲际比赛及国际泳联组织的比赛中，每个国家或协会只能参加 1 个单人、1 个双人、1 个集体项目和 1 个自由组合项目的比赛。比赛有规定动作、技术自选和自由自选，奥运会只进行技术自选和自由自选比赛。规定动作比赛没有预赛，只进行一次比赛。比赛包括技术自选、自由自选和自由组合，如果参赛队伍超过 12 个队时将要进行预赛，最后选出前 12 名参加决赛。在集体项目比赛中，每队由 8 名正式运动员和 2 名替补运动员组成，其报名人数最多不能超过 10 人。在自由组合项目比赛中，每队由 10 名正式运动员和 2 名替补运动员组成，其报名人数最多不能超过 12 人。

比赛顺序由抽签决定，抽签仪式在第一部分比赛开始前的 18～72 小时前公开举行。预赛总分的前 12 名参加决赛。决赛出场顺序也由抽签决定，总分 1～6 名抽 7～12 号的出场顺序，总分 7～12 名抽 1～6 号的出场顺序。

集体项目每队最少 4 人，最多 8 人（奥运会必须 8 人）。每减少 1 人则在总分中扣除 0.5 分。

自由自选和自由组合比赛在音乐的选择、内容和编排方面没有严格的限制，但技术自选比赛则在内容的选择和顺序方面有严格的限制。技术自选比赛在单人、双人和集体技术自选比赛中必须根据规定的动作、顺序和要求完成比赛。单人技术自选要求时间为 2 分钟、双人技术自选为 2 分 20 秒、集体技术自选为 2 分 50 秒，时间误差 ±15 秒。

3．自由自选比赛

自由自选对音乐的选择、动作的编排内容方面没有任何限制。单人自由自选比赛要求时间为 3 分钟，双人自由自选比赛要求时间为 3 分 30 秒，集体自由自选为 4 分钟，自由组合为 5 分钟，时间误差 ±15 秒。技术自选和自由自选比赛的时间限制包括 10 秒钟的岸上动作。

4．比赛成绩

如果比赛由技术自选和自由自选两部分组成，总成绩是技术自选占 50%、自由自选占 50%；如果比赛为规定动作和自由自选两部分组成，总成绩是规定动作占 50%、自由自选占 50%；如果比赛为规定动作、技术自选和自由自选三部分组成，总成绩是规定动作占 25%、技术自选占 25%、自由自选占 50%。得分最高的队伍获得金牌。

5．评分细则

评分由 5 名或 7 名裁判员进行，当有 1 名裁判员因病或其他意外情况不能打分时，以其余的 4 名或 6 名裁判员给分的平均数作为该裁判员的给分，比赛最后得分为 0～10 分，精确到 0.1 分。裁判员评分时应按照规则要求认真、公正、准确。

6．评分分值的计算方法

（1）规定动作得分

删去一个最高分、一个最低分后，将其余的 5 个或 3 个得分相加，除以 5 或

3 再乘以难度系数得到每个规定动作的得分。

（2）自选动作得分

在自由自选和自由组合比赛中，要有2组裁判员，一组负责评判技术价值分，另一组负责艺术印象分；在技术自选比赛中，也要有2组裁判员，一组负责评判完成情况分，另一组负责整体印象分。每组删去一个最高分和一个最低分后，将其余的评分相加，除以裁判员人数再乘以5，然后将技术价值（完成情况）得分与艺术印象（整体印象）得分相加为自选部分的总分。

自选动作的评判应看其技术价值和艺术印象。技术价值是通过运动员对高水平特殊技巧的掌握来表现，技术价值分包括质量、同步和难度三个方面。艺术印象是运动员的技巧和良好的艺术表现力的表演所留下的效果、印象和感觉。艺术印象分包括编排设计、音乐的表达和表演。

三、花样游泳运动主要技战术及赏析

（一）主要技术介绍

常规技术动作的要求是严格的。虽然运动员们可以选择自己的音乐伴奏，但他们必须按照规定做出一套动作组合。指定动作每四年由水上芭蕾运动技术委员会重新制定。一名运动员必须在10秒钟内完成常规动作，双人组合也就要在20秒内完成，一个大组要在2分50秒里完成。

1. 自由表演

八人组和双人组在自由表演中选择一套多变的动作应包含情绪和速度的变化，创新的动作以及复杂的组合和组合变化，还有壮观动作。自由表演的时间：双人组4分钟，八人组5分钟。

2. 水面停留

在所有的动作中，运动员有10秒钟可以浮在水面上，如果运动员选择它的话。这个动作可以给裁判和观众一个好的印象。虽然这个动作不被列入打分范围内，但它可以造就一个好的第一印象。

3. 技术价值

技术价值是看运动员在做特别动作中完成的情况。它包括三个部分：执行、协调、难度。

执行：执行是指游的方式、推进技巧和形态。运动员在水中应该轻松自如地做动作。裁判还要看运动员的耐力，一个顶尖的运动员从比赛开始到结束都应该保持高质量的游划方式并很好地运用推进技巧，而其花样在比赛结束时也应该如

开始时那般简明而有难度。

协调：在这一方面，裁判要看运动员和其队友及音乐的配合情况。八人组或双人组的成员们应该在动作、位置和换位上保持协调。她们无论在水上还是水下都要动作协调一致。

难度：在考虑到难度时，裁判看运动员的技巧和力量。裁判还要看运动员在水中的游法、花样的难度。还有一个考虑便是"冒险成分"，运动员在比赛中要表现出难度相当大的技巧。

（二）花样游泳运动赏析

花样游泳是一项全方面要求都很高的观赏性很强的项目，其中包括动作的连贯性、节奏性和优美程度。花样游泳都是竞技体育和艺术的完美结合，所以具有极强的观赏性。它也是一种对人体十分好的运动项目，不光可以健美身材，而且可以锻炼身体。

1. 花样游泳运动体现的身体美

花样游泳苗子要求喜爱花样游泳，从七八岁开始接触，最好有游泳或者舞蹈基础，身材修长，腿形漂亮等。选择的队员都是在五至十岁之间，身材相对健壮一些，这是因为水下运动耗费的体力非常多，需要会憋气，会蛙泳，会蝶泳，会仰泳，肺活量处于4000毫升以上，身体素质好，没有心脏病等疾病。

2. 花样游泳运动体现的灵敏美

花样游泳需要手脚并用，在水中，上身在水面的动作就需要利用腿的力量来控制，倒过来，腿在水面上的动作就需要靠上肢的力量来控制，所以这个项目是要求运动员全身每块肌肉都运用上，而且还需要身体的协调性来配合。至于水性，运动员因为从小就开始学习游泳，在四项游泳姿势都会以后才开始学习花样游泳的动作，在水中像鱼一样灵活。

3. 花样游泳运动体现的意志美

花样游泳运动员在水下不戴泳镜也能睁开眼睛游泳，但是要慢慢适应，刚开始是很不舒服的，因为水里有药物、漂白粉等。一般运动员只是在比赛前一段时间才把泳镜摘下来的，平时也是戴着泳镜做各种花样动作，每个人都应该能在水里睁眼，只是有个适应过程。花样游泳运动员比赛时鼻子上夹鼻夹，是因为花样游泳经常需要倒立，需要防止鼻子进水，训练和表演的时候必须一直用口呼吸。可见花泳运动员需要惊人的毅力以及意志力才能克服重重困难。（图3-9-3）

图 3-9-3 人体控制的艺术——看看花样游泳的另一面

四、当前热点评说

（一）规则方面

2015 年下半年，花样游泳的各项国际大赛（世界锦标赛、大奖赛）第一次为男性花样游泳运动员设立了混合双人项目，打破了一流赛事女性运动员独领天下的局面，开始接纳男性在花样游泳领域的新探索。众所周知，男性的力量比女性强大，所以男性花样游泳在视觉上，力量将会更加丰满。

（二）代表人物

①中国花游双胞胎姐妹蒋文文和蒋婷婷，她们出生于四川，父母在她俩 8 岁那年把她们送到业余体校训练，从此开启了她们辉煌的职业生涯。2006 年，两姐妹第一次代表国家出战亚运会就取得了一枚宝贵的金牌；2008 年北京奥运会，姐妹俩又夺得了铜牌，后来在世界杯上打破了中国队在花游项目上"零的突破"，之后还 5 次夺得亚运会金牌，终于成为中国花游项目的代表人物。

②斯维特拉娜. 科勒斯尼琴科，被誉为"俄罗斯花游女王"，2019 年 7 月在韩国光州举办的第 18 届世界游泳锦标赛中，科勒斯尼琴科以 95.0023 分力压西班牙老将卡博尼尔和日本名将乾有纪子，夺得了本届花样游泳单人技术自选项目的冠军，这也是她的第 14 枚世锦赛的金牌。在此之前，她在第 11、13、15、17 届世锦赛上已取得 13 枚金牌，可谓是金牌收割者，是当今世界花样游泳项目的领军人物。

③井村雅代，中国前花游队外教主帅，在她的带领下，中国花游队在北京奥运会首次获得奖牌，接着又在伦敦奥运会上取得了队史第一块奥运银牌，而在世

界杯和亚运会的赛场上，中国花游队更是屡夺冠军。

（三）科技的应用

花样游泳竞赛中双镜头体系的使用，在拍摄过程中，两套摄影机组成双镜头，一套在水上一套在水下，根据实际需要全方位观看动作，进行姿态分析，完整回看技术动作完成情况。

第十节　水球运动

一、水球运动

（一）起源与发展

水球起源于19世纪中期的英国。最初是人们游泳时在水中传掷足球的一种娱乐活动，故有"水上足球"之称，后逐渐形成两队之间的竞技水球运动。

1869年英国出现用小旗标定边线和球门的水球比赛；1877年英格兰伯顿俱乐部聘请威尔森制定了世界上第1部水球竞赛规则；1879年出现了有球门的水球比赛。1973年开始举办世界水球锦标赛；1979年国际业余游泳联合会举办了第1届女子水球世界杯赛；1986年举行的第5届世界游泳锦标赛将女子水球列为正式比赛项目。（图3-10-1）

图3-10-1　休闲水球比赛

水球运动在20世纪20年代传入中国的香港至广东一带。中国水球队曾在第8、9、10届亚运会上连续获得冠军，在第23届奥运会上获得了第9名。

(二) 主要赛事

1. 世界水球锦标赛

世界水球锦标赛是一项国际性水球赛事,为每两年举办一次的世界游泳锦标赛的一部分。首届比赛于 1973 年举办,主办机构为国际游泳联合会。

2. 水球世界杯

水球世界杯是一项由国际游泳总会(FINA)举办的国家级男子水球队之间的国际比赛。赛事由 1979 年起开始举办,起初每两年举办一次,至 2002 年起定为每四年举办一次。赛期一般为六日,并由八队最高水平的国家水球队角逐(包括上一届世界游泳锦标赛的前三名及各洲份的冠军队伍)。

3. 奥运会水球比赛

奥运会正式比赛项目之一,五大洲的洲际锦标赛的冠军队伍自动获得资格,东道主代表本洲参赛,以及游泳世锦赛前三名的队伍参赛。

4. 全运会水球比赛

1959 年第五届全运会起,水球被列为全运会正式比赛项目,往后历届均设,是中国水球最重要的国内比赛,反映水球运动的群众基础和技术水平。

二、水球运动主要规则

(一) 场地与器材

1. 场地

水球比赛使用的是一个标准的 50 米游泳池,水深要超过 2 米,这意味着比赛期间运动员要一直游泳或踩水(图 3 - 10 - 2)。用浮绳标出比赛区,男子是 30 米×20 米,女子是 25 米×17 米。用彩色浮标标出了比赛区内的各种标记。白色浮标标出球门线和中线。红色浮标标出双方球门前的两米线,黄色浮标标记四米线,绿色浮标标记七米线。红色的处罚区位于泳池的两端,在球门线后面,距离正对比赛官员席的池角两米。球员进入该区即意味着该球员离开了比赛区,被罚球员在处罚区等待重新进场比赛的信号。水球球门是 3 米宽、90 厘米高,浮在水面上。

图 3-10-2 水球运动场地

2. 器材

(1) 球

水球用皮革或橡胶制成,圆形、防水、表面光滑、无突出缝线、内储空气。内胆有自动封闭阀,防止漏气。男子比赛用球周长为 0.68～0.71 米,充气压力为 90～97 千帕;女子比赛用球周长为 0.65～0.67 米,充气压力为 83～90 千帕;水球重 400～450 克。球门框涂成白色。高为距水面 90 厘米,宽为 3 米。

(2) 服装

运动员帽子必须用蓝、白颜色,以区分比赛双方。帽子上有 1～13 号码,双方守门员均戴 1 号红色帽子,其他队员为 2～13 号。帽子上附有护耳器以防耳朵受伤。

(二) 主要规则

男子水球于 1900 年第二届奥运会被列为比赛项目。女子水球于 2000 年第二十七届奥运会被列为比赛项目。

1. 参赛人数

根据国际泳联规定,按照相关比赛成绩和东道主队决定参赛队伍。每队的选手人数为 13 人。

2. 比赛规则

水球比赛时,每队上场 7 人,包括守门员 1 人。比赛时间为 32 分钟,分 4

节进行，每节 8 分钟，死球时停表。两节间休息 2 分钟，同时交换场地。场外替补队员 6 人，任何一方得分或每节比赛开始前，均可换人。除守门员外，任何人不得用双手触球。比赛时，以球体穿过球门线为得分。得分后，双方队员应回到本方半场，由失分一方队员在中线的中心点开球。比赛中，一方控球时间不得超过 35 秒。

水球比赛中的犯规有一般犯规和严重犯规之分。一般犯规由对方掷任意球；严重犯规的处罚方法有：记 1 次个人严重犯规（严重犯规满 3 次者取消全场比赛资格），进攻时不判罚离场，而判由对方掷球，防守时要罚离场 35 秒；判罚 4 次直接任意球；取消全场比赛资格（可以替补）；取消全场比赛资格（不得替补）等。

三、水球运动主要技战术及赏析

（一）主要技术

1. 干传（dry pass）

干传也称"不落水传球"，是水球传球方法的一种，指将球直接传入接球者手中。球传出后，接球者不等球落水时就将球接住。随后即可进行传球或射门。可使接球者在出球前，省略从水中重新起球的时间。

2. 上抛起球（toss-splift）

上抛起球是水球技术名词。以一手伸向水下部球的底部，利用指尖将球挑起，高于水面不到 1 米，再用另一只手将球接住，随后将球传出或射门。

3. 水下起球（lifting the ball from underneath）

水下起球是水球基本技术之一，一种隐蔽的举球方式。起球时五指自然分开，掌心朝上，伸向球的底部中点，以五指稍用力抓住球。小臂内旋，屈臂将球举起，控制在稍高于耳部的投掷位置上，以利于传球或射门。

4. 传球（pass）

传球也称"掷球"，水球运动技术名词，基本动作之一，指用手指、手腕、手臂以及上体等动作来完成掷球的技术，是组织进攻的战术基础。其力量取决于蹬水、殿体及手、臂的力量。传球时，可利用腕、指的变化来控制球最后的出手方向。传球的方法很多，有直线传球、大抛物线传球、小弧形传球等。适用于短距离射门、传递、离吊和长传。可在原地、游动和跃起空中接传。有正、侧、推、仰、转身等多种传球技术。

5. 运球（dribble）

运球是水球运动技术名词，基本动作之一。用两手交替划水游动，球位于头

前,借胸前激起的水浪推动球前进。多用抬头爬泳,身体呈反弓形,以便观察场上情况,待机进行配合。主要用于持球队员突破防守后,快速将球运向球门,常与传球、射门动作连用。

6. 抓球(grasp)

抓球是水球运动技术名词,是把球从水下或水面抓起来的方法。五指张开,伸向球的顶部,利用五指直接将球从水中抓住举到头边,为传球或射门做好准备。这种抓球方式要求运动员手大指长。此外还有手自球下撩或挥的抓球法和使球滚动的抓球法。

7. 拨球(scoop pass)

拨球是水球运动技术名词,基本动作之一,指运用小臂及手腕力量将球拨动传出。是一种近距离快速传球方式。分为原地拨球、游动拨球,又可分为正面拨球、反面拨球。运用手腕拨动,以迅速传球或射门。常用于受对方紧逼,无法举球传递时。

8. 急停(sudden stop)

急停是水球运动术语,指为配合战术需要运用制动技术使身体由快速的游动状态转入停止状态。急停时,前伸入水的一臂改划水为掌心向前的推水动作,接着向后划水的臂也改为掌心向前推水的动作。同时两腿收至腹前转入踩水动作,上体抬起,使身体直立,以制止身体继续向前滑行,达到急停的目的。急停技术常与转身、传球、接球、射门等技术结合使用。

9. 按球(receive)

按球是水球运动技术名词,基本动作之一,指用单手和手指和手腕动作接住同伴尚未落至水面的空中来球。要求准确判断来球方向、速度、距离,并控制好球。

10. 跃起(lunge)

跃起是水球运动专门游泳技术,基本动作之一,指在原处或游进中,身体由俯卧姿势突然成直立姿势向上蹿起的技术。跃起时先抬头,使肩部露出水面,两臂弯屈横向拨水支撑身体,两腿做蛙式收缩,借助手臂向下压水和两腿向下用力蹬踩水动作,挺身,使上体跃出水面,随后转入踩水,一手掌心向下压水,一手用以接取高球,或传拨、拍击高球。守门员不仅要有熟练的向上跃起技术,而且还要掌握向两侧跃起的技能。

11. 顶球(pop and tip)

顶球是水球技术之一。当持球者被两名以上防守者夹击时,为了避免失球,常把球挑起在空中,然后用指尖连续碰触球,直到将球传出或控制住。要求队员有很好的球感。

12. 劈球（split ball）

劈球是水球技术名词，指队员利用划水后臂前移的动作，直臂向球劈去，当将球击向自己能够控制到的一侧。然后再去拿球。通常是在两名对手并臂游进，有同等获球机会时采用。它符合水球个人战术中的"先控制住球，然后再拿球"的原则。

（二）主要战术

1. 2—2—2 阵式

2—2—2 阵式也称"二前锋二中卫二后卫制"，水球运动阵型之一。比赛中，场上除守门员外，形成二前锋、二中卫、二后卫的布局。中卫对组织和配合全队的攻防具有中坚作用。进攻时，中卫助攻，形成 4 个前锋；防守时，中卫退守，形成 4 个后卫。

这种阵式人员分布均衡，攻防兼顾，机动性大，便于进行各种战术配合，及时组织进攻和防守。以增强进攻能力或防守能力。在比赛时，中场队员接到后卫传来的球，再传给 2 米前后的前锋。前锋可射门，也可向边上拉开，待中场队员突破后，立即快传给突破同伴使之接球射门。

2. 3—3 阵式

3—3 阵式也称"三前锋三后卫制"，水球运动阵型之一。比赛时场上除守门员外，前、后场各形成两个三角形阵式。可分为两种攻守形式：前锋、后卫都成前三角时，有利于防守；形成后三角时，有利于进攻。当对方防守较弱，可采用后三角阵式。

用这种阵式，要求后卫速度快。战术意识强，前锋灵活，技术全面；同时要加强中卫活动，控制中场，防止前锋与后卫脱节。当对方防守能力较强时，可采用前三角阵式，用这种阵式要求前锋灵活地利用外拉内进的位置变化，打乱对方的防守，然后伺机进攻。

3. 4—2 进攻

4—2 进攻是水球阵型之一，指进攻中摆出 4 名前锋 2 名后卫的布局。目的是在得分区充分利用进攻潜力，要求前锋在连续进攻中控制住球，并不断寻找射门机会，使防守者始终处于紧张状态。

这种阵式还用于控制拖延战术。4 名前锋在紧逼防守下不断游动，自如地控球，以避免在门前被逼死或回缩夹抢造成的失误。这种阵式适合于无突出的高大中锋，而队员有较好的体力和较强控球能力的球队。

（三）水球运动赏析

1. 水球运动体现的力量美

水球项目中所有动作都在水下完成，因此对力量有较高要求，传球、游泳、射门时需要上肢力量较好，与对方对抗、踩水需要下肢力量好和自身的绝对力量，因此对水球运动员力量的发展要求下肢均衡发展。

2. 水球运动体现的耐力美

一场水球比赛，运动员攻防转换的节奏较快，并且规则要求运动员不得接触游泳池底和池壁，必须采用踩水或游泳的方式进行比赛。每名运动员平均至少游5千米，体力消耗比较大，使得水球比赛成为所有体育项目中最累的项目之一。

3. 水球运动体现的速度美

在水球比赛中，攻防转换频繁，要求争抢激烈，要有较快的游泳速度，水球运动员要传球、带球进攻，除了守门员之外，其他的运动员只能以一只手触球。因此要求运动员要有较快的动作速度和反应速度。

四、当前热点评说

（一）规则方面

国际水球委员会对女子水球规则进行了重大的修改，体现在以下几个方面：一是重新计算了发攻时间，二是任意球需从球点位置发球，三是发边线球和角球的选手可以不传球或直接射门，四是教练可快速增设或替补入场区，五是当出场时间仅剩5秒时，可允许队员重新出场，六是在计分方法进行了修改，七是允许防守者游过中线触球。

由此可见，新规大大提升了比赛的自由度，增大了技战术的变化性，同时增加了比赛的观赏度。

（二）代表人物

①孙雅婷，中国女子水球运动员，场上位置为中锋，1988年2月出生于中国天津，曾代表中国出战多项国际水球赛事。2005年孙雅婷崭露头角，夺得全国女子水球锦标赛冠军；其后的2006年、2007年都有世界性赛事奖项斩获；2008年北京奥运会孙雅婷和队友一起获得了奥运会第五名；2010年广州亚运会，孙雅婷所在的中国女子水球队成功登顶，获得亚洲冠军。

②德兹索·乔尔玛蒂，她被誉为世界上最伟大的水球运动员，他在职业生涯中取得了辉煌的成就，他3次获得奥运会水球金牌（1952、1956、1964），1次获得奥运会水球银牌（1948年）和1次奥运会水球铜牌（1960年）；除此之外，

他还两次作为队长获得欧洲锦标赛冠军。

(三) 科技的应用

随着水球运动的普及,我们常见的水球都不会发光,因此由于场地光线不足等原因影响了水球运动的开展。由此研发人员本实用新型所要解决的技术问题,目前研发一种能够震动发光的水球,主要由耐水橡胶胶层和 LED 震动发光器组成,耐水橡胶层由透光材料制成。该实用新型的体育器材技术已申请专利。

第十一节　跳水运动

一、跳水运动概述

(一) 起源与发展

早在公元前 5 世纪,古希腊花瓶上就有描绘一群可爱的小男孩正头朝下作跳水状的图案。我国在宋代出现了名为"水秋千"的简单跳水器械,当时叫"水秋千"。表演者借着"秋千"使身体凌空而起,在空中完成各种动作之后,直接跳入水中。它动作惊险,姿态优美,类似现代的花样跳水。唐代赵璘的《因话录》记载:洪州(今南昌)曹赞能在"百丈樯上,不解衣投身而下,正坐水面,若在茵席",或在水中"回旋出没,变化千状"。这可看作是我国早期的跳水运动。历史上的跳水曾经以谁跳得更远为比赛标准。人类在掌握了游泳技能之后,就开始有了简单的跳水活动。

现代竞技跳水始于 20 世纪初。1900 年,瑞典运动员在第 2 届奥运会上做了精彩的跳水表演,一般公认这是最早的现代竞技跳水。1904 年第 3 届奥运会上,男子跳水被列为正式比赛项目。1908 年正式制定了跳水比赛规则。到 1912 年第 5 届奥运会时,增加了女子比赛项目。近代竞技跳水是随着其他欧美体育项目在 20 世纪初传入我国的。1979 年以来,我国选手在一系列重大比赛中取得优异成绩,中国、美国、俄罗斯、德国、加拿大已经被公认为世界跳水强国。

(二) 主要赛事

1. 跳水世界杯

跳水世界杯创办于 1979 年,是国际泳联举办的世界最高级别的跳水单项赛事,与世界游泳锦标赛和奥运会并称"世界跳水三大赛",每两年举办一次,其中奥运年一般都与奥运测试赛合并。

2. 世界游泳锦标赛

世界游泳锦标赛是由国际泳联总会主办的最高级别的大型国际性游泳赛事,

主办机构是国际泳联总会。第一届世界游泳锦标赛于1973年举行，1978年至1998年间举办间隔年数屡有变化，自2001年起恢复每2年举行一届。

3. 奥运会跳水比赛

1904年男子跳水首次被列为奥运比赛项目，1912年女子跳水运动员首次被允许参加比赛，1951年跳水才成为规则完整的奥运会正式比赛项目。共有8个项目，分别是男女3米板单人、双人和男女10米台单人、双人。奥运会跳水比赛共设有8枚金牌。

二、跳水运动主要规则

（一）场地与器材

①跳水池面积为25米×25米，池深为5.4米，水温26℃。

②跳台跳水在离水面10米高的坚硬无弹性的平台上进行。10米跳台按国际泳联规定，应最少长6米、宽3米，并于表面覆盖防滑材料。

③跳板跳水在一条离水面3米高的有弹性的板上进行。3米跳板按国际泳联规定，跳板应最少长4.8米、宽0.5米，并于表面覆盖防滑材料。

（二）主要规则

跳水比赛分男、女10米跳台跳水和男、女3米跳板跳水四个项目，并分成双人和单人进行比赛，共8块金牌。不论是跳板还是跳台跳水，完成动作的过程都包括助跑、起跳、空中技巧和入水四个阶段。

1. 跳板比赛

女子跳板比赛包括5个不同组别无难度系数限制的动作；男子跳板比赛包括6个无难度系数限制的动作，其中5个动作来自不同的组别，另1个动作从5个组别中任选。

2. 跳台比赛

女子跳台比赛含选自6个不同组别的无难度系数限制的动作；男子跳台比赛含选自6个不同组别的无难度系数限制的动作。奥运会、世界游泳锦标赛、世界杯以及其他国际泳联主办的赛事（青少年分龄组比赛除外）的跳台比赛必须在10米跳台上进行。

3. 双人跳水比赛

双人跳水是由2名运动员同时从跳板或跳台起跳进行的比赛，依据双人跳水的同步性和各自完成动作的优劣进行评分；女子双人跳水的比赛包括5个动作，其中2轮动作的平均难度系数为2.0，其余3轮动作无难度系数限制；男子双人跳水的比赛包括6个动作：其中2轮动作的平均难度系数为2.0，其余4轮动作无难度系数限制；女子双人比赛中的 5 个动作应至少来自 4 个不同的组别，至少有 1 个面向前起跳的动作；男子双人比赛中的 6 个动作至少来自 4 个不同的组别，至少有 1 个面向前起跳的动作，在 6 个动作中，来自同一个组别的动作不能超过 2 个；双人比赛中两人的动作必须相同（即动作代码和完成必须同步）。

三、跳水运动主要技战术及赏析

（一）主要技术

1. 动作组别

根据运动员起跳前站立的方向和起跳后身体运动的方向，可将跳水动作分为以下 6 个组别。（图 3-11-1）

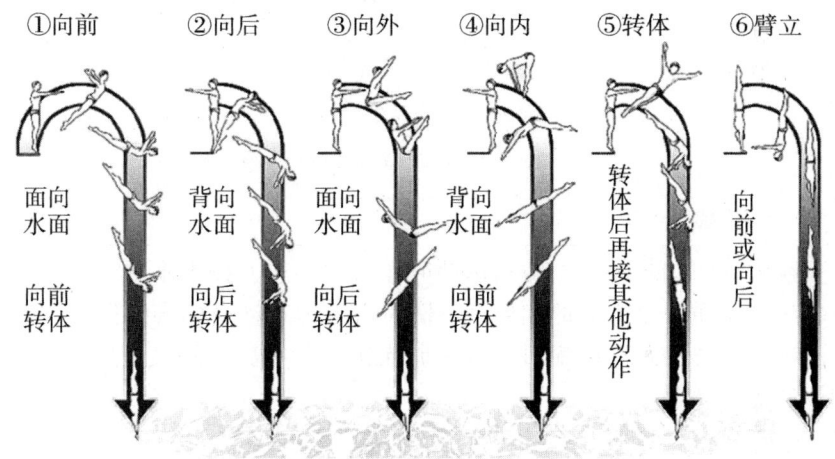

图 3-11-1 跳水动作图解

第 1 组——面对池向前跳水。

第 2 组——面对板（台）向后跳水。

第 3 组——面对池反身跳水。

第 4 组——面对板（台）向内跳水。

第 5 组——转体跳水。

第 6 组——臂立跳水（仅在跳台跳水中采用）。

2. 空中动作姿势

跳水动作的空中姿势可分为直体（用"A"表示）、屈体（用"B"表示）、抱膝（用"C"表示）、翻腾兼转体的任意姿势（用"D"表示）4 种（图 3-11-2）。

图 3-11-2 转体跳水

（二）主要战术

双人跳水又叫同步跳水，两名运动员在身体形态、技术水平、技术风格、心理素质、运动素质 5 个方面的相似度，同时需考虑运动员的合作能力。双人跳水同步性的训练旨要为：相似配对、有序训练和稳定参赛。分双人跳水个人和双人跳水团体两类比赛项目。

1. 双人跳水个人比赛

包括 5 轮不同的动作，其中 2 轮动作的平均难度系数为 2.0，其余 3 轮动作无难度系数限制。在 5 轮动作中，至少有 1 轮动作是 2 人同时向前起跳，1 轮动作是 2 人同时向后起跳，1 轮动作是 1 个人向前起跳和 1 个人向后起跳的组合动作。

2. 双人跳水团体比赛

包括 8 轮动作，4 轮跳板跳水，其中 2 轮难度系数为 2.0，另外二轮为无难度限制系数；4 轮跳台跳水，其中 2 轮难度系数为 2.0，另外 2 轮为无难度限制系数。在跳板、跳台的各 4 轮比赛中，至少有 1 轮动作是 2 人同时向前起跳，1 轮动作是 2 人同时向后起跳，1 轮动作是 1 个人向前起跳和 1 个人向后起跳的组合动作。

（三）跳水运动赏析

1. 技术与战术角度欣赏

跳水裁判员评分很重视动作细节，从完成动作的技术性和优美性两方面考虑，把一个跳水动作分解成助跑、起跳、空中动作和入水四个技术部分来观察，综合起来评出分数。(图 3-11-3~图 3-11-7)

①助跑：为起跳做准备的过程，应平稳、美观、连贯、流畅。

②起跳：决定动作质量和成败的关键技术，要果断，有充分的高度、合适的角度。

③空中动作：动作的主体，最具欣赏性，给人以力和美的享受。姿势要正确、优美、舒展，翻腾和转体应快速、连贯、准确。

④入水：动作的结束，要全身绷直，与水面垂直。水花小，是获得高分的重要环节。

现在的跳水比赛动作都是高难度动作，欣赏跳水动作，可从"高、快、美、直、小"五个字来衡量。

A 高：起跳要有充分的高度，保证在空中有足够的时间来完成动作。好的起跳还应有一个合适的起跳角度。

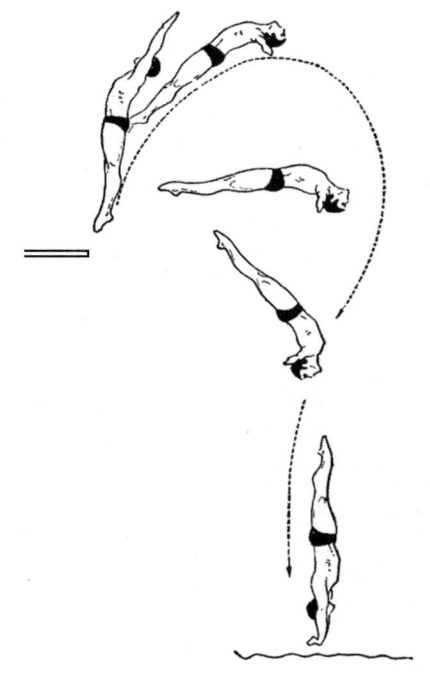

图 3-11-3 背对池高空反身跳水

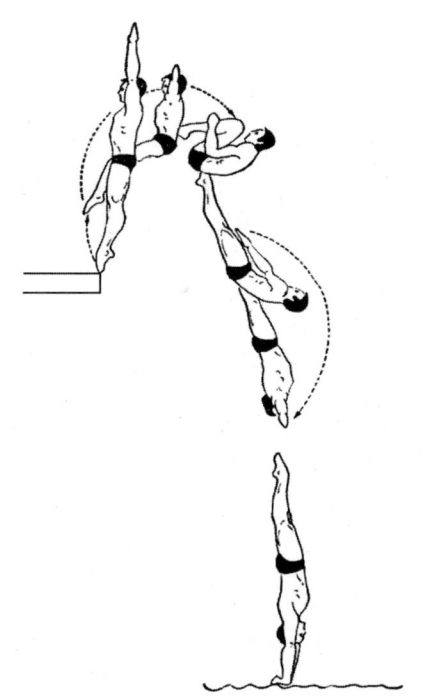

图 3-11-4 背对池转体跳水

B 快：指空中动作的翻腾速度要快，转体速度要快。

C 美：跳水动作对身体的姿态、动作的细节都有严格的要求，即使在快速的翻腾和转体中，依然要求正确和优美。

图3-11-5 快速转体翻腾跳水　　　　图3-11-6 抱膝跳水

D 直：指入水时要做到两个直，一是身体要伸直，两腿并拢，脚尖绷直，两臂伸直上举，与身体成一直线；二是身体要和水面垂直或接近垂直，不能倾斜。

E 小：指入水时水花要小，运动员运用压水花技术使水花不溅起来。

图3-11-7 跳水入水图

2. 从不同运动员的技术风格角度欣赏

在跳台跳水运动中，由于运动员的技术风格和身体素质不同，在竞技跳水运动中，表现出各有特色的跳水技术动作，展示跳水运动的魅力。

例如：高敏在跳水比赛中，她的动作最大特点是美，动作轻盈，压水花入水技术尤为突出，是世界上唯一突破600分大关的女子跳水运动员。而伏明霞在参加跳水比赛中，最大的特点是稳定，主要凭借高规格的动作来取胜。郭晶晶站在两位前辈的基础上，动作稳美兼备。而且，郭晶晶的空中动作协调性非常好，不止一次保持着世界上最高动作难度的记录。

3. 从美学的角度来欣赏

（1）跳水运动员的人体美

作为跳水项目的主体，跳水运动员的本身就给人一种身材上美感，长期从事跳水训练的他们，有着出色的爆发力和柔韧性，从而使得他们身上肌肉发达但不累赘，结实但不失柔和。发达的肌肉，匀称的体型，优美的线条，是人体美的典型。

（2）运动员完成动作的形式美

跳水动作讲究运动员的空中姿态与造型，技术动作的规范，力量与速度的结合，腾空的幅度，空中动作的稳定，动作形式的新颖，技术动作组含编排的合理与规律等。将所有更素结合起来，跳水动作形或了其特有的艺术表现形式，跳跃、旋转和腾空等矫健有力的动态，各种优美静态的造型以及和谐编排与组合不仅展示了他们体能的完美，而且充分显示了平衡对称、和谐、统一以及节奏韵律等形式的规律特征，给人以美的享受。

（3）跳水运动员着装的艺术美

在跳水项目中，和其他表演类项目服装有着相似的地方，都是通过增强服装的图与色彩单星艺术感染力，加采动作的表现形式美，服装与人的完美结合，服装线条与花纹衬托出运动员的人体美，运动员的人体美透过服装更深的表现。

（4）运动员与水结合的和谐美

在运动员准备起跳的时候，他们将所处的跳板跳台与自己融为一体，起跳踏板，接触板的一刹那间人与板得到完美结合，获得一定腾空高度，这就是一种人与板的和谐美。水花越小人与水的结合就越完美，就越和谐，入水后水面泛起一阵涟漪。纵观整个过程，从起跳到入水，本身就是一个和谐的美。

四、当前热点评价说

（一）规则方面

所使用的评分牌须显示从0分到10分的各个分数，并能显示0.5分。增加了男女混合全能项目，包括6轮动作且必须选自6个不同组别。其中2轮动作的规定难度系数为2.0，剩余4轮动作无难度系数限制。扣分规则更细化，运动员非常靠近板或台，或者运动员头部触碰到板或台，裁判员最多可给2分。新规则中跳板动作和跳台动作分别用不同的公式表进行计算，为每一个跳水动作明确了相应的难度系数。国家游泳运动管理中心在全国跳水比赛中设立难度奖和突破奖。这些规则的改变，鼓励中国运动员大胆突破，勇于创新，在比赛中冲击高难度动作，展现着"梦之队"的魅力。

（二）代表人物介绍

①高敏，中国跳水运动员，最大的传奇便是她7年不败的神话。同时，她还是中国第一位奥运会跳板冠军，第一位大满贯获得者。

②伏明霞，中国跳水运动员，12岁便夺得世锦赛冠军，是最年轻的世界冠军。同时，她还是中国唯一一个跳台、跳板双料奥运会冠军，中国第一个连续三届奥运会上都夺金的跳水选手。

③郭晶晶，中国跳水运动员，1996年首次参加奥运会。2004年在雅典奥运会获得女子单人3米板与女子双人3米板两枚金牌，成为中国跳水的领军人物。参加了第29届北京奥运会，获得女子单人三米板冠军，并与吴敏霞搭档获得女子双人3米板冠军，被誉为"跳水女皇"。

④托马斯·戴利，英国跳水运动员。2007年戴利夺得英国锦标赛亚军，并被BBC评选为年度最佳青年运动员。2008年2月戴利夺得世界杯男子双人十米台铜牌；3月夺得欧锦赛单人十米跳台的金牌。2009年他夺得世界锦标赛十米台冠军。2012年戴利获得伦敦奥运会男子跳水十米台铜牌。2013年戴利夺得欧锦赛单人十米台冠军。2015年8月戴利夺得世锦赛混合全能金牌和男子十米台铜牌。

⑤徐益明，中国跳水总教练，被誉为"现代跳水技术之父"，培养了30多为世界冠军。

（三）科技的应用

西安奥体中心跳水馆扩建项目是迎接第十四届全运会的重头戏之一，为确保6月30日按期竣工交付，4月11日，西安奥体中心建设现场，3500余名建设者正在进行最后的施工冲刺。与时间赛跑的工程赛道上，一种废旧混凝土再利用的"黑科技"引进，高效率地为工程建设提质增效，"变废为宝"的应用也为城市化建设消除了垃圾，提供了新材料。这一技术采用的是液压自行式，彻底改变了传统意义上的废旧混凝土再利用处理的工艺和流程，使路面的"破碎——筛分——再加工——利用"的复杂、昂贵的工艺和技术变得简单而有效。最大限度调动环保产业链上的各个环节。

第十二节　冰雪运动

一、冰雪运动概述

（一）起源与发展

冰雪运动是随着寒带冰雪地区的人类为了适应和利用环境更好地生存生活而逐渐发展起来的。滑雪最初是为创造条件利于生存，以运输、狩猎及通信为目的融入人们的日常生活。滑冰则是从滑雪演变而来，最后形成了体育运动。现代的冰雪运动已经是奥运会竞赛项目的主要组成部分，一般分为冰上运动和雪上运动。

1676年，在荷兰的运河上举行了最早的速度滑冰比赛。比赛场地由开始的从城镇到城镇，发展至环城。为了利于观看，演变为距离160200m的U形跑道，后来形成封闭式椭圆形400m标准跑道。第一个滑冰组织爱丁堡俱乐部于1742年在英格兰创立。1850年美国的布什内尔制造了第一副钢质冰刀，这一时期保尔森发明了现代管式冰刀，提高了速度滑冰运动水平。

18世纪末到19世纪初，滑雪运动从挪威逐渐扩展到欧洲各地，20世纪滑雪运动在欧洲、美洲日益普及。1924年滑雪运动第一次进入奥运会，同年，国际滑雪联合会成立。在19世纪末期，这项运动开始传入中国，中国最早参加国际性滑雪比赛是在1961年，首次参加的奥运会是在1980年第13届冬奥会。中国在1981年正式恢复国际滑雪联合会合法席位。

随着时代的发展，如今冰上运动包括速度滑冰、短道速度滑冰和花样滑冰以及冰球、冰壶，雪上运动包括雪山滑雪、越野滑雪、跳台滑雪、自由式滑雪、单板滑雪、北欧两项和冬季两项以及雪橇。

（二）主要赛事

1. 冬季奥林匹克运动会

冬季奥林匹克运动会是世界规模最大的冬季综合性运动会，主要由全世界地区举行，每四年举办一届，1994年起与夏季奥林匹克运动会相间举行。雪上项目包括跳台滑雪、高山滑雪、自由式滑雪、越野滑雪、单板滑雪、俯式冰橇、无舵雪橇、有舵雪橇、北欧两项、现代冬季两项，共10个大项目。冰上项目主要有速度滑冰、短道速滑、冰球、冰壶、花样滑冰5个项目。

2. 世界花样滑冰锦标赛

世界花样滑冰锦标赛由国际滑冰总会（ISU）主办，各成员国（或地区）的业余运动员参加的花样滑冰比赛，每年举办一次（常在三月）。世界花样滑冰锦标赛包含四个单项：男子单人滑、女子单人滑、双人滑、冰舞。各单项的第一名享有该年度"世界冠军"的头衔。

3. 欧洲花样滑冰锦标赛

欧洲花样滑冰锦标赛是国际滑冰联盟（ISU）主办的四大世界级花样滑冰赛事之一，每年一月份举行。1891年第一届欧洲花样滑冰锦标赛在德国汉堡举行，截止到2020年底，花样滑冰欧锦赛已经举办了112届。

4. 四大洲花样滑冰锦标赛

四大洲花样滑冰锦标赛每年举办一次，轮流在各个国家举办。"四大洲"分别是奥运五环（除欧洲）代表的美洲、亚洲、非洲、大洋洲，参赛运动员也均自以上地区。第一届四大洲花样滑冰锦标赛在加拿大哈立法克斯举行。

5. 世界高山滑雪锦标赛

世界高山滑雪锦标赛是由国际滑雪联合会（FIS）组织的一项世界性赛事。高山滑雪是以滑雪板和滑雪杖为工具在山坡专设的线路上快速回转、滑降的一种雪上竞赛项目。

二、冰雪运动主要规则

（一）场地与器材

①雪上运动主要器材包括雪鞋、雪板和雪杖。雪鞋的选择要求主要是合脚、保暖、轻便、易脱即可，穿上高山滑雪雪鞋，踝关节只能进行微小的活动。脱离器是固定在雪板上用来夹卡雪鞋的装备，具有自动脱落的功能。雪杖的作用是滑雪者握在手中便于行走、支撑身体、控制平衡和引导方向等。

②雪上运动主要器材包括冰刀、冰鞋、尼龙紧身全连衣。冰刀可分为速滑冰刀、花样冰刀、冰球冰刀、冰壶冰刀四类，依据各自项目特点，冰刀的结构、大小、弧度均不相同。

（二）主要规则

①高山滑雪：主要分速度系列和技术系列。

速度系列分速降和超级大回转，比赛按一次滑行成绩决出名次。技术系列分大回转和回转，名次按两次成绩合计计算。

②越野滑雪：单项比赛采用间隔单人出发，除雪板前部和雪杖外，双脚位置不得超过起点线。比赛名次根据运动员按规则滑完全程所用的时间确定，运动员到达终点时至少有一只脚穿带有标记的滑雪板，否则成绩无效。越野滑雪接力比赛除按单项比赛规则进行外，在每一站设以终点线为基点前后各延长 15 米的接力区，交接时上一站队员必须在接力区内用手触及下一站队员的身体任何部分方可完成交接，成绩以全队滑完全程所用时间的总和计算。

③北欧两项：北欧两项一般分 2 天进行比赛，第一天是跳台滑雪，每人跳两次，以姿势分和距离分计算出总分；第二天进行越野滑雪。越野滑雪出发顺序依据跳台滑雪成绩确定，即跳台滑雪赛中的第一名运动员在越野滑雪赛中是第一个出发者，而跳台滑雪赛中的第二名运动员，把他在跳台滑雪赛中的得分和第一名运动员的得分差，通过计算转换成秒数，得出的秒数就是比第一名运动员晚出发的时间（得分与秒数的计算方法依照北欧两项竞赛规则），这样以此类推地出发后，第一个到达终点的运动员为第一名。

④自由式滑雪：自由式滑雪是由空中技巧、雪上技巧和雪上芭蕾三个小项组成，评分主要看竞赛者踏跳动作质量（时机、效果、飞起高度与距离等）、高空中动作的完成（正确性、优美平衡及完整性）、着陆时稳冲的能力和终点停止的控制能力

⑤单板滑雪：以滑行速度评定名次。正式比赛时选手抽签每两人一组，在平行赛道上进行两次预赛，第二次预赛要交换赛道。第一次比赛中落后的选手延迟出发，延迟的时间为第一次比赛落后的时间。第二次比赛中率先抵达终点的选手取胜。U 形池场地为 U 形滑道，比赛时竞赛者在音乐伴奏下在 U 形滑道内边滑行边利用滑道做各种旋转和跳跃动作，一般为 58 个造型，裁判员根据完成的动作难度和效果评分。主要动作有跃起抓板、跃起非抓板、倒立、跃起倒立、旋转等。

⑥雪车：雪车是一种集体乘坐雪橇，利用舵和方向盘控制在人工冰道上滑行的运动。比赛出发顺序由抽签决定，到达终点时，运动员须坐在雪橇上，否则不予计算成绩。选手可选择最理想的路线前进，以尽可能的减少比赛用时，比赛所用时间相加，均以时间少者为胜。成绩相等时，以各次滑降中成绩最好者为胜。

⑦速度滑冰和短道速滑：二者皆是冰上滑行竞速运动，即在规定的距离中用时较短的获胜

⑧花样滑冰：单人滑与双人滑比赛中，选手必须完成两套动作。选手必须完

成一系列必选动作，包括跳跃、旋转和步法等。竞赛名次由全体裁判打分的综合分最终决定。

⑨冰球：是多变的滑冰技艺和敏捷娴熟的曲棍球技艺的高度结合。比赛时每队上场6人，分别是3名前锋、2名后卫、1名守门员。运动员在被界墙围起来的冰球场内按规则运用滑行、运球、传球、射球、身体阻截等技术，在战术配合下相互攻守，力争用冰球杆将球射入对方球门。比赛进行中可随时换人，运动员犯规要受到离场2、5或10分钟以至更重的处罚。全场比赛分为3局，每局20分钟，中间休息15分钟。最终以射门得分多者为胜。

⑩冰壶：以队为单位，在冰上进行的一种投掷性竞赛项目。比赛分两队进行，两队各有四名球员，两队按一垒、二垒、三垒及主力队员的顺序轮流丢掷石球，以赛前双方掷点离圆心近者先掷。每队交替掷球，每人分别丢掷两球，八人共十六球之后结束。当双方队员掷完所有冰壶后，以场地上冰壶距离营垒圆心的远近决定胜负，每石1分，积分多的队为胜。（图3-12-1）

图3-12-1　布雷兹加洛娃——最美冰壶运动员

三、冰雪运动主要技战术及赏析

（一）主要技术

1. 雪上运动主要技术

①滑降技术，其中包括直滑降、斜滑降、横滑降、过起伏地段、突陡坡，以及在各种地段应采用的高、中、低姿势的滑行技术。

②转弯技术，转弯有大回转、小回转之分，速度、幅度都不一样，但总的基本技术、力学原理还是一致的。转弯的基本技术包括：犁式、半犁式、半犁摆

动、剪式、踏步、侧蹬、双板平行、双板平行跳跃、单杖或双杖支撑转弯以及单脚支撑跨步蹬动转弯等。

2. 越野滑雪主要技术

①传统式技术，要求运动员在比赛中的蹬动（包括两脚交替滑行、同时滑行、滑行中的开脚踏步、滑降以及转弯等）不得有任何的蹬冰式（即侧蹬）动作。

②自由式技术，对运动员蹬动动作不作限制。规则规定，赛会所设项目数传统式及自由式应各为一半。越野滑雪的基本技术和滑行方法，一般可分为平地滑行、上坡滑行、滑降和变换方向滑行。

3. 跳台滑雪主要技术

①助滑是为了在起跳端造成更快的初速度，以延长空中飞行距离的一种技术。在顺着助滑道的倾斜面前进时，运动员两腿尽量深蹲，上体前倾成流线型姿势，力求与雪面大致平行，以最大限度地减少空气阻力。

②起跳是整个技术动作的关键，起跳动作的好坏决定着运动员的成绩。由于助滑的最快速度可达每秒钟30多米。因此，掌握起跳的最佳时机是衡量运动员技术水平高低的主要标准。起跳用力的方法与跳高或跳远都不相同，确切地说，它不是跳而是两腿快速下蹬的动作。

③空中飞行运动员只有保持大胆、沉着、稳定和善于控制雪板的空中飞行姿势，才能获得理想的成绩。这时，运动员的上体应充分伸展，上体与下肢间稍有曲折，两雪板平行并与脚底呈锐角上仰，上体与雪板基本保持平行，两臂伸直贴放于身体两侧。

④着陆经过助滑、起跳和空中飞行，最后再完成正确成功的着陆动作，使整套运作连贯一致，着陆时，应具有弹性和稳定性，两脚成弓箭步前后分开，身体重量分别落于两脚，雪板后跟略领先于板尖着陆，两腿屈膝做缓冲，两臂左右平伸，以维持身体平衡。落地后，保持平衡姿势顺利滑到终止区，全部动作即算完成。

4. 冰上运动主要技术

短道速滑作为非常有影响力的冬季运动项目，越来越受到人们的重视。短道速滑主要技术有起跑、直道滑行、弯道滑行、冲刺和超越五方面组成。

①起跑技术，主要运用于短距离项目，也就是500m和3000m接力。起跑是使运动员在最短的时间内，完成从静止到移动并获得较高速度的过程。我国优秀短道选手的蹬冰角度和最大展膝、展髋角速度均偏小，建议在今后的训练中应加强冰刀对蹬冰角度的控制及下肢肌肉力量和爆发力的训练。

②直道滑行技术，在直道滑行基本姿势的基础上，两腿交替连续完成蹬冰、收腿、下刀、支撑滑行，并配合摆臂就形成了完整的直道滑跑动作。速度向前滑行能利用所谓"滑行技术"，即连续向前滑的同时针对冰的推进动作。

③弯道滑行技术，弯道滑行是短道速度滑冰最重要的技术。运动员在弯道滑行过程中，必须要紧贴弯道内圆弧雪线的切线即最短的滑行路线。因此，他就不可能像在直道上那样，利用蹬冰后身体获得的加速度向前惯性滑进，而是采用左右腿交叉、双腿都向右侧蹬冰的方式前进，只有这样才能使左右脚着冰时都能落在雪线圆弧的切线上。要使双腿都能向右侧快速、有力地蹬冰，运动员双脚之间不仅要保持最短距离即交叉压步，而且还要采用左肩明显低于右肩的方法来完成左腿的蹬冰动作，这就是运动员在弯道滑行时，左肩低于右肩、左右脚蹬冰的频率要明显高于直道的原因所在。

④冲刺技术，冲刺时短道速度滑冰运动技术中的重要组成部分，当临近终点且运动员相距较近时，冲刺可以起到决定性的作用。以送刀式冲刺为例，在接近终点的滑行过程中，将重心落在有利于克制对手一侧的腿上，将另一侧腿迅速前伸，保持平衡冲过终点。

⑤超越技术，影响短道速滑比赛成绩的因素是多方面的，包括运动员的身体素质、心理素质。在里道出弯道时超越的技术是增加前进方向的速度，特别是增加出弯道的步频来提高前进的速度。

5. 冰壶主要技术有投石和旋球两部分

①投石根据击打的目的可以分为：拉引击石。将冰壶石掷在得分区之前或得分区内；防卫击石。将冰壶石掷在拱线和得分区之间用来防御对手的冰壶石进入得分区；敲退击石。将冰壶石放在一个或是多个已经存在场上的冰壶石的前面；通道击石。当掷石者需要让他的冰壶石通过两颗或是多阻碍石时，他便需要掷出一个 ports shot（通道）；晋升击石，将一颗在得分区之前的冰壶石，由射石撞击到更接近得分区的中心；晋升移除掷石，一颗冰壶石被射石撞击之后，往后推近并碰击到对方的冰壶石，而使对方的冰壶石被驱离得分区或出局的射击；精彩击石，若希望将冰壶石掷到一颗卫兵石的后面，或是希望将一颗被保护很好的冰壶石击出场，有一种方式是将冰壶石丢掷去撞击一颗停在外围的冰壶石，然后让掷石转向朝目标方向前进。

②旋球就是在投掷的时候扭动冰壶把手，使冰壶旋转式前进。旋球的主要目的是击打被障碍球阻挡的对方冰壶，旋转可以使得冰壶在冰道上按照一条弧线前进，从而绕过障碍球而击打对方冰壶。这种投掷方法使得两冰壶碰撞的时候不能形成完全击打的效果，一般都是蹭到对方冰壶的边缘，或者形成轻微碰撞，使其

远离中心，同时使己方的壶更接近。

另外，旋球的另外一个目的就是直接从侧面击打目标，这样可以使得目标球横向被撞出冰道或者远离中心。避免因为纵向撞击导致对方球被撞出之后行进路线上碰到己方已到位的球。

（二）主要战术

1. 雪上运动战术

雪上运动的战术，主要指在比赛全程中，体力的分配及针对不同地形特点应选择不同的滑行技术方法。例如下坡路程占全程的三分之一，在下滑时，如果是在体力好的情况下，可以采用流线型的低姿势滑降，以便减少空气阻力，提高速度争取时间；但在体力不佳特别疲劳的情况下，或在地形复杂难度大的条件下，姿势就可以高些，使身体增加风的阻力，减低速度，以防跌倒而浪费更多的时间，同时避免产生烦躁的心理及消极情绪。

2. 冰上运动战术

短道速滑战术按性质可分为领先类战术、拖后类战术、破坏与犯规类战术、掩护与配合类战术以及心理战术等。

（1）领先类战术

领先类战术是战术发动者利用领先的优势，控制对手滑行速度占据有利位置或为了摆脱对手而采用的一种战术形式，包括领先滑行和扣圈滑行等具体战术手段。

①领先滑行战术：战术发动者为达到战术目的，在起跑和滑跑的过程中，抢占领先位置，按自己战术计划或根据场上变化保持领先位置。这种战术在短中距离比赛中常见。

②扣圈滑行战术：在比赛过程中，战术发动者采取"先发制人"的手段，利用对手不备或判断错误等，扣对手一圈，然后再用尾随滑行的办法来巩固领先的地位。这种战术在长距离比赛中常见。

（2）拖后类战术

拖后战术是战术发动者利用先隐蔽后出击的"后发制人"达到战术目的的一种战术手段，包括起跑拖后尾随滑行和盯人滑行。

①起跑拖后战术：为达到战术目的，战术发动者在起跑过程中，有意识地晚起动或慢跑动，造成起跑自然拖后的形势。

②尾随滑行战术：在滑行过程中，战术发动者为达到战术目的尾随对手滑行，以保存实力，寻找战机，战胜对手。

③盯人滑行战术：战术发动者针对某一特定对手进行跟踪、监视滑行，以达

到战术目的。

(3) 破坏与犯规战术

破坏与犯规战术是利用战术行动干扰破坏对手正常的滑行或战术实施，必要时甚至以犯规达到战术目的。如变速滑行战术、抢位战术、"舍卒保车"战术等。

①变速滑行战术：在比赛过程中，利用快、慢交替的变速滑行，干扰和破坏对手正常滑行的战术。

②抢位战术：在比赛过程中，为了达到某种战术目的而抢占有力位置，干扰对方正常的滑行或破坏其战术的实施。

③"舍卒保车"战术：为了给有竞争能力或有条件取胜及有利于达到某种战术目的的运动员创造更多的机会，而赋予同组另一名同伴特殊使命，以不断地抢位和变速滑行消耗对手的体力。

(4) 掩护与配合类战术

掩护与配合类战术多在同伴的配合下完成，通常利用同伴对对手采取的警戒牵制、压制和暗中保护等，保障某运动员达到战术目的。掩护与配合类战术较多，通常采用的有交替领滑、一档一过、梯形编队滑行等。

①交替领滑战术：为提高全程滑跑速度或合理分配体力，采用同伴之间相互领滑一定距离，构成交替领滑，以保存实力，占据主动而采用的一种战术配合。

②一档一过战术：一档一过是利用同伴在前面挡住对手滑行路线，使另一名同队队友由侧面超越的一种战术手段。

③梯形编队滑行战术：若干名同伴保护梯形（前后横向半错位）的队形滑行，挡住对手超越路线。在后外侧滑行的同伴可根据对手情况与同伴调整位置，以保持有利地位。

(三) 冰雪运动赏析

1. 雪上运动赏析

雪上运动是冬季奥运会的重要组成部分。雪上运动主要指借助滑雪板或其他的器具在雪地上进行的各种滑行运动。雪上运动主要有高山滑雪、越野滑雪、跳台滑雪、现代冬季两项滑雪、北欧两项、自由式滑雪、单板滑雪、雪车等。

雪上运动主要由不同的滑雪项目组成，而滑雪项目主要突出技巧性、灵活性和柔韧性。高山滑雪、越野滑雪、跳台滑雪、现代两项、北欧两项大多是竞速赛，因此赏析主要体现在运动员高超的滑雪技术上，可以在极短的时间内判断出最合适的下滑路线，巧妙地越过雪道上的障碍，在极限速度下维持身体平衡等。单板滑雪运动的赏析主要表现在对空中技巧的赏析，空中技巧的动作结构主要由4部分组成，分别为助滑阶段、起跳阶段、空中翻腾和落地阶段。运动员在超长时间的滞空中翻转身体，做出一系列让人眼花缭乱的高难度动作，来赢得比赛的胜利和人们的赞美。

2. 冰上运动的赏析

冰上运动主要指借助专用冰刀或其他器材，在天然或人工冰场上进行的体育运动，包括速度滑冰、花样滑冰、短道速滑、冰球、冰壶、俯式冰橇等。

速度滑冰和短道速滑是冰上滑行竞速运动，即在规定的距离中用时较短的获胜，因此速度滑冰的赏析主要是起跑技术与摆臂动作的欣赏。速度滑冰起跑技术包括正面前脚点冰起跑法和侧面起跑法，摆臂动作主要用于段中距滑行，在长距滑行中则较多采用单臂摆动。短道速滑主要是对直道滑行与弯道滑行技术的赏析。采用流线型的蹲屈姿势，直道滑行的基本技术在直道滑行基本姿势的基础上，两腿交替连续完成，形成周期性动作蹬腿—收腿—下刀—支撑滑行。弯道滑行基本姿势的外观结构是上体前倾，头部抬起，身体向圆心内倾斜，进弯道时右脚最后一步要进入直道和弯道交接处，左腿紧贴右脚下刀，指向切线方向，着冰时脚尖开始逐渐顺送，用外刃紧紧咬住冰面，左肩与新的切线方向一致。

3. 花样滑冰赏析

花样滑冰中是冰雪项目中最富有技巧性和观赏性的项目之一。花样滑冰运动员精致的妆容、绚丽的服装、优雅的姿态、惊艳全场的动作，带给人们运动美的享受。花样滑冰的赏析，主要集中在运动员的舞蹈动作、跳跃动作、空中姿态、是否平稳落冰等。对于双人滑来说，两者之间的配合默契程度也是欣赏的重点。

四、当前热点评说

（一）规则方面

①花样滑冰：2010 年 6 月，国际滑联大会通过决议，冰上舞蹈比赛包括创编舞和自由舞两个阶段。竞赛名次由全体裁判打分的综合分最终决定。

②短道速滑：2014 年 9 月国际滑联短道速滑技术委员会组织讨论会，对"滑跑规则"进行了重点修订，新规则将"肩并肩"修改为"半个身位"，超越者在进行超越时，至少领先被超越者半个身位才认定为超越成功，否则发生的碰撞判罚仍旧归咎于超越者。

③冰壶：自 2000 年以后，世界冰壶联合会每年都在修改冰壶规则，如超时问题、限制线的出现、暂停的使用、先后手的确定方式等。2019 年 10 月最新规则规定前 5 壶不能打出界，此前为 4 壶。

（二）代表人物介绍

①罗致焕，中国第一位世界速滑冠军。1963 年 2 月 24 日，当时只有 21 岁的

罗致焕在日本长野轻井泽举行的世界速度滑冰锦标赛上勇夺男子1500米冠军，并打破了男子全能世界纪录，成为获得第一个冬季项目世界冠军的中国选手。

②武大靖，2018年平昌冬奥会短道速滑男子500米冠军，中国男子短道速滑奥运金牌第一人。短道速滑男子500米世界纪录保持者、奥运会纪录保持者。2018年12月，被新华社体育部评为2018年国际十佳运动员。2019年1月，任中国奥委会委员。9月，获第七届全国道德模范"全国敬业奉献模范"。

③申雪和赵宏博，为中国花样滑冰队运动员。2010年2月16日，在合作18年后，终于夺得了中国体育史上首枚花样滑冰奥运会金牌。2011年10月11日，申雪和赵宏博获得2011年中国十佳劳伦斯冠军奖最佳组合奖。

（三）科技的应用

1. 科技运动服

花样滑冰作为冬奥会赛场上最具观赏性的比赛项目，不仅凭借流畅的高难度动作吸引着观众，比赛选手的服饰也是一大看点，不同于其他冬季运动的臃肿着装和装备，花样滑冰服更接近于舞台演出服。

匈牙利花滑运动员赫尔马·普朗克·萨博（Herma Planck Szabo）在1924年法国夏蒙尼冬奥会上身穿保暖长裙，更多的是为了保暖。

1928年的奥地利圣·莫里茨奥运会，运动员的裙子尺码在缩小，整体造型也不再臃肿。1936年加米施-帕滕基兴冬奥会上，长裙和臃肿的服装正式退出冰场，服装对于这项运动来说也越来越重要。

现如今广泛应用内置传感器的高科技运动服。它能够感应和追踪到肌肉纤维内部的活动，并通过应用程序告诉用户各个部分肌肉的运动状态。运动服使用的是在医疗领域已经应用了数十年的EMG技术（肌电图技术），当人移动时，收缩的肌肉纤维会发出导电信号，从而被记录下来。

2. 高科技冰壶

冰壶队的核心技术之一就是他们的刷子，刷子上装有传感器和一个记忆卡，这些装置可以记录下扫传手施加的向下力，刷子沿冰壶路线行进的距离以及选手们的身体素质等详细情况。这些数据通过电脑分析后，不但可以作为教练选拔队员的参考，更为重要的是，可以帮助改变运动员的感觉和技术，以达到增强实力的目的。

3. 仿真冰的应用

仿真冰是由高分子材料经过复杂的工艺设计和制造而成。模拟的冰层完全可以吻合，滑冰体验与传统冰面可达到96%的相似性，且不受冰场的面积、位置和气候环境的限制，它可以在室内和室外全年快速安装和拆卸。

第十三节 健美操运动

一、健美操运动概述

（一）起源与发展

健美操的起源应追溯到两千多年前。古希腊人对人体美的崇尚举世闻名。他们认为，在世界万物之中，只有人体的健美才是最匀称、最和谐、最庄重、最有生气和最完美的。古希腊人喜爱采用跑跳、投掷、柔软体操和健美舞蹈等各种体育项目进行人体美的锻炼。他们提出了"体操锻炼身体，音乐陶冶精神"的主张。

现代健美操是20世纪60年代初萌芽的。从美国太空总署医生库帕博士为宇航员设计的体能训练阿洛别克项目开始，健美操渐渐进入人们的视野。随着健美操运动的发展，健美操的种类日益丰富。1983年国际健美操联合会（IAF）举办了第一届国际健美操比赛，竞技健美操由此开始兴起。

图 3-13-1

健美操作为一项独立的体育运动项目是在20世纪70年代末，其明显的标志就是《简·方达健美操》的出版。作为现代健美操运动的发起人之一，简·方达根据自己的亲身体会和实践编写的《简·方达健美操》一书及录像带在美国畅销并在世界30多个国家出售。之后又创造性地推出一种利用专门器械进行健美操锻炼的新方法，称为"踏板健美操"。简·方达对健美操运动在世界范围内的流行和发展起到了巨大的推动作用。（图 3-13-1）

（二）主要赛事

1. 世界竞技健美操锦标赛

世界竞技健美操锦标赛是 FIG 组织的正式比赛。首届世界竞技健美操锦标赛于 1995 年在法国巴黎举行，同时还颁布了第一本竞赛规则——《竞技健美操评分细则》（Code of Points Sports Aerobics），有效期为 1994—1996 年。此后世界竞技健美操锦标赛每年举办一届，2000 年第六届后改为每两年举办一届，在双数年举行。

2. 世界健美操冠军赛

是国际健美操联合会举办的比赛，每年举行一次，迄今成功举办 15 届。选出谁是当年世界最高水平的竞技健美操运动员。

3. 全国健美操锦标赛

2000 年首届健美操锦标赛在江苏南京举行，不仅代表国内竞技健美操比赛的最高水平，也为出征世界健美操比赛的国家集训队成员提供锻炼机会。

二、健美操运动主要规则

（一）场地与器材

①赛台：赛台高 80～140 厘米，后面有背景遮挡，赛台不得小于 14 米×14 米。

②竞赛地板和竞赛区：竞赛地板必须是 12 米×12 米，并清楚地标出 7 米×7 米的单人、混双、三人的竞赛场地，以及 10 米×10 米的集体六人竞赛场地。标记带为 5 厘米宽的黑色带，是场地的一部分。

（二）主要规则

1. 着装要求

头发必须固定在头上；参赛运动员必须穿着让所有裁判员都能清晰辨认的白色健美操鞋和运动袜；女运动员可化淡妆；比赛服上禁止使用松散或附加的装饰；禁止佩戴饰物；比赛时，不允许穿带有裂口的衣服且不得露出内衣或打底衣；比赛服必须佩有本国的标志或者国徽；健美操比赛服不含有任何透明的材料；比赛禁止穿以描绘战争、暴力、宗教信仰为主题的服装；运动员身体禁止涂抹油彩。

2. 成套动作内容和时间要求

成套动作必须表现出健美操操化动作和难度动作的均衡性；手臂和腿部动作要求动作有力、定位清晰；整个成套中，运动员必须均衡、合理地使用场地空间；所有成套动作的完成时间都为1分30秒，有加减5秒的宽容度（不包括提示音）；必须配合音乐完整地表演成套动作，任何适合竞技健美操运动的音乐风格均可被采用。

3. 动作要求：

成套动作至少要包含以下各组难度动作各一个：

（1）A组——动力性力量（2）B组——静力性力量
（3）C组——跳与跃（4）D组——平衡与柔韧

最多允许做10个难度动作，可任意选择；但在国际（成人组）赛事中，0.1和0.2分值难度不计。

三、健美操运动主要技战术及赏析

（一）主要技术

健美操规则规定的7个基本步伐：

①踏步：两脚交替，不间断地做屈膝上提，然后踏地的动作，包括脚尖不离地的踏步、脚离地的踏步、高抬腿的大幅度踏步；

②吸腿跳：单腿跳起，同时另一屈膝向前、侧上提；

③踢腿跳：单腿跳起，同时另一腿直腿向前、侧方向踢出，包括小幅度和大幅度的踢腿；

④后屈腿跳：一腿站立跳起，另一腿小腿向后屈；

⑤弹踢腿跳：单腿跳起，同时另一腿经屈膝向前、侧方向弹踢；

⑥开合跳：并腿跳至开立，分腿跳至并立；

⑦弓步跳：并腿跳起，落地时成前（侧、后）弓步。

（二）主要战术

1. A组难度动作——动力性力量（俯卧撑、旋腿、分切、直升飞机与开普）

俯卧撑（分值0.1）、单腿后倒俯卧撑（分值0.3）；

单臂单腿俯卧撑（分值0.4）、文森俯卧撑（分值0.3）、提臀起（分值0.5）、提臀腾起转体180°（分值0.7）、直升飞机成文森（分值0.6）、托马斯全旋成后举腿文森（分值0.9）。

2. B组难度动作——静力性力量（支撑与水平）

一手前一手后的分腿支撑（分值0.1）、直角支撑（分值0.2）、直角支撑转体360°（分值0.4）、直角支撑转体720°（分值0.6）、后举腿静力文森支撑（分值0.2）、分腿高直角支撑（分值0.3）、高直角支撑（分值0.4）、直角分腿组合支撑转体360°（分值0.6）。

3. C组难度动作——跳与跃

跳转360°（分值0.3）、跳转720°（分值0.5）、转体360°团身跳（分值0.4）、团身跳成俯撑（分值0.4）、屈体分腿跳（分值0.3）、转体180°屈体分腿跳再转180°（分值0.5）、屈体分腿跳成俯撑（分值0.5）、科萨克跳（分值0.3）、转体180°科萨克跳再转180°（分值0.5）、屈体跳（分值0.3）、屈体跳转体180°成俯撑（分值0.6）、转体180°屈体跳再转体180°成俯撑（分值0.7）、跨跳（分值0.3）、交换劈腿跳（分值0.4）、剪式变身跳（分值0.4）、剪式变身跳转体180°（分值0.5）、纵劈腿跳成纵劈腿（分值0.4）。

4. D组难度动作——平衡与柔韧

侧搬腿平衡（分值0.1）、单足转体360°（分值0.2）、单足转体540°成垂直劈腿（分值0.5）、纵劈腿（分值0.1）、纵劈腿滚翻（分值0.3）、横劈腿前穿（分值0.3）、依柳辛（分值0.4）、无支撑依柳辛成垂直劈腿（分值0.7）。

（三）健美操运动赏析

1. 服饰、器械之美

运动员在表演时运用到的器械（如彩色的花球）都给人以美的感觉。器械的美充分展现了健美操运动的新内涵，也能够加深观众对健美操运动的喜爱程度，丰富人们的精神世界的享受。健美操运动的服装每一场都是不一样的，其目的不仅仅是为了展示服饰的美，更重要的是展现服饰与运动员协调的形体之美。健美操运动服饰的款式、颜色、风格都是设计师根据比赛或者活动的需要进行精心设计的，是设计师将健美操运动的理念充分融合的具体体现。此外，发带、胶圈等配饰也为运动员美的展现起到了一定的作用。

2. 运动员之美

健美操运动员一般形体均匀、肌肉发达、体魄健美，将弹跳力和柔韧性完美地结合在一起，在表演过程中充分地展现自己的身材美、素质美。特别是在表演过程中，运动员面带微笑将观众的情绪带到愉快、轻松的氛围中。另外，规定套路与自选套路的动作都是运动员在表演时充分展现高超技术的途径。

3. 教练员之美

优秀的教练员能充分激发运动员自身的潜力，提高整个团队的比赛激情。特别是教练员在进行套路的编排、音乐的选择上无不体现出教练员的执教风格、执教之美。

4. 音乐之美

健美操动作具有强烈的节奏性特点，并通过音乐充分地表现出来，因此音乐是健美操运动不可缺少的组成部分。健美操表演时运用节奏强劲有力、旋律优美的音乐烘托气氛，激发人们的情绪。健美操运动之所以深受人们喜爱，很重要的因素就是现代音乐给健美操带来的活力。健美操运动与音乐的强烈的节奏性使健美操练习更具感染力，使健美操比赛和表演更具观赏性。

四、当前热点评说

（一）规则方面

为了保证竞技健美操项目健康有序的发展和竞赛评分的客观公正，国际体操联合会每4年将会对竞技健美操的规则进行新一轮较大修订。到目前为止，已经制定了7个版本的评分规则。2017—2020周期年的最新版本规则中，难度动作发生了很大的变化，这体现在其编码和分值的分配上。相比之前版本的难度动作数量开始增多，分类也变得越加细致，逐步增加了很多新的难度动作。

（二）代表人物介绍

①简·方达，美国好莱坞著名影星，著名演员亨利·方达的女儿，出生于美国纽约。简·方达有"健美操皇后"之称，她首创的有氧健身操曾风靡全球。简·方达健身操、减肥食谱横扫女性世界，由她撰写的《简·方达健美操》曾经位居《纽约时报》畅销书排行榜首位长达32周，她本人也赚到1500万英镑的稿费。她是名副其实的现代健美操运动发起人之一，对现代健美操在世界范围内的流行和发展起到了建设性的作用，是现代风靡世界的健美操基础代表人物。

②敖金平，中国职业健美操运动员。2006年世界锦标赛男子单人操冠军。这也是中国健美操队在世锦赛上的第一枚金牌，实现了历史性的突破。多次代表国家队征战世界健美操锦标赛、健美操世界杯。职业生涯获得11项世界冠军。

（三）科技的应用

1. 新材料技术在竞技健美操鞋方面的应用

新型的专业健美操鞋主要采用的原材料是头层纯皮，延展性好；鞋帮和内部均采用高弹性的发泡材料，减震功能突出；鞋的中心被设计成镂空形状，有利于运动员在比赛中的脚尖下压动作的完成；鞋底采用特制的花纹橡胶，不仅有效提高了鞋的防滑性能，帮助运动员落地后获得更加牢固的支撑，而且其良好的透气性能保证了运动员脚部的干爽程度,从而减少了脚在鞋内滑动的程度;鞋底采用了一种被称为 EVA 的新材料,这种新材料具有突出的弹性好、减震效果强、柔软度高和耐腐蚀性强等,从而可以有效地吸收和缓冲来自地面的冲击力。

2. 新材料技术在竞技健美操服装方面的应用

早期健美操服主要由棉布材料做成,这种服装弹性差,对运动员身体束缚性强,不利于运动员完成高难动作。科技在健美操服的创新主要表现在两方面:一方面,在健美操服的设计上,通过科技手段对运动员运动过程等相关数据的模拟和仿真,从而制作出符合运动规律和特征的健美操运动服;另一方面,在运动服装材料上,采用具有更加轻便、透气性能更好、韧性更强、触感更舒服的新材料制作健美操运动服,更加有利于运动员完成各种高难动作。

第十四节　武术运动

一、武术运动概述

(一) 起源与发展

武术是古代军事战争一种传承的技术。武,本意就是拿起武器奔跑,去战争,去杀伐。习武可以强身健体,亦可以防御敌人进攻。习武之人以"制止侵袭"为技术导向、引领修习者进入认识人与自然、社会客观规律的传统教化(武化)方式,是人类物质文明的导向和保障。

旧石器时代,人类就用石器和木制的器具同野兽搏斗。旧石器时代后期,发明了弓箭。奴隶制社会,武术生产功能逐渐淡化消失。战国时代,武术有了娱乐活动和军事技术的双重性。殷商时期,出现了一些铜制武器(图3-14-1)。秦汉时期,盛行角力、击剑、比武、宴乐兴舞的习俗(图3-14-2)。唐朝,推行"武举制"。两宋时期,内忧外患,战火频仍,广大人民常结社习武求自保。元明两朝,分门别派。明代,是武艺大发展的时期,出现了不同风格的技术流派,器械也得到了发展。清代,统治者禁止练武,民间时期,则以结社形式传授武艺。民国武术的健身作用更为明确。中华人民共和国成立后极大地推动了武术的普及和研究工作。

"武术"一词的普遍使用,则是辛亥革命前后的事情。1923 年 4 月,上海举办了"全国武术运动大会"。1956 年,中国国家体委把武术正式列为比赛项目。1960 年,中国武术队开始出国访问表演。近年来,武术的动作和比赛的规则受到了一系列的改革。

图 3-14-1 铜制武器

图 3-14-2 项庄鸿门宴舞剑图

（二）主要赛事

1. 全国武术锦标赛

由国家体委举办的全国最高水平的武术竞赛。分武术套路团体赛、武术套路个人赛、武术散打团体赛、武术散打个人赛，太极拳、剑、推手三类比赛。

2. 世界武术锦标赛

每两年举行一届，由国际武术联合会主办，各武术会员国轮流举办。是世界武术界最高级别的国际大赛。所有参赛的国家或地区都须为国际武术联合会的成员。

3. 亚运会武术比赛

武术运动第一次进入亚运会是在 1990 年北京亚运会，随后也成为了第 14 届釜山亚运会的比赛项目。多哈亚运会的武术比赛共设 11 个小项，其中男子项目有长拳全能，太极拳全能，南拳全能，散打；女子项目有长拳全能，太极拳全能。

二、武术运动主要规则

（一）场地与器械

1. 场地

①散手比赛场地：为木（或铁）制平台。高 0.6 米，呈正方形，边长 8 米。台面铺软垫，软垫上盖帆布。台面中心画直径为 1 米的阴阳鱼图案，边缘画 5 厘米宽的红色边线，向内 90 厘米处画有 10 厘米宽的黄色警戒线。台下四周铺高 20～40 厘米，宽 2 米的保护软垫。

②太极推手比赛场地：为铺有地毯的平地。场地长 10 米，宽 8 米，中央画一直径 6 米（以线外沿为准）的圆，圆内画一直径 50 厘米的中心点。各线宽 5 厘米。

③长兵比赛场地：比赛场地呈长方形，长 14 米，宽 8 米。从长边中点画一平行于短边的中线，在中线两边各画一条距中线 2 米并平行于中线的准备线。

④短兵比赛场地：为铺有地毯的平地或铺帆布的软垫。圆形，直径 9 米，中央画直径 20 厘米的中心点。边线宽 5 厘米，场地范围以边线内沿为准。自边线向外 2 米以内设保护垫。亦可采用散手比赛场地。

⑤武术套路比赛场地：为平地或其上铺地毯。场地长 14 米，宽 5 米，沿四周内沿标明 5 厘米宽的边线。在两条长边的中点，各画一条与长边垂直的长 30 厘米的线段，作中线标志，线宽 5 厘米。

2. 主要器械

①刀：刀彩不得超过刀的长度，且不许带有任何附加物品。刀尖触地、刀身垂直。

②剑：由剑身和剑柄组成。剑身包括剑尖、剑刃、剑脊等；剑柄包括格、柄身、剑首等。

③棍：用白蜡杆制成。大棍长约 264 厘米。分为前段、中段、后段，棍根粗于棍梢。

④枪：有大枪、花枪、双头枪等，大枪和花枪均只一个枪头。双头枪的枪杆两端各一个枪头。由枪头、枪缨、枪杆组成。枪杆多用白蜡杆制成。

⑤鞭：分软鞭和硬鞭两类。软鞭由镖头、握把、若干铁节，用圆环连结构成，有七节、九节、十三节之分。硬鞭的鞭身上有十余个方形或圆形疙瘩，鞭头

稍细且尖，亦作握柄。

⑥钩：包括钩端、钩尖、钩口、钩脊、钩自身刃、钩直身背刃、月牙刃、月牙背刃、月牙尖、钩寸、钩柄、钩钻、钻尖等13个部位。

⑦叉：叉头只有两股锋，双头有三股锋，另有在叉头和叉尾装有铁片相击发声。

⑧戟：戟头由月牙刃、矛头和横寸成，矛头略高于月牙刃。截杆由杆身和尾尖组成。

⑨斧：斧刃成扇形. 斧背成长方形、正方形或凤尾形。斧背有孔，斧柄穿插其中。

⑩戈：有直向戈和曲内戈。还用于礼仪、祭典。戈胡上有孔，可穿皮筋或绳，固定在木柄上。

（二）主要规则

1. 个人项目和对练项目

完成套路时间为50秒至2分钟（太极拳、剑和功法项目除外），运动员演练至1分30秒时，由裁判长鸣哨提示。

2. 太极拳项目

①太极拳项目：完成套路时间为4～6分钟，运动员演练至4分钟时，由裁判长鸣哨提示。

②太极剑项目：完成套路时间为3～4分钟，运动员演练至3分钟时，由裁判长鸣哨提示。

③功法项目：完成套路时间为2～4分钟，运动员演练至2分30秒时，由裁判长鸣哨提示。

④集体项目：完成套路时间不得超过4分钟。

⑤集体武术综艺表演项目：完成套路时间不得超过6分钟。

⑥运动员比赛时完成套路的时间以裁判组的秒表所计的时间为依据。运动员比赛时裁判组用2块秒表计时。当运动员完成套路的时间不符合有关规定，同时裁判组的2块秒表所计时间又不相同时，以较接近规定时间的1块秒表所计时间为准。

三、武术运动主要技战术及赏析

（一）主要技术

1. 基本功

①腿功表现的是腿部的柔韧性、灵活性和力量等工夫；

腿功：正压腿、侧压腿、后压腿、仆步压腿、正搬腿、侧搬腿、竖叉、劈横叉、踢腿（正踢、侧踢、外摆、里合、后踢腿、前扫腿、后扫腿）。

②腰功表现的是腰部灵活性、协调控制上下肢运动的能力和身法技巧的功夫；

腰功：前俯腰、甩腰、涮腰、下腰。

③肩功表现的是肩关节柔韧性、活动范围的大小以及力量等方面的工夫；

肩功：压肩、单臂绕环、双臂绕环、两臂交叉绕环。

④桩功表现的是腿部力量和呼吸内息的工夫。

桩功：马步、弓步、虚步。

2．基本动作

手型：拳，掌，勾。

手法：冲拳，推掌，架拳，亮掌，格肘，顶肘。

步型：弓步，虚步，歇步，仆步，马步，丁步。

步法：击步，插步，垫步，弧形步。

平衡：扣腿平衡，仰身平衡，燕式平衡。

（二）主要战术

1．阴阳战术法

阴阳战术法是运用阴阳变化规律，先以冲拳攻击对方面部，再以抄拳攻击对方胸部或以虚拳佯攻其下，再以实拳攻击其上等方法，见机行事，随意发招，灵活机变。

2．刚柔战术法

出招进攻不宜软弱无力，而应准确、迅速、沉稳、狠且富有弹性，一旦抓住时机，要全身上下，内外合一，打击对方薄弱部位。正如拳谚所云："柔里有刚攻不破，刚中藏柔方为坚"。

3．虚实战术法

虚实战术在实战中运用得好坏，主要表现在"假动作"上。假动作目的是掩盖自己真正的进攻意图，只有做到虚中有实，实中有虚，才能够争取进攻的主动权，也就是"牵着对方走"。

4．进退战术

《孙子兵法》中说："进则容易退则难。"在实战中进要势如破竹，退要稳如处女。进退攻守，无不自然。

5. 潜避战术法

潜避战术法是一种闪战打法,通过快速敏捷的躲闪技术,来避开对方猛力进攻,趁对方旧力已去,新力未生之际。给对方以沉重的打击。脚下走的是对方两侧,在对方击空失重情况下用力击倒对手。

6. 乱环战术

乱环战术综合阴阳、虚实、刚柔、进退、潜避于一体,是一种没有固定形式的战略战术,使对方难以推测,无规律可寻,使对手无从下手。

(三) 武术运动赏析

1. 武术运动之器械、服装美

武术器械从外形上分为长、短、软、双4种。古代"十八般武艺"有多种不同分类方法,观赏者可以感受到形态各异的武术器械及不同演练风格(图3-14-3)。

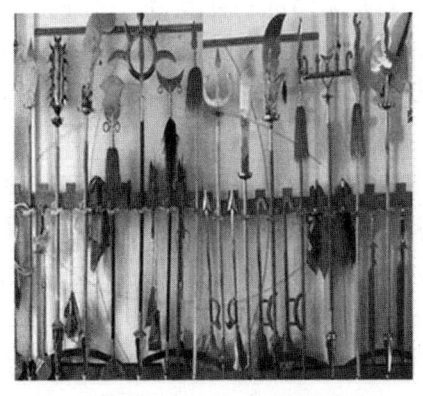
图3-14-3 武术器械

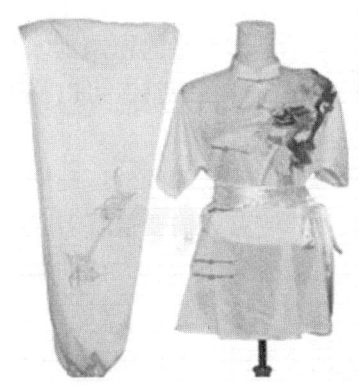
图3-14-4 武术服装

武术演练者通过适合项目特点的服装,显现出力量美和外在美。比如太极拳、长拳等项目运动员应穿着薄软与较宽松的衣服,而南拳运动员较适宜穿较紧身服装加束腰带或者不穿上衣。总之服装要和项目特点和传统风格相适应,给人以视觉上的震撼(图3-14-4)。

2. 武术运动之精神美

武术运动十分注重"精、气、神"的运用,这种独特的表现形式,使人们感受到表演者朝气蓬勃、奋发向上的精神。武术动作的每一个过程,身体的每一个部位,内在情感的抒发,都充分体现着练武之人的精神美,是武术的灵魂所在,使观赏者感受到灵魂的震撼。

3. 武术运动之素质美

（1）速度美

正所谓"天下武功，唯快不破"，武术演练者速度的快与慢，腰髋起着至关重要的作用。武术运动中的俯仰、开合、拧转、折叠、闪展、吞吐、旋腰、转腰等身法技巧，都要靠腰部来体现。因此腰部必须有很高的灵活性（包括协调和速度）、弹性和肌肉的控制能力（即柔韧和力量），有些武术套路及动作具有启动速度快、步伐稳健等特点，使观赏者对速度美有深刻感受。

（2）柔韧美

"刚柔并济"是武术运动非常重要的组成部分，优秀的武术运动员都有着非常好的柔韧性，可以自由伸展自己的四肢，表现出各种弧线，飘动的身姿给人以深刻的印象。武术演练者的每一个步伐、每一个出腿及每一个高度，都会使观赏者感受到惊人的柔韧美。

（3）力量美

力量是神经肌肉系统在工作时克服或对抗阻力的一种能力，可分为静力量和动力量。武术动作力量的控制力，某个动作固定的控制时间，控制的具体高度，都需要力量的支撑，观赏者可以从中感受到力量魅力所在，感受力量之美。

（4）耐力美

武术套路需要长时间的运动能力，演练者长时间克服疲劳坚持完成动作。一套完整的武术套路，需要演练者必须具备好的耐力和体力，具备良好的耐力素质才会给观赏者带来武术全方位的展示。

（5）灵敏美

武术演练者需要做出快速移动及快速准确的技术动作，比如武术中的对打表演可以给观赏者带来更大的惊喜和震撼，以视觉的冲击使其眼前一亮，尽享其中，真正感受到武术的灵敏之美。

4. 武术运动之技术美

（1）节奏美

武术套路有其固定的节奏，动作演练中具有动静、快慢、刚柔、虚实、起伏等矛盾变化特点。这些动作有的快，有的慢；有的刚猛有力，有的则是舒缓棉柔；有些是大开大合，有些却又细腻圆滑；有些动作翻跳腾飞，有些则低矮灵活……这些动作运动的不同形式都在套路中。观赏者的心理节奏也会随之变化，从而带来紧张、激动的感受（图 3-14-5）。

图 3-14-5 五禽戏——中国最早的武术套路

(2) 眼神美

武术演练者也要保持眼神与动作的一致，这在某种程度上可以说是一种"神似"，武术套路运动中对眼神、眼法的要求与其他体育运动项目不同。武术要求演练者以敏锐的洞察力、广阔的视野范围和迅速的摆头引导起、浮、转、折。眼神不可养成缥缈斜视，也不可有上下左右乱视，或手不随眼、眼不注手的毛病，必须要凝神于目，手到眼到，手眼相随。观赏者透过表演者的眼神，可以看出这个动作的力道，感受到心灵交流（图 3-14-6）。

图 3-14-6 拳法的动作表象

（3）协调美

武术练习者要求身体各个部位相互配合，才能完成整套动作。动作之间的顺序以及动作之间联系都需要协调性的配合。人体各个部位的相互支配与配合所呈现出来的就是协调之美，这种美可以使观赏者视野更加开阔，想象力更加丰富，使其停留在武术艺术美之中而不能游走。

（4）动作美

武术运动的动作表象是一种直观、现实和自然的模仿，对人体有调节作用，可以磨练人的意志品质，培养道德素养。武术动作的美体现在动作难度、创新和稳定，表现出练习者的气质、精神和情感。武术运动的表现形式和内容具有很强的艺术欣赏，给观赏者带来精神上的震撼。

四、当前热点评说

（一）规则方面

《武术套路竞赛规则与裁判法（2012）》和 2002 年的试行本相比，在动作的难度上并没有什么太大的变化，但是一些细节性得到了细化和量化，调整了难度动作的分值，对武术套路运动员提出了更高的要求，演练水平分值改成了 3 分，动作规格的分值改成 5 分，难度分值是 2 分（包含动作难度 1.4 分和连接难度 0.6 分）。在评分标准上去掉了一些含糊性的词语，扣分内容逐渐具体化，这在一定程度上增加了比赛的竞争性，刺激竞技武术套路运动的发展。在场地设置上，根据项目的不同对场地的要求也不同，场地更加科学化的设置提高了比赛的安全性。腾空、旋转、跳跃难度动作的不断升华，极大推动了武术运动向高、难、美、新项目方向发展，促进规则的修改使其更加标准化。门派众多，规则不断改进和完善，中国武术已走向世界，但至今未能进入奥运大家庭值得我们深思。

（二）代表人物介绍

①孙禄堂，名福全，字禄堂，晚号涵斋，别号活猴，河北顺平县北关人，孙式太极拳暨孙门武学创始人，中国近代著名武术家。在近代武林中素有武圣，武神，万能手，虎头少保之称。

②董海川，创立了以转掌为特征的新拳种，造就了一大学派，培养了一大批武术名家，影响了一个时代。

③李小龙，世界武道变革先驱者、武术技击家、武术哲学家、MMA 之父、武术宗师、功夫片的开创者和截拳道创始人、华人武打电影演员，中国功夫首位

全球推广者，好莱坞首位华人主角通过电影宣传武术，并成功走向世界的开拓者，同时又是恢复传统武术精神理念的实践者。

（三）科技的应用

武术比赛中，接受摄、录像机运动技术动作图像的输入，实际输入、分析、存储、检索、查询、传送多功能完善服务。照片、图片等静态图像可用扫描仪输入计算机。摄像机拍下运动员的技术动作后、送入系统，进行量化和采集关节点处理，按人体运动模型取下一幅人体关节点后，计算机自动把各关节点连接起来，构成一个人体框图。根据武术项目特定的分析要求，对各关节点构成的运动位移轨迹进行分析计算，这是利用运动生物力学法，从运动学角度对武术技术动作进行分析与评价，提出研究改进动作的意见，计算机在武术中应用范围越来越广，越来越深。

第十五节 跆拳道运动

一、跆拳道运动概述

（一）起源与发展

跆拳道起源于朝鲜半岛，早期是由朝鲜半岛的跆跟、花郎道演化而来。"跆拳道"一词，是1955年由韩国的崔泓熙所创。二战后，朝鲜自卫术再度兴起，逐渐与跆拳道融为一体。1955年4月11日，由韩国各界著名人士组成的名称制定委员会，通过无记名的投票，一致通过了崔泓熙提出的"跆拳"二字。由此，产生了"跆拳道"。

1961年9月韩国成立了唐手道协会，后更名为跆拳道协会，跆拳成为全国运动会正式竞赛项目。1966年第一个国际组织国际跆拳道联盟成立，崔泓熙被选为主席。1972年，国际跆拳道联盟总部迁到加拿大的多伦多。1973年5月，第一届跆拳道世界锦标赛在汉城举行，有来自19个国家和地区的选手参加。1975年，世界跆拳道联盟被接纳为国际体育联盟正式会员。1980年，国际奥委会正式承认了世界跆拳道联盟。跆拳道于1988年汉城奥运会时被列为示范比赛项目，于1992年的巴塞罗那奥运会开始被列为试验比赛项目，到2000年的悉尼奥运会成为奥运正式比赛项目。

跆拳道是一种利用拳和脚的艺术方法。它是以脚法为主的功夫，其脚法占70%。跆拳道的套路共有24套，其中最基本的是太极一章到八章；另外还有兵器、擒拿、摔锁、对拆自卫术及10余种基本功夫等。又增加了新型的跆拳道舞蹈健身等丰富跆拳道内容。跆拳道在全世界的组织主要分为两个体系，分别为国际跆拳道联盟（WTF）和世界跆拳道联盟（ITF），奥运会采用的是WTF体系。

（二）**主要赛事**

1. 世界跆拳道锦标赛

世界跆拳道锦标赛始于1973年，是历史最悠久的国际跆拳道大赛，每两年举行一届。2019年5月19日，中国队在本届世锦赛上一共赢得两金两银三铜，位列奖牌榜第三位，创造了参加世锦赛历史上的最佳战绩。

2. 世界跆拳道团体世界杯锦标赛

世界跆拳道团体世界杯锦标赛是世界跆拳道联盟在无锡创办并永久落户的一项赛事，也是世界跆拳道联盟推进跆拳道团体项目进入2024年巴黎奥运会的重要赛事。

3. 跆拳道奥运会比赛

跆拳道奥运会比赛跆拳道于1988年奥运会时为示范项目；于1992年的巴塞罗那奥运会开始为试验比赛项目；到2000年的悉尼奥运会成为正式比赛项目。

4. 跆拳道世界杯比赛

1986年举办第1届跆拳道世界杯比赛，该赛事每两年举办一届。

二、跆拳道场地装备特点

（一）**场地与器械**

1. 场地设施

跆拳道的比赛场地是一个10×10米的垫子，运动员在垫子上进行比赛（图3-15-1）。比赛时，两名对抗的运动员要穿跆拳道道服，系腰带，还要戴上头盔用以保护头部，并且穿上护甲、护腿等护具。护甲的颜色是红色或蓝色。护甲要穿在道服外面，头盔的颜色要与护甲的颜色相一致。其他自保护装备还有穿在道服里面的护裆、护臂和护腿。尽管这些护具的重量都很轻，但在比赛过程中，由于全身包裹严密，运动员仍会大汗淋漓。

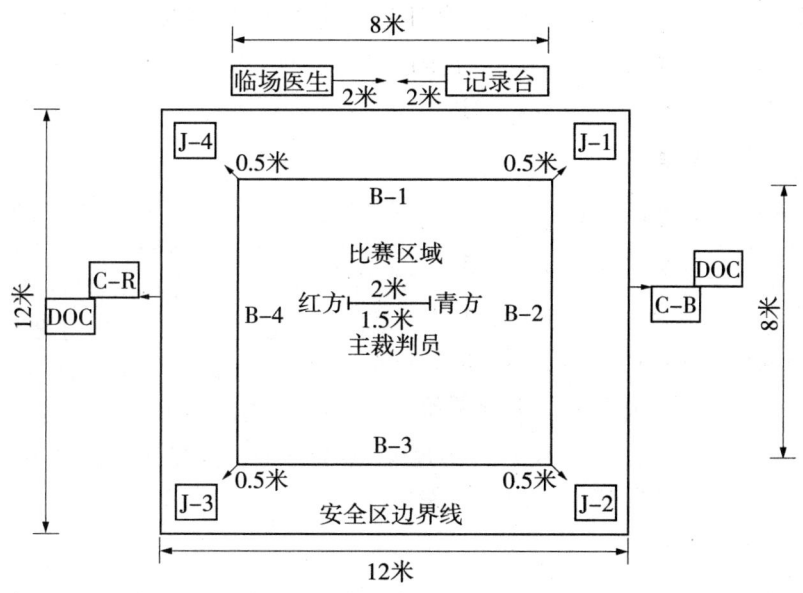

图 3-15-1 跆拳道场地布局

2. 器械

跆拳道运动员要穿跆拳道道服、系腰带，还要戴上护具包括：护胸、头盔、护裆、护臂、护腿、护齿、手套等。其中护裆、护臂、护腿应戴在道服内。护甲的颜色是红色或蓝色。护甲要穿在道服外面，头盔的颜色要与护甲的颜色相一致。

（二）主要规则

①跆拳道比赛中使用拳的技术时必须握紧拳，用拳正面的食指或中指部分击打；使用脚的技术时，必须用踝关节以下的脚的前部击打。这里需要注意，指、掌、肘、膝等技术只适合于平时练习或品势表演中使用，在比赛中禁止使用；抓、搂、抱、推等动作在比赛中也是禁止使用的，如出现，将被判罚警告一次，警告两次将被扣一分。

②跆拳道比赛包括两方——"Chung"（蓝）和"Hong"（红），双方以脚踢打对手的头和身体或用拳击打对方的身体而得分。比赛分三个回合，每回合三分钟，两回合之间休息 1 分钟。

③比赛开始前，裁判分别发出"cha-yeo"（分开）和"kye-sok"（继续）指令后，双方立正并相互鞠躬，然后裁判喊"Shi-jak"（开始），宣布比赛开始，对礼仪有严格的要求。

④犯规主要情况：A 转身背向对手逃避进攻 B 倒地、消极的躲避进攻的拖延时间 C 回避比赛 D 抓搂、抱或推对手 F 攻击腰以下部位 E 伪装受伤 H 用膝部顶

撞对手 I 用手攻击对手面部 J 越出边界 K 教练员、运动员的不良行为。

三、跆拳道运动主要技战术及赏析

（一）主要技术

①防守技术：在千变万化的竞技之中根据不同的对手，需采取不同的战术，只有掌握了扎实的防守方法，才能变被动为主动，改变赛场局势。防上段时手的技术有多种，大多采用两手握拳，以手臂去格挡防开对方进攻的基本动作。防中段的技术较多，根据手形与防守方法有所不同。防守动作一般由外侧向内侧侧挡，也可由内向外抵挡。防下段把碰撞置于下腹处，以防对方的下面攻击，抬拳时手背向外，放下时拳背向，上基本与地面平行，使用的部位是手腕的外侧。

②进攻技术：跆拳道的攻击方法虽然很多，但是常用的技术主要有：拳攻法、掌攻法、踢法、踹法等。

（二）主要战术

①利用假动作或假象战术：用逼真的假动作或假象欺骗对手，引其上当，分散其注意力，使其露出破绽，利用这个机会猛烈攻击而得分。

②心理战术：比赛开始前，利用情绪、动作和表情等感慑对手，比赛中用气势压倒对手，或利用规则允许和基本允许的各种手段，干扰对方情绪。

③先得分战术：比赛时利用对方立足未稳或未适应比赛的机会，主动先得分，然后，立刻转入防守，以静制动。

④体力战术：对于耐力好的运动员来说，要充分发挥体力比对方要好的优势，让对手和自己一直处于运动之中，与对方比拼体力，耗掉对方的体力而战胜对手。

⑤规则战术：在竞赛中，有规则限制模糊的地方，可以利用规则允许或基本允许使用的各种的制胜办法攻击对手。

⑥击倒战术：利用自己的得意技术或对方失误的机会，重击对手头部，使对方被击倒不能继续比赛。

⑦乱打战术：在得分落后而且比赛时间不多的情况下，靠乱打偶然得分。但一定要注意利用技术和战术，注意防守；在乱打中偶然有机会击倒对手，利用这种偶然性得分或取胜。

⑧步法战术：利用自己步法灵活和动作敏捷的优势，围绕对手游斗，引对手上当或扰乱其情绪；待对方反击时又迅速撤退或靠近对手，扰乱对手的情绪和攻防意图，破坏对手进攻而战胜他。

⑨空间战术：充分利用赛场的空间，攻击对手不同的得分部位或同一部位，或故意露出某一部位引诱对手进攻，实行反击

⑩迫使对方失分战术：比赛时规则限制，给对方制造陷阱，迫使对方犯规而失分。比如引诱对方到场地边缘（警戒线或限制线），然后利用猛攻迫使其出界，使对方被警告被扣分。

（三）跆拳道运动赏析

1. 跆拳道运动之品势美

跆拳道品势把腿法、步法、手法、拳法、格挡等基本动作进行编排和组合，从而形成固定套路。跆拳道品势在演练过程中体现着动作美、节奏美、气势美及精神美等特征。每套品势都有固定的起势和收势，并且每套品势都有其各自的沿走路线和文化内涵。品势的每一个动作都有严格要求，从什么位置开始到什么位置结束，每一个动作都有其美的动作标准。跆拳道品势在演练中，在做某个动作时，肢体的某一部分快慢、轻重变化及动作时间间隔长短，都是有要求的，而且每一套品势都有属于自己的音乐，时而缓、时而急、时而轻、时而重，具有很强的节奏感。每套品势在演练过程配合着发声。发声是表现气势一种很好的方式，要求小腹发力，声音短促响亮，增强品势的气势之美。演练过程中展现着跆拳道的精神所在，非常讲究礼仪精神。大多数的品势动作都是以防御为先、攻击为后的，这显示了跆拳道的礼仪精神和君子之拳的道理，彰显着跆拳道精神之美（图3-15-2）。

图3-15-2 太极七章

2. 跆拳道运动之特技美

大众跆拳道特技跟竞技跆拳道在实战中有差别,特技更加注重观赏性和表演性。跆拳道特技的精彩取决于弹跳、柔韧、动作的标准熟练程度。那些动作不全是真功夫,但也并非弄虚作假。

跆拳道特技包括基本动作、套路、对打、防身术等,技法包括手技、脚技、步法等,要求练习者具有很强的基本功,比如弹跳力、协调性等。

跆拳道的表演以腿法为主,结合自身的特长可以表演出很精彩的动作,如腾空上踢、腾空抡踢、腾空侧踢飞人、360°抡踢单脚落地等,这些都是跆拳道表演中很精彩的动作(图3-15-3)。

二段同时踢　　　　　　　　　腾空后踢

图3-15-3　二段同时踢和腾空后踢

跆拳道特技就像表演杂技一样,动作难度高、给人以捉摸不透的紧张感和震撼感,时刻牵动着观赏者的视线和注意力,给人以美的享受。

3. 跆拳道运动之跆舞美

跆拳道舞是一个新兴的跆拳道健身项目。跆拳道舞的音乐节奏感可以很强烈,也可以很舒缓,也可以把两者结合,根据选定的跆拳道音乐把跆拳道基本腿法、拳法、步法巧妙地贯穿起来,当然也可以融合其他的流行舞蹈,但必须保证跆拳道基本技术占整个舞蹈内容的三分之二以上。

跆拳道舞蹈的着装只有两个要求,一是穿道裤,二是系道带,二者缺一不可。上身可以佩戴各式各样的帽子,做各种发型,甚至还可以戴上酷酷的手套。

跆拳道舞蹈的服装不受约束,而且适应于不同年龄段、不同体型的练习者。少年和幼儿的音乐都比较舒缓,节奏比较缓和,动作比较简单;青年和成年以后动作幅度、动作连接的难度会逐步增加;到了老年,难度又会趋于简单,音乐节奏趋于缓和。跆拳道舞蹈给人以很强的节奏感,用肢体展现意境和情感,从而给观看者展现一种刚柔结合的美,给人以精神上的震撼美和肢体上的极限美。

4. 跆拳道运动之精神美

跆拳道精神包括礼仪、廉耻、忍耐、克己、百折不屈（图3-15-4）。

图3-15-4　跆拳道精神

跆拳道运动让我们感受到积极、奋进、刚毅、勇敢的胸襟，其精神深深渗透在跆拳道这项运动中，流露着令人震撼的精神之美，无论学习者还是观看者都能感受到跆拳道文化精神的魅力。

（四）跆拳道运动之礼节美

跆拳道练习虽然是以双方格斗的形式进行，但是不管它怎样激烈，始终倡导"以礼始，以礼终"的跆拳道精神。跆拳道运动给人带来礼节上的震撼之美，让人产生精神上的敬畏之感。

1. 练习时礼节

练习者进入场地时，首先向老师敬礼。练习前双方应相互敬礼，练习后再次相互敬礼。

2. 赛前礼节

运动员依照主裁判"立正""敬礼"命令，立正向陪审席行标准礼，标准礼为鞠躬的自然姿势，腰部前倾15°，头部下倾45°，两手握拳贴于双腿两侧。运动员依主裁判"向左向右转"的口令，内转相对，立正站好，再依"敬礼"的口令，相互敬礼。

3. 赛后礼节

比赛结束时，运动员在各自的位置相对站立。运动员依主裁判"立正""敬礼"的口令，相互敬礼。运动员依主裁判"向左向右转"及"敬礼"的口令转向监督官，向监督官行标准礼。

（五）跆拳道运动之竞技美

竞技跆拳道是双方练习者按照一定的规则，通过使用各种跆拳道技术以战胜对手，从发声气势、步法转换等方面，具有良好的精神风貌，才能发挥其拼搏精神面貌。顽强拼搏、竞争让观众感受到惊心动魄，具有很强的观赏性（图3－15－5）。

图3－15－5　对打分解图

四、当前热点评说

（一）规则方面

跆拳道新的竞赛规则：一是采用新赛制，"三局二胜制"，每局独立记分，如一方运动员被判5个扣分，另一方运动员将获胜本局，每局分差20分。二是判罚采用世跆联新赛制与判罚，对于猴踢、鱼踢、蝎子踢一律严判，提膝垫二步必须判罚，对于分开后进攻、攻击倒地的运动员都增加手势，所有除倒地以外的判罚都有手势。三是分值的改变，旋转技术击中躯干部位，从以前的三分升为4分，旋转技术击中头部，从以前的4分升为5分；扣分行为从以前的双脚越出边界线，改成单脚越出边界线就要被判罚，犯规后得分从以前的先摸分，后判罚改成先判罚后摸分。分值的改变对运动员身体机能又提出了更高的要求，对训练方法手段的选择要求更有针对性。

（二）代表人物介绍

①崔泓熙将军，跆拳道创始人，把跆拳道发展成了符合现代人品味的健身防

身的武道。现在崔泓熙将军领导着在全世界拥有 120 多个会员国家和地区的国际跆拳道联盟。

②陈中，中国女子跆拳道选手，2000 年悉尼奥运会，在女子 67 公斤以上级比赛中首次夺得奥运会跆拳道比赛的金牌。2004 年雅典奥运会，再次获得女子 67 公斤以上级金牌。2007 年第五度出征世锦赛——北京第 18 届跆拳道世锦赛，并在女子 72 公斤以上级夺得个人世锦赛的首金之后，成就了其跆拳道生涯的大满贯，暨奥运会、世界杯和世锦赛的三冠王。

③吴静钰，2006 年夺得了中国亚运会历史上第一块跆拳道金牌；2017 年 9 月，吴静钰荣获"最多跆拳道女子金牌（轻量级选手）"吉尼斯世界纪录称号。

④赵帅，是中国在跆拳道小级别上的突破。2016 年获得巴西里约热内卢奥运会跆拳道男子 58 公斤级冠军，实现中国男子跆拳道奥运会金牌零的突破。2017 年 6 月，夺得 2017 年世界跆拳道锦标赛男子 63 公斤级冠军，这是他首次获得世锦赛冠军，也是中国男子跆拳道首枚世锦赛金牌。

（三）科技的应用

目前，在跆拳道比赛中，使用电子护具，是区别于传统跆拳道护具的，具有感应打击并自动计分的特点。电子护具包括躯干护具和电子感应袜，装有电子感应芯片，当运动员踢中对方有效部位并达到一定力度时，感应区就会回传得分讯号，分数就通过无线电的方式传输到记分牌上。

第四章 竞技体育运动美的赏析

第一节 球类运动赏析

一、篮球——激烈对抗，激情四射

（一）肌肉发达、彪悍健美的身体形态

现代竞技篮球运动逐步向"大型化"方向发展，运动员身材高大、体形匀称，躯干短、四肢长、关节灵活，上肢手大臂长，下肢大腿粗小腿细，肌肉发达、彪悍健美，既具备了大个子的优势，又不失小个子的灵活敏捷，从而将惊人的弹跳力与极好的柔韧性完美地统一在一起，向世人充分展现了他们的身体形态美。

（二）力、技、智一体的对抗

篮球场上的对抗是指合理利用身体接触，主动争取空间、时间、位置的优势，创造进攻或防守的有利条件。篮球运动的魅力就在于在特殊地面区域和空间位置进行短兵相接的近身攻防，球场一切拼抗行动都围绕着空中的篮筐来进行，所以要树立全方位对抗的观念。以力对抗、以技对抗、以智对抗、防中寓抗、抗中求攻、守中有抗和抗中有守，已是现代篮球竞赛中对抗的基本特点之一。

首先，在对抗中，人们欣赏到篮球运动员力量的雄壮，感受到运动员技艺的灵巧和智慧的敏锐。所以，篮球运动吸引人的地方在于它的对抗性。篮球运动要求在对抗中展现强者的风范，篮球运动的壮美得到充分的体现。比如前英国男子篮球职业联赛超级中锋奥尼尔，在篮下接球后经常是在防守队员的贴身防守下，利用身体强行挤出一定空间扣篮，很多时候甚至在对方拉扯的情况下把球扣进篮筐。篮球比赛中这种强力对抗下的美不胜枚举，充分展现了篮球运动的力量和精神，绝对是让人赏心悦目的。

其次，对抗并不仅仅指靠自己的力量去挤、扛、顶等纯粹粗暴的形式，更重要的是懂得用力的技巧，掌握用力的时机以及如何利用对方的力量等。运动员只

有在对抗中懂得运用技巧才能够更加完整地诠释篮球运动的对抗意义所在。譬如，运球的挤压急停跳投技术，可以在挤压防守队员后远离对手投篮，但是这时防守队员仍然有机会上步防守。最理想的动作应该是，进攻队员利用防守队员对挤压动作产生的反作用力，起跳压迫投篮，使防守队员不能跳起防守。防守队员也是一样，在防守强力中锋强攻篮下时，可以先主动用暗劲顶住对手，然后突然卸力，造成对手失误，以达到防守的目的。这样把力量和技巧结合起来，能够达到更好的功能效应，不仅能有效提高对抗的效率而且能更好地把对抗美展示出来，使篮球运动的对抗美在力与技的结合中得到完美体现。

第三，对抗是运动员之间智力的对抗。对抗中运动员智慧的运用可以使他们更加主动地应付比赛中的复杂情况。通过运动员智慧表现出来的力与技更加具有变化性、迷惑性。在力与技结合的基础上，运动员在对抗中运用智慧能够为自己的胜利创造更有利的条件，同时也能够充分体现对抗中的智慧美。譬如，运动员运球到篮下，此时防守者仍然占据防守位置，但进攻队员急停后做投篮的假动作，诱使防守队员失去重心，从而获得投篮机会；队员运球突破上篮，防守队员上前封盖，进攻队员利用传球的假动作诱使防守队员重心转移而失去防守位置继续运球上篮。对抗中运动员智慧的运用使得对抗变得更加具有生命力，双方在一攻一守间演绎着篮球的"神话"，使对抗的观赏效果得到最大程度的体现。观众欣赏篮球的对抗美时可以感受到蕴含在对抗中的运动员智慧。

图4-1 篮球场上的对抗

在观赏篮球比赛时，人的优美感的产生源于篮球比赛所展示出来的运动员优良的体形和出众的体能，以及运动员表现出来的优秀的个人技巧和球员间富有创意的战术配合（图4-1）。与其他运动项目相比，篮球运动在地面与高空、时间与空间的争夺中，更具有观赏价值。"飞人"乔丹以他惊人的弹跳力、令人难以置信的空中滞留和滑行式飞身扣篮的绝技，给观众留下了难以忘怀的视觉享受。1992年巴塞罗那奥运会上中国"梦之队"的参赛，将篮球运动带入了一个梦幻般的境界。赛场上，"梦之队"的进攻战术简洁明快，善于单兵作战，衔接投抢战术，抓住瞬间时机，突破得分，传中有投，投中有传。掩护队员挡拆配合，以巧制敌，勇中取胜，个人进攻中伴随着同伴的插上和跟进，有拉开、有接应，如一台精准的机器自如运转，令人拍案叫绝。防守时外线队员近身防守，内线贴身防守，抢、打、断、盖等技术广泛应用，气势凶猛的全场区域夹击、区域紧逼或半场扩大人盯人防守战术交替使用，气势如虹，所向披靡，充分显示了他们进攻与防守的威力。让人们饱赏到短兵相接、激烈拼抢的美和勇猛拼搏、团结一致、意志坚定的精神力量。总之，篮球运动的技巧足以让人大饱眼福。

（三）技能与体能的完美结合

篮球技术动作是人以手直接持球、控球并以全身协调配合组成的专门动作。众所周知，手是所有人体运动器官中最灵活、最快捷、最精确的部位。用手直接去完成动作时，在方向、力量、速率、节奏等方面变化的精确性、突然性、可控性等都大大优越于其他部位。那么，篮球技术动作要规范有效、更具美学特点就必须在全身协调一致的基础上提高手对球的控制能力。

技术动作是一个完整连贯的有机整体，可能由不同的技术环节组成，需要不同身体部位的协调配合。身体的协调配合有利于完成动作，也有利于体现动作形态美。譬如，双手胸前传球技术，如果只强调手的动作，忽视脚蹬地的用力过程，则传球的距离肯定受到相应的影响，动作给人的感觉也是不协调的。原地单手肩上投篮动作，是最能体现全身协调用力的技术动作之一，上下肢用力速度不一致、身体后倒等一系列身体不协调的因素直接影响投篮命中率。所以，在竞赛中不能片面强调某一动作环节，要保证动作准确流畅地完成需要全身的协调配合。

篮球运动中手是运动员唯一合法接触球的部位，他们只能用手来处理球，通过手控制与支配球去完成进攻与防守的任务，体现篮球运动的美。一次传球能不能准确地交到队友的手中，一次投篮能否命中篮筐等关键都取决于手对球的控制能力，正确利用手对球的控制力能够创造出无数令人惊奇、心旷神怡的视觉冲击。譬如，运球过人时，反复利用身体的晃动与双手连续的交换按拍球，突破防守队员，让人惊叹的是运动员全身协调与手对球的控制力所展示的动作形态美。我们常见到比赛中，运动员在身体重心严重失去平衡的情况下最后出手，球进了篮筐。那一刻，我们会忍不住为那完美的瞬间欢呼、惊叹，被运动员由手对球的控制力所创造的美深深地折服；那一刻，我们会觉得篮球运动仿佛魔术一般令人赏心悦目。

篮球运动是一项高水平的竞赛运动，运动员必须具备熟练的技能与全面的体能才能适应竞赛过程中复杂的情况。运动员把球投进篮筐需要正确的投篮手法，把球传给队员需要正确的传球手法，运动员在不同情况下处理球需要各种不同的技能。但是体能是保证运动技术完成的必要条件。力量素质是完成动作的基础，缺乏力量的动作给人一种软弱无力的感觉。速度素质是完成动作的关键，缺乏速度的动作留下的是一种拖泥带水的感觉。缺乏柔韧素质的动作给人僵硬的感觉，缺乏灵敏的动作给人感觉迟钝。运动技能必须和体能结合起来才能达到技术效果的最优化，才能把篮球运动中的动作形态美充分地展示出来。因此，技术与体能地完美结合展示的动作形态美是篮球运动的又一种可赏之处。

（四）配合默契，灵活多变的攻防战术

篮球战术配合产生的欣赏价值在于人们能够通过它感受到集体协调一致的配合行动，能够感受到运动员的篮球意识水平，能够感受到教练员的智慧。战术配合的多样性可以使篮球运动更加具有变化性，更加具有欣赏性。一套成功的战术配合能够更加完美地展现篮球运动的技术、体能、意识，为篮球运动技术提供了一个展示的舞台。队员的均衡落位、穿插跑动体现了篮球运动的层次性和变化性，简单的技术能够在队员的穿插跑动中显得更加富有变化，不仅加强了运用的效果，而且增加了技术的美感。战术配合的变化美不仅体现在战术配合方法的变化上，而且体现在运动员战术意识的水平上。

篮球竞赛过程中，场上情况千变万化，原定的战术配合不一定能适应场上突然出现的变化。实战中运动员的战术意识水平应该起到一定的调节作用，对于执行战术过程中出现的意外情形应该审时度势，快速地做出正确的决定。这种战术意识加强了战术变化的灵活性，使得观众能够欣赏到更多精彩的战术配合。战术配合的多变性使得篮球竞赛充满着不可预测性，可以充分体现教练员的智慧。比赛时，双方的实力水平不再是衡量胜负的唯一标准。因为，教练员临场战术的运用在很大程度上影响着比赛的结果。正确的战术配合可以最大限度发挥运动员的能力，可以把运动员联结成一个整体。由于战术配合的整体效应，运动员团体在比赛中发挥出的能力优于运动员个人能力的简单相加，最终赢得比赛的胜利。

（五）技术风格体现出鲜明个性

运动员由于身体、技术、思想等存在着个性差异，运动员鲜明的个性展示着自己独特的技术风格。这里的个性指个人技术特点、个人思想力、个人创造力等在篮球竞赛中给人的观赏性的反映。这种观赏性主要体现在技术风格上。运动员

的身体条件制约着个人技术风格。不同的运动员具有不同的外在身体条件，只有适合自己身体条件的技术才是最有效的技术，才是能够带来观赏性的技术。这也是篮球运动有前锋、后卫、中锋位置差异的原因。我们不能够要求中锋像前锋和后卫一样运球突破过人，也不能够要求后卫像中锋一样在篮下强打。譬如前美国男子篮球职业联赛超级中锋奥尼尔，就是根据自己的身体条件塑造出来的强力型中锋，在比赛中更多的是利用身体的优势去强打。姚明则是典型的技巧型中锋。两人同样是中锋但技术风格完全不同，但是两人同样深受篮球运动爱好者的喜爱。其原因就是两人拥有自己独特的技术风格，能够给人鲜明的个性感受。

运动员不同的技术特长使运动员具备迥异的个人技术风格。俗话讲"尺有所短，寸有所长"，全能型的运动员也只是相对而言，其必然有最擅长的技术。竞赛中，特长技术更有利于发挥运动员的优势，由于特长技术的不断运用，运动员在竞赛中慢慢形成与特长技术相吻合的个人技术风格。譬如我国前男子篮球职业联赛球星刘玉栋，就是以中远距离投篮准而形成了自己的投篮技术风格，在比赛中他一般采用标准的急停跳起投篮技术动作得分。前美国男子篮球联赛球星穆托姆博，因为自己擅长防守，而进攻能力相对较弱，在比赛中逐渐根据自己的特长形成了强悍的防守技术风格。穆托姆博的防守技术风格不仅为自己在赛场上赢得了一席之位，且其独特的技术风格也为观众赞许。

不同的篮球思想和篮球理念使得运动员拥有不同的想象力和创造力。只有具备丰富的想象力和创造力，运动员的个性才会更加突出、更加鲜明，相应表现出来的技术风格也才会更加让人耳目一新。譬如美国男子篮球职业联赛球星纳什，其高超的传球技艺不仅帮助同伴创造进攻机会，而且使人有眼花缭乱的感觉，让人惊叹篮球竟然可以有这么多的传球方式，其意想不到的传球时机、方式无疑是其篮球思想和篮球理念的结晶。同时，观众能够感受到他鲜明的个性，欣赏到由此表现出来的独特的技术风格魅力。

二、排球——凌空霹雳，酣畅淋漓

（一）从游戏演变而来

游戏是人类心理和生理的一种需求，也是审美的需求。18世纪著名德国古典美学家席勒在《审美教育心理》中曾经这样论述人与游戏的关系："只有当人充分是人的时候，他才游戏，只有当人游戏的时候他才完全是人。"他认为人们为了释放自己过剩的精力而去游戏，当游戏与想象力结合并试图创造自由的形式时，便上升为审美的游戏。纵观体育发展史，许多竞技体育运动都是从游戏发展演变而来的，只是发展到现在都是有组织、有目的、按照统一规则进行的"游戏"。

排球运动诞生之初,是作为一种娱乐性的游戏被人们所接受的。尽管当初在技术上还不成熟,也没有统一的规则,但人们在简单的击球游戏中已经感受到了在其他运动中未曾有过的乐趣。当排球技术随着人们的想象力和创造力而不断发展和演变时,排球运动就上升为一种审美的游戏,因为人们从排球运动中感受到了生活中的惊险、刺激、快乐和满足,这就是排球运动带给人们的心灵的享受。尽管现代排球运动的技术与战术已经发展得非常成熟,但是其具有的游戏特征仍然十分鲜明和突出。

（二）技术灵活多变,出其不意

1947年4月,国际排球联合会在巴黎成立。此后各种国际间的排球比赛越来越多,推动了排球运动的普及和发展。特别是20世纪80年代以来,社会化和商业化运作,使得排球运动的竞技化程度越来越强,竞技特征越来越突出,推动了排球技术与战术的快速发展,使得排球比赛的激烈程度及观赏性都有了很大的提高。

排球运动不借助任何器械,完全凭借各种不同的击球技术将球击入对方场地,这是排球运动区别于其他球类运动的主要技术特征之一。因此,运动员必须具备准确的判断力、快速的移动能力以及娴熟的击球技术,才能击破对手的防线。

比赛中运动员不仅运用灵活的双手和手臂击球,还可以借助头、肩、膝、腿、脚等部位完成各种击球,这是排球独有的特权。这不仅为排球运动员提供了更大的技术发展空间,也为排球运动的技术创新创造了条件。

由于在空中击球,击球的时间必然非常短促。排球运动自问世以来,其竞赛规则始终不允许球在击球部位有过长时间的停留,否则为持球犯规,这是排球运动的又一技术特征。运动员必须在极短的时间内对来球的力量、速度、角度、落点等因素做出迅速判断,并将来球击向理想的目标,充分展示了排球运动员速度与智慧的完美结合。这一特点增加了排球比赛的悬念,充分体现了排球运动的魅力,使得排球运动具有非常高的观赏性。

（三）协调配合的战术

排球运动区别于其他集体性运动项目的另外一个技术特征就是对击球次数的限制,比赛双方的每一次战术配合过程只能够在3次击球中完成。这就要求运动员必须熟练掌握各种击球技术,排球比赛中的各种巧妙配合无不展现出运动员高超的技术与战术水平以及队友之间的默契合作程度。

排球的技术特征是审美过程中的重要元素,因为排球技术的掌握实质上是对人的本质力量的检验。在这些技术特征中，不仅包含着对人的力量、速度、敏捷、时空感、协调性等身体素质的严格要求，同时也是对人的判断力、想象力、创造力以及心理承受能力的综合测试。技术难度越高，对人的挑战就越大；越是富于挑战性的技术，越能激发人们的征服欲望与拼搏激情。

（四）节奏明快鲜明

排球运动的节奏特征非常鲜明，运动中各种技术的运用、不同战术的实施都会产生丰富的节奏变化。比赛中不同的节奏变化，赋予了排球运动顽强的生命力和感染力。运动员扣球时节奏明快的助跑和积极有力的起跳，由一传、二传和攻手组成的各种高快结合的进攻配合，比赛双方攻防转换中的各种来回球等，无不带有非常鲜明的节奏特征。即使闭上眼睛，人们也能凭借击球声音的节奏变化感受到排球比赛的激烈和精彩。

运动员在比赛过程中不仅能够充分感受这种鲜明的节奏变化，还可以通过控制比赛节奏，稳定局势，激发同伴的斗志，在心理上压制对手，从而获得场上的主动权。

三、网球——温文尔雅，纵横有度

网球起源可以追溯到12～13世纪的英国与法国，当时它只是传教士在教堂回廊里用手掌击打的一种掌球游戏。传入宫廷后，成为法国王室贵族一种消遣、娱乐的游戏。14世纪中期，法国王储将这种游戏使用的球赠予英皇亨利五世，于是这种游戏传到英国。16世纪初期曾经流传于民间，后来被禁止并规定只能在宫廷内进行，成为名副其实的"贵族运动"。网球自诞生之日起，就是上层社会的一种娱乐活动，这就从本源上提高了网球运动的地位，并有了"高雅运动"的美誉。

（一）力量与雄健之美

当选手以200千米左右的时速发球的时候，当正手底线奋力抽杀的时候，当凌空飞跃劈杀扣球的时候，观赏者不免会惊诧于人的力量，会为球员雄健的体魄和力拔山兮的气势所折服。这种美会产生一种催人奋进的精神力量，英雄主义的光辉立刻凸显在人们眼前。

（二）形态和动态之美

网球是人类形体艺术的动态展现，球员的优美身姿是动感的图画和鲜活的雕塑，发球——如弯弓射日；截击——如虎心送客；高压球——如泰山压顶；底线抽球——如鞭打流星；救球——如赴汤蹈火；接发球——似猛虎欲扑。来自大自然的人体是网球运动美的载体,是形态美和动感美的源之所在。

(三) 智慧之美

真正的强者不会是一个靠蛮力打球的莽夫,而是一个智勇双全的谋略者。面对高速凌空飞来的网球,球员的睿智体现为一瞬间作出的果敢决断,变抽杀为轻吊,变远角为追身,变直线为斜打,变猛打为挑高,球场上往往出现此起彼伏、龙腾虎跃、片地开花的精彩场面。人的思想之美、智慧之光尽显其中,令人拍案叫绝、叹为观止。

(四) 人格与情操之美

与智慧之美一样,人格美也是一种社会美。一名真正优秀的网球运动员,无不具有人格的力量——王者气质、强者风范、坚韧自信、球德高尚。人们常常会看到,有的球员以特殊的比分落后,但是进入对手赛点时仍然顽强拼搏,靠超人的毅力和不妥协的精神迫使对手翻盘,反败为胜;有的宁失冠军,不失一德,谅解和理解裁判的误判;有的甚至强忍伤痛坚持比赛……凡此种种都充分体现了崇高的体育风尚。

网球运动看似简单,其实是一门超高的三维空间艺术,一个有着深刻文化内涵的技巧项目。随着人类体力、智力的提高,球速越来越快,落点越来越刁,竞争愈显激烈,网球艺术难度系数也越来越高,网坛上也就涌现出越来越多难以超越的神话。人们观赏一场精彩的比赛,好似欣赏一部优秀的作品,选手是作品中的中心人物,竞争是作品的主题,比赛的跌宕起伏是故事的情节,美是作品永恒的主旋律。

四、羽毛球——快速激烈,势如破竹

我国羽毛球水平一直处于世界前列,在奥运会和汤尤杯上取得过辉煌的成绩,而且近年来羽毛球在我国也发展成一项深受人们喜爱的时尚健身运动。羽毛球本身战术变化丰富,身体姿态优美协调,极具观赏性。

(一) 匀称、雄壮的体态

羽毛球运动员身材健壮,形体匀称,四肢修长,而且都灵敏快速,柔韧性良好,弹跳能力更是惊人。他们优异的身体条件和超凡的体能在羽毛球对抗过程中展露无遗。人们在观看羽毛球比赛的同时也可以欣赏运动员的形体美、健壮美和自然美。

(二) 战术变化丰富

时空的变化:羽毛球的时空是多维度的,不但有场地这个三维空间,还包括了时间性因素。每一次进攻防守空间的转换都有很大的跨度，都可以引发观众或紧张或激动的情绪变化。

技术与战术的变化：国际顶尖羽毛球运动员如谌龙、林丹、李宗伟、陶菲克·盖德，他们的技术几乎是同样不可挑剔的，但是他们的技术风格却各不相同，正是这种百花齐放的技术风格使得国际羽坛生机勃勃、绚丽多姿。战术的变化美也是羽毛球运动的一个重要特征。运动员根据场上对手的情况及时调整战术，往往可以使对手措手不及，起到扭转乾坤的奇效。观众可以从技术与战术组合丰富多彩的变化中享受到无比的观赏乐趣。

节奏的变化：羽毛球的节奏变化多端，一场羽毛球比赛蕴含着惊人的节奏变化。扣杀摆短的交替、移动的快慢虚实、球的高低长短都体现了羽毛球的韵律节奏。

（三）别具一格的风格

运动员独特风格的形成是建立在良好的技术和扎实的基础之上的。在夯实基础后，运动员会根据运动项目、自身优势、个性特征等因素形成自己的风格，而这种综合的竞技能力通常是羽毛球运动员克敌制胜的法宝。以第一个实现羽毛球大满贯的球员林丹来说，他的技术风格代表了羽毛球现代化的发展趋势。他的打法特征是积极的防守反击，立足自己不失误的情况上积极主动压迫对手。在技术方面他能顶、能突、能杀。这样鲜明而高效的风格使得"超级丹"能徒步于高手云集的男子羽坛。

五、乒乓球——简洁明快，长盛不衰

乒乓球是我们国家的国球，我国的乒乓球水平长期处于世界领先地位。它不但是深受广大人民群众喜爱的一项健身运动，普及程度极高。乒乓球运动和体操、花样滑冰等表现难美项群的运动项目不同，其主要靠技术制胜。虽然乒乓球中也有形式美和身体美因素，但最本质和最重要的审美特征是其技术美。乒乓球运动中一板球所包括的竞技要素为：速度、力量、旋转、落点和弧线。因此，乒乓球运动作为体育运动项目所特有的美也就相应包括了速度美、力量美、准确美、旋转美和弧线美五个方面。

（一）速度——瞬间反应

乒乓球运动的速度主要包括乒乓球飞行的速度、运动员的动作速度和反应速度。有研究表明，乒乓球飞行的速度可达到每秒17米，也就是说，发力攻球时，球从球台一方飞到另一方的时间不到0.2秒。另外，高水平的乒乓球运动员在比赛时，从对方球落台后碰到己方球拍的触球时间仅为0.2秒。这就意味着运动员要在最多 0.4 秒时间内完成判断、脚步移动、引拍、调整拍形、挥拍击球等多个动作，这种速度是绝大多数运动项目无法达到的。正是因为乒乓球运动各项技术的高速要求，乒乓球运动员的反应速度明显快于普通人和许多其他运动项目的运动员。乒乓球的攻防转换各项技术以及运动员的反应都是在瞬间进行的，这就要求观众在观看乒乓球比赛时全神贯注，善于捕捉乒乓球的速度美。

（二）力量——合理控制

乒乓球技术所需要的力量不是表现为绝对力量的大小，而是表现为对力量的合理控制。比如说在发力拉球时，运动员需要发挥较大的爆发力来提升球拍的加速度，使击球产生更大的威力。在摆短或减力挡球时则要求球员控制好自己的力量，甚至要在借对方的力量时卸力。乒乓球技术对击球力量的合理控制使乒乓球技术更具欣赏价值。

在欣赏乒乓球时，我们需要结合乒乓球技术与战术的安排，理解高水平运动员对力量的控制时所展示的独特的力量美。

（三）旋转——梦幻迷踪之感

乒乓球的体积较小（直径40毫米）、球重较轻（2.7克），球拍和胶皮的材质性能不同，这都决定了乒乓球富有变化多端的旋转。有专家指出乒乓球的旋转可达到26种之多，常见的有上旋、下旋、左侧旋、右侧旋等，水平越高的球手熟练掌握的旋转方法越多。乒乓球是所有体育项目中球体旋转最复杂的体育项目之一，而旋转是乒乓球技术重要的竞技因素和制胜因素之一。现在高水平的球手拉出的弧圈球的旋转可达每秒180/秒左右，这么强烈的旋转势必给接球者的回击制造极大的困难。其曲线的圆润、变化和节奏的旋转往往使人产生一种梦幻迷踪之感。

（四）弧线——诡秘多端

弧线是指乒乓球被击出后飞行的轨迹。击球弧线包括第一弧线和第二弧线。第一弧线指球被球拍击出后，一直落到对方台面位置的飞行弧线；第二弧线指球从对方台面弹起直至碰到对方球拍或其他物体为止的飞行弧线。不同的打法类型和不同的技术与战术对击球的第一弧线和第二弧线要求不同。快攻型运动员要求必须适当压低第一弧线高度，以确保一定的速度；使用弧圈球技术可以让弧线变化更多，可长可短，可高可低。小小球台上制造出如此诡秘多端的弧线使得乒乓球技术更有了弧线美。乒乓球在球拍、球台之间划过的道道美妙弧线无疑极大地满足了观众的欣赏需求。

乒乓球运动在整体上还体现了"对立统一""多元和谐"和"百花齐放"等

多种的美学原则，人们在观看和参与其中时也是潜移默化地接受了这些原则的。

六、足球——全球为之疯狂的盛宴

（一）艺术赋予足球以灵魂

在现代社会中，足球为艺术增添了新鲜的成分，艺术则赋予足球以灵魂，国际足联主席布拉特在人类进入 21 世纪之时，倡导"反功利足球，倡导世界范围内的艺术足球"。人们通常都会认为，巴西足球的技术、战术以及队员的身体线条是足球场上艺术的展现，看他们踢球是难得的精神享受。第一，足球运动的艺术体现是以运动中的人对"艺术"进行再创作的。足球运动中的艺术魅力是以人体运动为基础，不断地汇集各种艺术形式的精华并加以改造，形成别具特色的体育美。第二，足球运动的艺术魅力是心灵情感的结晶，是以运动员躯体运动为出发点，在激烈的运动对抗中让人们展开美的审视。

运动员惊险漂亮的动作往往是瞬间完成的，如"飞身鱼跃""倒挂金钟"等，观众立刻因被运动员那天马行空的表演所感染而激动万分，足球场内外山呼海啸般的欢呼正是它的写照。作为美的创作主体——运动员，同时也以最为杰出的动作技术，通过刚健的肌肉、挺拔的骨骼、坚定的意志，信心十足地表现出来。足球与魅力以感性传达心灵情感的形式运动着，以情动人，并在运动员与欣赏者之间进行着心灵的对话和情感的交流。

（二）形式、阵型魅力——足球技术水平发展的风向标

足球运动的形式美主要体现在足球比赛的阵型以及足球比赛的表现方式上。形式美在足球运动中有着极为重要的作用，占据着特殊的地位。形式美是足球运动生命力的一部分，也是足球发展的基本环节或者说不断完善的要件。它通过对"单纯齐一、对称均衡、调和对比、调整比例、节奏韵律、多样统一"的形式美法则在运动中演绎提升后，使得足球运动美具有无限生命力，足球运动美的创作活动是以形式美表现内容美的，是以追求形式与内容的统一进行足球运动美的创作的。足球运动具有场地大、运动量大、场上比赛人数多、技术动作复杂、战术多变、竞赛规则独特等特点，因此决定了足球运动的表现形式要不断丰富和发展。足球运动从表现形式上来说是最活跃且不断发展丰富的。1958 年，巴西运用 4—2—4 进攻型阵型，一举夺得第 6 届世界杯冠军，成为"技术型"足球的代表。足球阵型的发展与变化是足球技术水平发展的风向标，它描绘出足球运动技术水平不断丰富完善所走过的轨迹。

（三）技术与战术——两勇相遇智者胜

足球作为一种以脚控球为主的高难度体育运动，其运动过程中表现出的各种

技术美感大放异彩。如"倒勾射门""凌空抽射"等高难度动作让人们惊叹于运动员身体的控制能力和精准的时空感;"青蛙跳""剪刀腿"等杂耍般的过人动作让人们感叹运动员高超的技艺;有着"盘带大脚"之称的齐达内和德尼尔森,其盘带球动作就像舞蹈一样富有节奏和韵律,给人以美的享受。特别是德尼尔森在过人时做出的组合动作,实在令人叹为观止、浮想联翩,媒体甚至称他是"在邮票上跳舞的人"。前巨星贝利和巴斯滕因为技术出色,被邀请参与了两部电影的拍摄(《胜利大逃亡》和《假动作》),足球的技术魅力在影片中得到充分的展现。

足球战术的运用为一场足球比赛增添了欣赏的价值。当今的体育比赛无论是一对一的单打独斗,还是全队参与的集体对抗,在双方实力相当的情况下,谁的战术组织精妙且应用得当,谁往往是最后赢家。正所谓"两强相遇勇者胜,两勇相遇智者胜",这里的"智"就是指战术,它是人们的一种智慧的表现。战术在比赛中的地位非常重要,它往往对足球比赛的结果起着决定作用。

战术运用得当,能够遏制对手,攻其之短,扬己之长。足球比赛中经常出现多次小配合,经过几次甚至十余次的连续传递,最后将球攻入球门,其过程有如计算机设定的一样。这样的有效配合如同工业社会的流水线生产方式般默契流畅,让人赞叹足球运动员精湛的球艺和默契的配合意识。由于战术不像技术那么直观,它常体现在多人的配合甚至是整个比赛战术安排中,不易觉察。因此,体验足球战术的魅力需要更多的知识和细心的揣测,对观赏者赏析足球比赛的能力提出了较高的要求。德国、意大利、阿根廷足球队是足球运动中战术运用得当的典型代表。

(四)不可能出现"中和"的现象而演变为一种风格

足球是一项对抗性很强的竞技体育运动,没有相当强的实力,其风格是很难展现出来的,缺乏鲜明的风格特色是三流球队的共同特征。随着足球运动的蓬勃发展,不同风格类型的足球之间相互交融渗透、相互影响、相互促进,使足球运动水平不断提高。但这种交融不过是在坚持传统的基础上,有限度的一种自我改造和自我完善而已,永远不可能出现"中和"的现象而演变为同一种风格。技术与战术风格摇摆不定的球队,永远也不可能有成型的技术风格,这样的球队是没有希望的。风格是优势的集中体现。如英国足球一度风靡整个欧洲,现代足球诞生时,英国正处于世界头号大国的巅峰期。"英式足球"简捷明快,粗犷、凶猛,效力最高。

欧洲人踢球,讲究力量、速度、凶狠、勇猛,往往在配合上纪律严明、大刀阔斧,整个球队就像开足了马力的坦克车,给人以勇猛彪悍的感觉,是一种粗犷的技术风格。南美人踢球讲究技巧、配合，故有细腻的技术风格之美。巴西属"技术型"，个人基本技术精湛、脚法细腻、身体柔韧性好、短传配合娴熟自如，以地面进攻为主，巧妙灵活多变。运动员性格奔放，富有激情和个性，富于幻想，具有令人眼花缭乱的渗透能力。因此，"进攻是最好的防守"就成了技术型足球的基本理念。

（五）说不完道不尽的假如——戏剧性情节

足球比赛有说不完道不尽的假如，足球比赛充满了偶然性和戏剧性，同时也体现了足球比赛的残酷性。正因为有这样的特点，足球比赛才有如此巨大的观赏价值，才能够牵动那么多人的情感神经。正因为偶然性的存在，球迷往往把绿茵场作为观照生活的镜子，看到命运的某种相似，因而把它当作宣泄情感的理想去处。足球的魅力在于胜负的不测和变数，强军不一定就能赢。它能把人的情绪、灵感、天赋、素质、领导才能、爆发力乃至天气因素统统都集结起来，成为一场综合因素的较大较量。如果撇开"世界杯"中的商业野心、征服欲望等各种附加成分，足球其实是一个纯粹的国际性游戏。游戏所令人真正期待的就是出人意料的东西，而不是因技术权威得出的永恒不变的等级。不论是观赏者还是运动队，特别是那些没有十足把握夺冠的运动队期待的就是奇迹的出现。如果足球比赛的一切都在预料之中，人们就没有欢呼的冲动、竞猜的欲望了。

第二节　田径运动赏析

　　田径是一项伟大的体育运动。从审美意义上说，它带给人类的就是一种伟大的崇高感。田径运动的崇高既从气势上震撼着人，又从意志上激励着人，它实际上是人内在的生命力从巨大的压迫中迸射而出的表现。它使人激动、亢奋，使人心中升起敬慕和景仰的神圣之感。评定田径运动的标准是速度、力量、节奏、平衡和姿态优美。其中姿态优美不仅说明技术动作合理，符合生物力学的科学性，而且说明它具有观赏价值。

一、短跑——气势的崇高

　　短跑是一项要求用最快速度跑完全程的比赛，其人体生理负荷量极大，属无氧代谢。所以，在它的起跑、途中跑、冲刺跑的全过程中，运动员的神经是处在高度紧张的状态当中，力量是处在高度激发的状态中。枪一响，运动员飞身而起，一种要冲决一切的呼啸之势便从整个赛场升腾而起，这就是气势的崇高。气势的崇高是指一种磅礴的氛围效应，即从运动者本身迸射出来的，继而激发并调动着观赏者的情绪，在一个相对有限的空间里猛烈地翻腾澎湃的状态。这完全是以沸腾般的态势显示着崇高，完全是以激荡着的气势显示着崇高。巨大的能量在一个极其有限的空间迸射，加上数名运动员并肩争先，更突显了强烈的刺激性和感染性。

二、中长跑——自由感的崇高

运动员既要考虑动作的前进效果，又要注意动作的协调轻巧。跑动腿蹬地快而有力，动作轻而柔和，步幅充分地加快，身体心情地舒展，整个过程极富节奏性地进行着，显示出自由感的崇高。自由感的崇高是指运动者体内和外在合规律的节奏的相互适应、协调统一。在同一过程或同一动作里，在排遣来自内脏器官的惰性时，高度的协调产生了动感效应。呈自由状态运动的人体美感，具有很高观赏价值。

三、马拉松跑——意志和精神的崇高

它虽然是以时间作为衡量的标尺，但实际上更是身体能力和精神意志的较量。运动员要在长达2个多小时的跑程中，消耗体内的全部能量，克服常人难以忍受的"运动极点"。尤其到后半程，运动员跑的每一步都很艰难，在与对手拼搏的过程也是在战胜自我，继而战胜自然，于是这样就产生了意志和精神的崇高。

意志和精神的崇高，是人类所特有的内在力量，在外部的巨大阻抗面前仍然顽强地迸射、顽强地表现所产生的情感效应。事实上内在的力量相比于外部的抗阻来说要显得单薄和弱小，然而它却不屈不挠地以生命力的火焰显示着自身的勇气和斗志，并在实际的磨难中奋激着、抗争着，从而在心理学和伦理学的意义上赢得崇高感。运动员要以坚韧不拔的斗志和干劲，在坚持不断的高强度运动中克服一系列来自身体的和身体以外的困难。这样，这个艰难的历程实际上是记载了运动员意志力和精神力的表现。

四、投掷、跳跃——力量的崇高

主要是指"一种超过巨大阻碍的力量"。与径赛相比，田赛更典型地体现了力的突破和力的释放。运动员在这里总是以大无畏的精神和强有力的动作，把这些阻碍和负担远远地抛向空中，以证明自身力量的伟大。这类项目就要求运动员在刹那间产生强大的爆发力，然后在那一瞬间突然爆发，人成腾空而起，或跨越沙坑，或飞跃横杆，自然的障碍顷刻间即折服于人所持有的冲力，这种力量的冲动正是人的生命力的冲动。

田径运动的大多数项目都是在力之冲动下进行的,"力"渗透到田径运动发展过程的每个环节,力之美可以说是田径运动的灵魂。

第三节　水上运动赏析

水,地球上最神奇、最宝贵的自然资源,与万物的进化发展有着密不可分的联系,而人类对水的认识经历了陌生——恐惧——满怀着崇敬和亲密之感这样一个过程。人类在参与水上运动如游泳、跳水、赛艇等项目时,既可以激起挑战自然的原始冲动,又可以唤起回归自然的现代观念。大自然中的生命因水而活,孔子曰:"智者乐水",故水上运动有着闪耀着生命与智慧之美的光辉。

一、游泳

游泳是人类在同大自然的斗争中形成的一种活动技能。经过几千年的演化,在今天已成为最受人们欢迎的运动项目之一,游泳运动的普及程度也已达到空前广泛的程度。

游泳是人类祖先生存、劳作和发展的必要技能。经过漫长的人类文明进程,竞技游泳如今已经成为了一项深受人们喜爱的运动项目。人们在观赏一场游泳竞赛时,能够观照自身挑战自然的象征意味,感受到运动项目的崇高魅力,这体现了游泳运动的历史感。

(一) 运动员形体

体型是指人体的外形特征和体格类型。男游泳运动员一般身材高大、肩膀宽阔、腰肢灵活,呈现完美的倒三角形态。整体体形匀称,身体体重比例协调。上身短,下肢长,腿臂修长,线条明晰,胸廓厚,皮下脂肪较少,骨盆较窄。女运动员一般身材修长、苗条、皮下脂肪含量适中。游泳运动员的背阔肌、胸大肌、大圆肌、小圆肌、肱三头肌、三角肌等重点部位肌肉十分发达。人体在水中游泳时,由于水波的作用,对人体表皮进行摩擦,皮肤和形体都得到了很好的塑造和放松,所以游泳运动员的皮肤通常是光滑柔软的。

美国著名游动运动员"飞鱼"菲尔普斯的臂展长2.03米,两只手也是如此之大,它们为菲尔普斯提供了巨大的推力,提高其在水中的前进速度。除了先天适合游泳的体型外,他的肌肉脂肪含量甚至比迈克尔·乔丹还要低。他的踝关节格外灵活,48码的大脚在水里仿似菲尔普斯的两只大号推进器。这些给了菲尔普斯适合游泳的鱼雷形身材。这也许看起来有些异于常人,但是正是这样的身体特质让他成为奥运历史上获得奖牌及金牌最多的游泳运动员。

(二) 游泳姿态

游泳运动员每个泳姿都是象形得来的。例如蛙泳，是模仿青蛙游泳动作的一种姿态，观赏蛙泳时人们可以感受到运动员如同青蛙游行一样敏捷轻盈。运动员在蝶泳时，两臂划水至大腿侧出水经空中向前移臂，从外形看，像展翅飞舞的蝴蝶，特别在运动员出水的那一刻气势磅礴。

(三) 技术赏析

游泳技术的特点决定了游泳项目的美感，每一种泳姿都有固定的程式动作，也要求上下肢以及呼吸节奏的配合，而且每一个完整动作周期都有肢体充分伸展的状态。如游泳的每一个动作周期，包括一次划手、一次蹬腿的动作配合的运动轨迹都是在三维立体空间内完成的。游泳动作是四肢的配合动作，关节的灵活度，尤其是肩关节、膝关节、踝关节对整个游进过程流线形态有很大的影响。游泳运动员都具有良好的关节和肌肉灵活性，这样他们才能在游进过程中保持流线型姿态，才能达到游泳技术的要求。这样圆润的轨迹和流线都给人圆润柔和的美感体验。

(四) 环境、服装赏析

在水中进行的游泳运动要求有专门的水环境和专门的比赛服饰。它可以在人工修建的游泳池、游泳馆，也可以在天然的江河湖泊等自然水域中进行。人工建造的游泳馆通常功能齐全，室内照明效果良好，和清澈见底的池水相互映衬，展示出人工科技和大自然的完美结合。在开放水域中进行游泳比赛是在碧水蓝天中挑战自然。合身的泳衣泳裤，不仅能够减小游泳的阻力，同时还能展现运动员的优美体态。

二、跳水

中国是跳水大国，中国跳水队也被称为"梦之队"，在各项赛事中取得过骄人的战绩。世界范围也有很多人喜爱观赏跳水运动。但是跳水和游泳不同，其高难度性、危险性和专业性排除了一般人的参与，使其成为了一项纯粹的欣赏性难美项目，所以它被称为"空中芭蕾"和"一秒钟的艺术"。

(一) 从艺术的角度赏析跳水运动

跳水以人体动作作为主要表现载体，跳水动作高度凝练而又具有宽泛的含义。人类在生产实践中，培养出"一双能感受美的眼睛"，使人具有使现实经过人的头脑中的反应重新物化为艺术形式的能力。随着这种能力的提高，跳水运动也逐步地由一种感性支配下躯体即兴的、随意的、不规则的运动发展为一种要求在不同程度上规范化的动作和姿态的运动。

跳水运动和表演艺术有类似的表现舞台，也需要观众。竞技跳水中的艺术因素是与精湛的跳水技术紧密相连的，是各种动作技艺高难度熟练的表现。运动员匀称的体型、优美的姿态、健康的肤色，与运动员由高空插入水面轻盈、飞舞、飘逸、巧妙的动作以及纯熟的技巧组合将跳水运动艺术表现得淋漓尽致。

（二）跳水形式赏析

跳水运动体现了形式美的法则，包括整齐、对称、比例、均衡、和谐、节奏的有机统一。

整齐：在双人跳水中，整齐不但是观赏跳水运动的审美因素，也是评价动作完成质量的重要标准。我国著名跳板选手陈若琳和刘蕙瑕在2016年里约奥运会上获得跳水女子双人十米台冠军，赛中她们俩的动作整齐划一，从各个角度观看几乎完全重合，十分赏心悦目。另外，中国运动员施廷懋和曹缘也以完美的跳水姿态分别高分获得了2016年里约奥运会3米板金牌。

对称：同样在双人跳水中，两位选手默契的配合在时空尺度上也体现出了对称的美感。

比例：跳水被称为"一秒钟的艺术"，在短短的动作完成时间中，动作的安排需要符合比例要求。助跑、起跳、翻转、展开、入水都要按照合理的比例完成。起跳腾空高度不够会影响翻转动作的完成；翻转动作不够会显得动作仓促；而展开太迟则会影响到入水。跳水运动中各动作的比例关系就是各个技术环节在时间空间维度上的一环扣一环。

均衡：在有的双人跳水中，一位选手向内翻腾，另一位选手向外翻腾，方向虽然不同，但是在整体上两位选手的位移大致相同，仍表现出时空的均衡。

和谐：虽然跳水分为跳台和跳板，高度也不同，但是跳水运动每种不同的分类在整体上技术动作都是和谐的，都体现了优美与崇高的统一，让欣赏者感受到源自跳水运动深层内涵的和谐感。

节奏：高水平运动员在扎实过硬的技术和动作基础上，真正比拼的是对动作完成节奏的把握。助跑、起跳、翻转、展开、入水等技术环节及其转换都展示了跳水的节奏韵律之美。

跳水运动突显出人类前进的伟大创造力量和表现力量，高难度的动作组合、多元化的理想表达和丰富的内涵变化都显示出人的审美理想和审美造型力量，并成为人类改造和改变世界以及人类自身文明发展程度的一个重要标志。

第四节　体操类运动赏析

竞技体操追求的是人体在完成高难度动作时所展现出来的魅力。不管是自由体操简单的后手翻还是高难度的后空翻 3 周，也不管是单杠简单的屈身上或特卡切夫接京格尔空翻抓杠，这些千姿百态、变化多端的动作，都是以人体为载体，以运动员的动作姿态、速度、力量、幅度与节奏等因素的变化组合为表现手段，在弥散性和放射性中呈现出一种整体美，而整体美又是通过局部美的优化组合烘托出来的。只难不美的体操，毫无欣赏价值，只美不难又没有含金量。美是竞技体操的灵魂，难是竞技体操强大的生命力。难与美整体协调，才能把竞技体操的内涵演绎得淋漓尽致。

一、编排的创新

动作编排是进行竞技体操表演的起始点。动作编排需要将规定的难度动作巧妙而创新地串联在一起，使整套动作在完成得规范严谨的同时，还要能给观众和裁判耳目一新、不落俗套的感觉，展示出整个体操动作的创新。

就具体的竞赛规则而言，2001 年规则要求运动员技术全面，使竞技体操更加具有观赏性。为了使编排更加丰富多彩，规则对特殊要求做了新规定。以前每个项目每套动作中有 3 个"特定要求"，而新规则将"特定要求"增加到 5 条。也就是说，一套动作必须满 5 个动作组的动作要求（每个动作组 0.2 分），才不被扣分。国际体操联合会之所以做出这样的规定就是为了鼓励选手们在编排上进行创新，也只有这样才能体现竞技体操这一典型难美项群追求创新的本质特征。

二、节奏的韵律

快速连贯的体操动作表现出了运动员娴熟的技艺和抢镜的韵律美感。竞技体操裁判规则有规定，在任何器械上做动作都不能无故明显地停滞，尤其在做男子鞍马动作时尤为明显。鞍马动作的最大特点是：第一，要求从头至尾都不能有任何停顿；第二，运动员完全是在支持状态下完成所有动作的。被誉为教科书式动作的我国著名鞍马运动员肖钦的动作特点：重心高平、动作轻盈、节奏明快。速度与节奏的完美控制显现出竞技体操独有的韵律，观之让人无不叫好。

三、力量的诠释

竞技体操极强的动作力量展现了运动员对地心引力顽强的克服与征服。竞技体操运动员通常肌肉发达，爆发力十足，男女运动员都能展示出雄浑的身体力量。以男子吊环为例，它是以静力性力量为主导的，往往被人们视为"大力士"项目。人体手臂本身就是费力杠杆，伸直于环上，还要支撑起自身身体做各种高难度动作，可想而知需要克服多大阻力。时而做摆动动作，时而又转化为静力性控制动作，成套动作内部须不停地转换，加之绳环的不固定性，运动员要付出相当大的内力和外力。这种动静结合超强的力度魅力正是竞技体操的一大欣赏点。

四、动作的高难度

竞技体操动作的高难度让欣赏者感到惊险和刺激。竞技体操动作一直在向更高难度方向发展着，高难度的动作不断地推陈出新。难度是竞技体操的生命力之一，也是其保持高可看性的原因之一。以前旧的竞技体操规则将10分定为满分，这无疑是竞技体操发展的一大限制。2006年出台的新规则最大特点是对难度的要求做到"上不封顶"，这就极大地加快了竞技体操动作向更难发展的步伐，因为做的难度动作越多，得到的难度起评分就越高。在当今的体操比赛过程中，运动员高难度的飞行、旋转、腾空、落地，创造出一连串独特的惊险美。以飞行动作著称的单杠，在新规则出台后就又有运动员连续做五六个飞行连接飞行的高难度动作，有一种令观众揪心的惊险刺激，这种无与伦比的心灵体验把竞技体操运动升华到了艺术的境界。

五、完成的稳定性

运动员在比赛中落地的稳定性往往决定着体操运动员桂冠的得与失。当今国际大赛竞争激烈，由于运动员落地不稳或向前跨一小步，常常导致"差之毫厘，失之千里"的局面，稳会在决赛中因0.1分甚至0.05分之差与冠军失之交臂。例如，在中国第九届运动会双杠决赛中黄旭具有夺冠实力，他的动作难度大、规格高，但下法落地不稳，最终不得已将金牌拱手相让；而李小鹏胜在动作流畅、稳健、舒展、落地纹丝不动而获得金牌。另外，运动员落地的稳定性表现出技术水平的高低。作为高水平运动员技术全面的标志之一，任何动作的落地都必须稳定，表现出身轻如燕、稳如泰山般的美。如果做动作时缺乏稳定性，摇摇晃晃、连滚带爬，会影响整个动作的欣赏，给观众带来不好的印象。因此，这就要求运动员必须重视打好基本功，苦练过硬的本领，把每个高、难、尖动作都练到高规格、高质量、炉火纯青的地步，做到能让裁判无刺可挑，让观众拍手叫绝。

第五章 体育摄影

第一节 体育摄影起源与发展

一、起源

体育摄影起源于新闻摄影,随着相机的发明和奥运会等世界性体育赛事的开展,观察敏锐的摄影记者注意到体育运动带来的力量美、运动美和身体美,越来越多的体育图片出现在报刊、杂志中。1957年发起于荷兰的世界新闻摄影比赛(World Press Photo,WPP)是当今世界上级别最高、影响力最大的新闻摄影赛事,而WPP在自创办以来就设有"体育新闻"奖项(Sports Stories),随着体育运动项目的丰富和场地设施的发展,体育摄影作品的题材和内容也日益丰富。2004年,WPP进一步将"体育新闻"奖项细分为"体育动作"(Sports Action)和"体育特写"(Sports Features)两大类。

对21世纪的人来说,体育摄影早已融入我们的生活,我们在各种报纸、杂志、手机、网络上都能看到它的身影。其实,早在摄影近两百年的历史中,已有许多著名摄影师为专业运动员、业余爱好者和观众们留下了令人印象深刻的影像。它们记录了绿茵场上数不清的激情、运动员为了胜利奋不顾身的瞬间,在残酷赛制下运动员的真情流露。观众则在照片中看到人的身体无限的可能性,沉浸在体育和竞技带来的精神愉悦中(图5-1)。

体育摄影,尤其是竞技体育摄影,必须在特定的摄影条件下才能诞生。因为体育摄影拍摄的对象是处于高速运动和激烈对抗状态下的动体,所以在摄影技术发展的初期,感光胶片的品种和感光度、镜头的口径和照相机的性能均无法满足体育摄影的拍摄要求,以至于早期的体育摄影只是记录某种体育运动的存在,它无法记录正在运动着的人们。直到20世纪初期,随着摄影器材研制技术的飞速发展,单反相机革新为摄影提供了不用拍一次换装一次胶片的卷片,感光度提高到ISO100左右,以及体积轻巧、操作便捷的135毫米单反照相机的面世,镜头最

图 5-1　自行车比赛运动途中

大口径达到 f/3.5，快门速度提高到 1/100 秒以上，才为体育摄影提供了基本的技术保障。依靠摄影媒介及设备的进步，摄影逐步发展成为一种独立的艺术形式。它给人类留下了许多宝贵的资料，就像古希腊人用大理石雕塑运动员一样，现代摄影师也用体育摄影留下了他们的身影（图 5-2）。

图 5-2　自由式摔跤

二、发展

20世纪初以来,中产阶级和上流社会对体育活动的兴趣上升,于是许多运动员或者运动团队开始被人们关注,他们的照片开始出现在报纸杂志上,甚至变成了收藏品。初期的体育摄影界主要存在着两种流派,一种是强调艺术性的写意派,以给人美感为主要目的,不直接反映事物的真实性,是一种较为抽象的表现手法;另一种是强调真实性的写实派,力求反映出运动员在赛场最自然、最真实的一面,在真实的基础上力求提高艺术欣赏力,是对拍摄对象的一种具体表现。后一种流派已成为当代体育摄影的主流。

目前,体育摄影在纪实摄影范畴内已是重要的题材之一。全世界的电视、网络及综合类报纸、杂志,每天必有体育照片刊登,更不必说体育专业类报刊了,与此同时,体育摄影作品又是国际摄影评比中不可缺少的题材内容。著名的世界新闻摄影比赛(俗称"荷赛"),把体育照片列为九大评比项目之一。国际体育记者联合会每年举办一次体育摄影作品评选,这是全球优秀体育照片的年度荟萃。国际奥委会在每届奥运会后举办的奥运摄影作品评比,更是展示优秀竞技体育摄影作品的重要窗口。世界媒体的广泛需求和鳞次栉比的全球性评比活动,越发刺激了专业和业余体育摄影的创作积极性,使体育摄影队伍成为和平时期最大的摄影群体之一,有力地推动了世界体育摄影事业的发展。

图5-3 中国最早摄影

在国际体育摄影飞速发展的影响下,中国体育摄影在1890年出现了最早的一幅体育图片,清晰地记录了1890年在上海圣约翰书院举行的中国最早的学校运动会上一名男子跳高过竿的精彩瞬间(图5-3)。据称这是中国最早的一张表现运动竞技状态最珍贵的体育照片。在1913年。当时上海的一个民间团体——精武体育会摄学部,最先在中国把摄影和体育联系起来,拍摄了许多体育照片,中国开始步入体育摄影界。2005年，在中国深圳，诞生了一个撩动世界的国际新闻摄影比赛的新品牌——"华赛"——中国国际新闻摄影比赛（CHIPP）。"华赛"的成功举办，第一次打破了西方世界对国际新闻摄影赛事的垄断，在中国乃至东方搭建了世界新闻摄影交流合作的新平台，铸就了国际新闻摄影的新品牌，中国体育摄影正式迈向世界。

第二节 体育摄影的器材

体育摄影作为摄影门类中一项极具特色的艺术题材，为了把体育运动中精彩的、扣人心弦的但又稍纵即逝的瞬间形态捕捉下来，要求摄影师必须在极短的时间内做出反应，对快速移动的物体进行捕捉、对焦、拍摄。正是因为体育摄影这一题材的特殊性，所以要求摄影师必须具备精湛的拍摄技巧、技术，同时对摄影器材也提出了更高的要求。我们如今能看到在赛场上精彩绝伦、扣人心弦的瞬间，但在那个摄影器材大不如今天的年代，想要拍摄一张照片绝非易事。1843年网球运动员莱恩在工作室足足站了2分钟没有动，才完成了动作的拍摄，这也诞生了第一张体育摄影作品。当时采用的是古老的卡罗法（Calotype）拍摄负片，需要非常长的曝光时间，再加上复杂的负转正的摄影工艺。

我们想要更好地了解以及掌握体育摄影，就要了解摄影最基本的工具——照相机，照相机是一种利用光学成像原理形成影像并使用底片记录影像的设备，是用于摄影的光学器械。它是记录影像的基本工具。因为它的应用目的不同，其外形结构、功能及使用方法都有较大的区别。对于体育摄影来说，全面了解照相机的基本结构和性能，是掌握体育摄影技术的先决条件。

世界上的照相机牌号大概有几百种，型号更是不计其数。我们可以大致按以下几种方式分类：

一、按成像方式分类

（一）胶片成像照相机

胶片成像照相机也叫传统照相机，是采用负片或彩色反转片作为感光材料，感光后利用化学手段，借助显、定影过程得到纸质照片或彩色正片的照相机。胶片成像照相机的成像方式已非常成熟，成像质量很高。胶片成像照相机尽管已流行了约160年，但目前除大面幅胶片相机在某些摄影领域还具有一定的使用价值外，胶片相机被新兴数字成像相机取代几乎已成定局（图5-4）。

图 5-4

（二）数字成像照相机

数字成像照相机也叫数字照相机，利用光电原理和数字技术成像并处理照片。该类照相机的历史不长，但最近几年发展势头迅猛，性能也日益完善，而且，在其性能不断完善的同时，制造成本和售价不断下降，因此普及速度大大加快。数字照相机的特点是即拍即看，极大地提高了初学摄影者的拍摄成功率，大大地降低了摄影门槛。该成像方式无需胶卷而成本低廉，后期便于通过电脑复制、修改、传送等，甚至一些新型的数字照相机本身已具备自动全景接片、色彩或反差调整等基本的后期处理功能（图 5-5）。

图 5-5

二、按取景方式分类

（一）单镜头平视取景照相机

单镜头平视取景照相机也叫旁轴取景照相机，知名度最高的为德国莱卡 M3。20 世纪 50 年代以前，它曾经是主流照相机。20 世纪 70 年代后期起开始流行的电子控制的 135 袖珍照相机，也采用这种旁轴取景结构。这种照相机的优点是没有反光板上下翻动而产生的震动，启动快门时机震很小；闪光摄影时，快门时间全部同步。这种照相机的缺点是，早期推出的这类照相机是利用双影重合原理聚焦，不是太方便，取景和拍摄视差较大，大部分该类照相机不能更换镜头。进入数字摄影时代的初期，小型数字相机（俗称"卡片机"），一般还都保留了这种旁轴光学取景功能。

（二）单镜头反光照相机

单镜头反光照相机的优点是利用俯视取景器或五棱镜取景器取景，通过同一镜头取景和拍摄，故取景和拍摄几乎无视差；可自由更换各种不同焦距的镜头；使用各种滤光镜后内测光系统会自动对曝光量进行补偿；取景效果比较直观，尤其是五棱镜取景器的照相机，取景影像与实物的方向完全一致，便于摄影者取景和构图。这种照相机一般采用焦点平面快门，拍摄时因反光镜的上下翻动和快门帘幕的移动，机震较大；闪光摄影时，一般高于 1/60 秒、1/125 秒或 1/250 秒的快门时间无法达到同步。

单镜头反光照相机的门类比较多，除了 135 照相机外，还有采用 120 胶卷的单镜头反光照相机。如哈苏、玛米亚、勃朗尼卡、潘泰克斯等 120 单镜头反光照相机。120 单镜头反光照相机，由于其底片面积大，能够放制大幅照片，又因为其取景和拍摄之间几乎无视差，还能够交换不同焦距的镜头，故在胶片时代这种照相机广泛运用于广告、工业产品、人像、婚纱、时装、挂历、建筑等方面的摄影。进入数字摄影时代后面世的数字单镜头反光照相机，几乎照搬了原先胶片单镜头反光相机成熟的设计。

（三）双镜头反光照相机

这是一种采用 120 胶卷的照相机，如海鸥 4A、4B。海鸥 4A、4B 曾经是我国最流行的照相机，直到改革开放后才被 135 照相机取代。该类照相机设有上下两个同焦距的镜头，上镜头负责取景，通过反光镜将影像折射到磨砂玻璃上供摄影者取景构图，而下镜头用于拍摄，上下两个镜头同步伸缩进行聚焦。由于采用 120 胶卷，底片大，因此成像质量较好。其缺点为取景不便，视差较大，绝大多数这类相机不可更换镜头。

（四）电子图像取景式照相机

电子图像取景方式是伴随着数字照相机的诞生而出现的。这种取景方式是划时代的，代表着未来照相机取景方式的方向。旁轴平视式取景和反光式取景，都是通过实景取景（直接观察实景取景或实景经光学成像后供摄影者取景），而电子图像式取景,是依靠数字照相机在正式拍摄前,由摄影镜头"摄入"的电子图像供摄影者取景的。首先,由于是由相机摄影镜头"摄入"电子图像供摄影者取景,故这种取景方式无视差;其次,数字相机装备可翻动式机背液晶取景屏已成为一种趋势,这使得摄影者采用俯视(低视点)或仰视(高视点)取景变得轻而易举。然而,更重要的是,与旁轴平视式或反光式的实景取景相比,电子图像取景方式供摄影者取景的图像,是数字照相机根据预设的摄影条件摄下的电子图像,也就是说,摄影者能在照相机录下所摄的图像之前,就能看到将要记录下来的图像的全部效果。这说明,电子图像取景屏实际上已不局限于供"取景"和观察聚焦结果,摄影者能依靠这个取景屏,看到包括预设曝光条件下景物的明暗等一切效果。

众所周知,日本的佳能公司和尼康公司是世界上最著名的两个相机生产商,二者凭借着其本身雄厚的经济实力和对高新技术的不断研发,占据着体育摄影器材领域的大片江山。以佳能 EOS C300,EOS C300 Mark Ⅱ t 尼康 D1H,D2H,D2X 为代表的 135 单镜头反光式照相机,已成为体育摄影器材领域的佼佼者,被世界上大多数体育摄影记者所采用。为了适应体育比赛复杂的环境条件,以及瞬息万变的赛场状况,此类相机一般都拥有出色的防水防尘技术、极短的快门时滞、先进的对焦性能、高速的卷片速度等特性,这也是体育摄影专业机区别于其他题材类摄影相机的一个最大不同。

第三节 体育摄影的拍摄技巧

一、光圈和快门的运用

(一)光圈

1. 光圈的原理

光圈是一个用来控制光线透过镜头进入机身内感光面的光量的装置,它通常是在镜头内,表达光圈大小用 f 值。对于已经制造好的镜头,我们不可能随意改变镜头的直径,但是我们可以通过在镜头内部加入多边形或者圆形,并且面积可变的孔状光栅来达到控制镜头通光量的目的,这个装置就叫作光圈(图 5-6)。

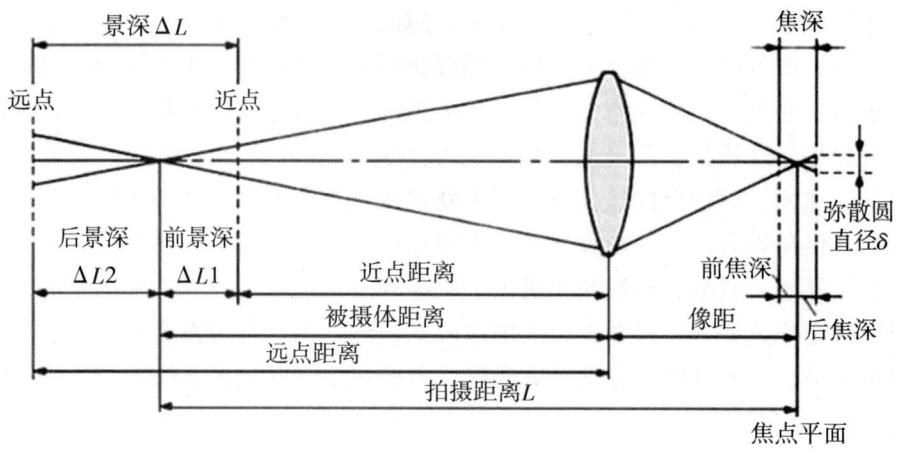

图 5-6 光圈原理

2. 光圈的作用

(1) 改变快门速度

通常来讲，在相同感光度下相机的曝光是由光圈大小（光圈 f 值）和快门速度决定的。光圈 f 值 = 镜头的焦距/镜头口径的直径，也就是说光圈 f 值越小，光圈孔径越大，进光量也就越大。所以我们可以通过增大光圈来提升快门速度，或者缩小光圈以降低快门速度。大光圈镜头通常在光线较弱的环境下有着很好的表现，在单反相机领域里被称为"夜之镜"的一系列镜头，比如尼康的 Noct 58mm/f1.2 以及徕卡的 NOCTILUX-M 50mm/f0.95 ASPH 夜用镜头都拥有超大的光圈。

(2) 虚化背景

光圈除了可以改变快门速度之外，还有改变景深的功能。首先我们来认识一下景深的概念。

景深：在镜头前方（调焦点的前、后）有一段一定长度的空间，当被摄物体位于这段空间内时，其在底片上的成像恰位于焦点前后这两个弥散圈之间。被摄体所在的这段空间的长度，就叫景深。换言之，在这段空间内的被摄体，其呈现在底片面的影像模糊度，都在容许弥散圈的限定范围内，这段空间的长度就是景深。简单地说，景深越浅，背景虚化越明显，景深越深，背景越清晰。

例如，我们经常能够看到拍摄花、昆虫等的照片中，将背景拍得很模糊（称为小景深）。但是在拍摄纪念照或集体照、风景等的照片一般会把背景拍摄得和拍摄对象一样清晰（称为大景深）。光圈、镜头及拍摄物的距离是影响景深的重要因素：

①光圈越大景深越小，光圈越小景深越大。

②镜头焦距越长景深越大、反之景深越小。

③主体越近，景深越小，主体越远，景深越大。

在相同焦段下，光圈越大，也就是 f 值越小，背景的虚化效果越明显，景深越浅。所以说大家想要使用相机拍摄出背景虚化明显的照片，则相同焦段下应尽量使用大光圈。

（3）影响 DC 相机成像质量的因素

在理论上光圈的大小和相机焦内成像的清晰度是没有关系的，但是由于光学镜头的成像原理和玻璃折射的精确度不能百分之百和理论值相符，所以不同光圈下的图像质量还是存在一定的差异。相对于单反相机的光学镜头，数字照相机镜头的光圈范围要小得多，尤其是其最小光圈值一般为 F8.0。

同时，对于绝大多数数字照相机而言，无论是在相机的广角端还是长焦端，其最大光圈（也就是 f 值最小时的光圈）就是焦内锐度最好的光圈，即大家所说的最佳光圈。通过上面的在实验室中得到的分辨率数值以及实景拍摄的截图，我们都能发现这一点。因此笔者推荐大家在使用小数字照相机进行拍摄的时候，除了风景等需要较大景深的照片，尽量使用大光圈进行拍摄。

（4）影响单反相机成像质量的因素

相对于消费级数码相机，单反相机的镜头由于采用了更加复杂的光学镜片结构和更大的光学镜片，不同大小光圈对于单反镜头焦内画质的影响普遍要大一些。

相比变焦镜头，定焦镜头的设计更为成熟，光学结构要简单不少。所以在相同的焦段下，定焦镜头的光圈普遍要大于变焦镜头光圈，并且在相同光圈下成像质量也稍胜一筹。

（二）快门

1. 快门的原理

快门是照相机用来控制感光片有效曝光时间的结构，是照相机的一个重要组成部分，它的结构、形式及功能是衡量照相机档次的一个重要因素。一般而言，快门的时间范围越大越好。秒数低适合拍运动中的物体，某款相机就强调快门最快能到 1/16000 秒，可轻松抓住急速移动的目标。不过当你要拍的是夜晚的车水马龙，快门时间就要拉长，常见照片中丝绢般的水流效果也要用慢速快门才能拍出来。

2. 快门的速度

快门速度单位是"秒"。专业 135 相机的最高快门速度达到 1/16000 秒。常见的快门速度有：1, 1/2, 1/4, 1/8, 1/15, 1/30, 1/60, 1/125, 1/250, 1/500, 1/1000, 1/2000 等。相邻两级的快门速度的曝光量相差一倍，我们常说相差一级。如 1/60 秒比 1/125 秒的曝光量多一倍，即 1/60 秒比 1/125 秒速度慢一级或称低一级。

3. 快门的曝光模式

决定快门速度后，相机测光系统依当时光线的情形，自动选择适当的光圈 f 值（可为无段式的 f 值）以配合。设有曝光模式转盘的数码相机，通常都会在转盘上刻上"s"字母来代表快门先决模式。快门先决模式适合于需要控制快门的摄影。利用高速快门可凝结动作，利用慢速快门可令行驶中的车辆变成光束。

二、体育摄影的曝光技巧

曝光，指在摄影过程中进入镜头照射在感光元件上的光量，由光圈、快门、感光度的组合来控制。体育摄影的曝光，指的是快门帘拉起的瞬间，光线通过镜头形成结像光，进入暗箱到达感光胶片上，从而使感光材料在光化作用中形成潜影。其中，感光材料所接受的曝光量是决定潜影强弱最根本的因素，曝光量又决定于光圈和快门。因此，在我们的体育摄影创作中，如何利用光圈和快门的调节，来控制进光量，是拍摄一张成功照片的关键所在。

在电子化社会的今天，一部先进的 135 照相机都会配有 TTL（通过镜头）曝光控制系统，它能让摄影曝光变得如按下按钮一样简单，但在实际的摄影操作中，却经常会出现不正常的自动曝光效果，只要现场照明、被摄体或景物等因素形成的曝光量不符合照相机的曝光程序，那么，无论照相机自动曝光测量系统多么先进，都有可能毁掉一张珍贵的照片，因此，在我们进行摄影创作时，仅依靠先进的照相机曝光系统是远远不够的，掌握娴熟的曝光控制技巧，才是成为一名优秀体育摄影师的必经之路。

（一）体育摄影曝光的质量鉴别

1. 体育摄影的正确曝光

正确曝光指的是在适当的时间内，让感光材料受到适量的光线照射，借此充分表现被摄体的明暗层次。在进行拍摄时，我们通常以中级灰度为曝光依据，这样，被摄体的明亮部分、中间灰部分、阴暗部分都能得到充分表现，当然，这只是普通技术上的曝光标准，而体育摄影不仅只是技术的运用，更是艺术上的表现。因此，从体育摄影用光、拍摄技巧和所设计的画面效果等艺术效果来看，所谓的"正确曝光"，只是一个相对的概念，它会因景而异因人而异。有时候体育摄影师为了追求不同的艺术效果，以同样的器材面对同样的景物，通过选用不同的曝光组合，能够在照片上营造出两种截然不同的画面氛围。因此，我们在进行体育摄影曝光时，既要考虑到拍摄技术上的运用，更要注重拍摄艺术上的表现，所谓

"准确曝光",只是一个相对的参考值,我们不能因此而束缚了我们的创作思维。

2．体育摄影的曝光过度

曝光过度指的是感光材料感受的光线过多,这样使得所拍摄的照片亮度区域过于明亮,丧失细节差别,缺乏层次感。造成曝光过度通常是由拍摄时光圈开得过大或是快门开启时间太长所引起的。一般情况下,曝光过度会影响照片的成像质量,拍摄时应尽量避免,但有时摄影师为追求一种高调的影像效果,也会刻意地使用它,以传达一种缥缈的影像特征。当然,这在体育摄影中运用较少。

3．体育摄影的曝光不足

曝光不足指的是感光材料感受的光线过少,这样使得所拍摄的照片暗部区域过于阴暗,缺乏层次感。造成曝光不足通常是由于拍摄时光圈开得过小或是快门时间过短。对于摄影的初学者而言,曝光不足经常由失误而引起,但某些摄影师,却刻意用曝光不足的表现手法,来传达某种情感或是渲染某种艺术氛围。这种被称为剪影的表现手法,在体育摄影中也可以经常看到。

(二) 影响体育摄影曝光的因素

1．拍摄环境的影响

摄影的环境对于曝光的影响是极大的,在同样的天气条件下,不同的环境对于摄影曝光量的要求是不一样的。如在宽广的海滨沙滩和在游泳馆,所需的曝光量是截然不同的。前者反射光强烈,所需曝光量少,后者则正好相反。

2．拍摄天气的影响

天气的好坏,也是影响体育摄影曝光的重要因素。阳光强烈的下午和阴雨连绵的天气,对于摄影曝光量的要求,有很大的变数。

3．拍摄景物的亮度

在相同的光照条件下,由于被摄体表面的质地、光泽、色彩各不相同,因此,景物所呈现的亮度也不一样,这就势必会影响到曝光率的选择。我们在拍摄的时候一定要注意,不然就会造成曝光的偏差。

4．感光材料的感光度

不同的感光材料对光线的感应能力是不同的,高感光度的材料对光线的感应能力要更加敏感,所需的曝光量相对较少,低感光度的材料则需要摄取更多的曝光量来满足需要。在我们的体育摄影中,有不少项目是要在室内拍摄的,光线环境极其复杂,在高速的快门选择下,仅靠光圈是不能满足曝光需求的,因此,我们的体育摄影师通常选用高感光度的胶片来减少所需的曝光量。

（三）体育摄影常用的曝光方法

1. 常用的 f16 原则

在我们购买胶卷时，能在胶卷盒的背面看到一个简单的"曝光参照表"，这就是摄影中最常提及的 f16 原则。f16 原则指的是，拍摄者在夏季室外进行拍摄时，若天空晴朗无云，则可采用 f16 光圈，用胶卷感光度的倒数作为快门值，一般情况下，可获得正常的曝光，并以此为基础，根据光照条件的强弱相应地调整光圈和快门的档数。光圈开大一档，快门也相应地提高一档，则所获得的曝光量不会出现变化。

2. 梯级曝光法

梯级曝光法是增强曝光安全系数的一个实用方法。根据名称，我们就不难知道，"梯级曝光"需要我们采取好几个曝光值对同一被摄对象拍摄好几张底片，并在这诸多底片中寻找出最符合拍摄者需要的一张片子。拍摄时，一般先采用曝光表推荐的曝光量，然后再采用比表测光量大和小的几组曝光数据拍摄影像。一般情况下，梯级曝光的增量都设为 1/3 或 1/2 档，这样拍摄的梯级曝光的照片张数会越多，成功的概率也就更高。当然，这也意味着拍摄时会耗去更多的胶卷或更大的数码存储空间。

3. 测光曝光法

测光曝光法是利用照相机的内测光系统或是手持式测光表测定被摄体的亮度，从而获得相对应的曝光值，并利用手动或自动方式调整照相机的光圈和快门，进行拍摄。对于体育摄影来说，手持测光表一般很少使用，体育摄影讲究的是方便快捷，以便能够在最短暂的瞬间抓取精美画面，因此，大部分从事体育摄影的摄影师们通常会选取照相机的内测光系统进行测光拍摄。

三、体育摄影的对焦手法

对焦也叫对光、聚焦。通过照相机对焦机构变动物距和像距的位置，使被拍物成像清晰的过程就是对焦。通常数码相机有多种对焦方式，分别是自动对焦、手动对焦和多重对焦。

（一）自动对焦

传统相机采取一种类似目测测距的方式实现自动对焦，相机发射一种红外线（或其他射线），根据被摄体的反射确定被摄体的距离，然后根据测得的结果调整镜头组合，实现自动对焦。这种自动对焦方式直接、速度快、容易实现、成本低，但有时候会出错（相机和被摄体之间有其他东西如玻璃时，或者在光线不足的情况下就无法实现自动对焦），精度也差，如今高档的相机一般已经不使用此种方式。因为是相机主动发射射线,故称主动式,又因它实际只是测距,并不通过镜头的实际成像判断是否正确结焦,所以又称为非 TTL 式。

这种对焦方式相对于主动式自动对焦,后来发展了被动式自动对焦,也就是根据镜头的实际成像判断是否正确结焦,判断的依据一般是反差检测式,具体原理相当复杂。因为这种方式是通过镜头成像实现的,故称为 TTL 自动对焦。也正是由于这种自动对焦方式基于镜头成像实现,因此对焦精度高,出现差错的比率低,但技术复杂,速度较慢(采用超声波马达的高级自动对焦镜头除外),成本也较高。

(二)手动对焦

手动对焦是通过手工转动对焦环来调节相机镜头,从而使拍摄出来的照片清晰的一种对焦方式,这种方式很大程度上依赖人眼对对焦屏上的影像的判别,以及拍摄者的熟练程度,甚至拍摄者的视力。早期的单镜反光相机与旁轴相机基本都是使用手动对焦来完成调焦操作的。现在的准专业及专业数码相机,还有单反数码相机都设有手动对焦的功能,以配合不同的拍摄需要。对焦相当于调焦,是更改像距 v,满足成像公式 $1/u + 1/v = 1/f$,以便在底片上结成清晰成像。变焦是改变镜头的焦距即改变镜头的视角,其原理是在镜头的镜片中加一组活动透镜;对焦是调整像的虚实,即改变透镜和成像面的距离,达到使影像清晰目的。两个名词都带一个焦字,意义完全不同。

(三)多重对焦

又称区域对焦,是利用控制相机镜头的景深范围进行拍摄的方法。用这种方法拍摄时,首先要根据现场的光线条件和所使用的胶片感光度,在保证快门速度能够将人物动作和主体人物拍摄清楚的前提下,大限度地缩小光圈,以获得更大的景深;同时根据景深范围确定所要拍摄的区域。当运动员在拍摄者所确定的区域内出现理想镜头和精彩瞬间时,迅速按动快门,这样就能获得清晰度很高的照片。

四、体育摄影的构图技巧

在体育摄影中,构图对动态的表现具有直接且明显的作用。良好的构图方法能够使体育画面的轻重关系、主次关系、透视关系、空间比例关系都得到完好的展现,从而更佳地体现拍摄者的创作意图,展示体育运动激烈的竞争,展现强烈的动态效果。在体育摄影中,常用的构图方法有以下几种。

(一)变化式构图

变化式构图是将主要的被摄动体故意安排在画面的某一角度或某一边,并使之所占比例较其他陪体略高,这样就造成了画面的轻重对比,造成画面流通的效果。变化式构图能够很好地引导读者的视觉,整个画面给人以思考和想象的空间,并留下进一步判断的余地,富有韵味和情趣。通常这种构图方法用来展示体育竞技中的幽默瞬间(图5-7)。

图5-7　变化式构图

(二) 紧凑型构图

紧凑式构图法是将景物主体以特写的形式加以放大,使其以局部布满画面,具有紧凑、细腻、微观等特点。在体育摄影中,利用紧凑式构图法对运动员进行特写,能够起到很好的效果(图5-8)。

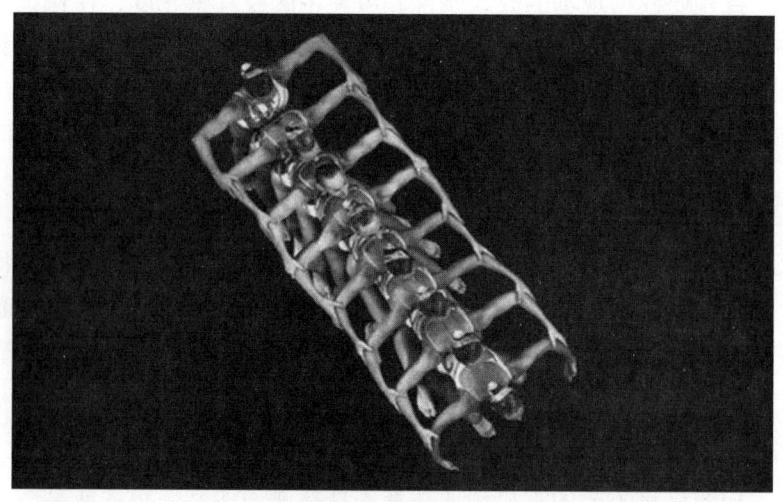

图5-8　紧凑式构图

(三) 向心型构图

向心型构图是使主体处于中心位置，而四周景物呈朝中心集中的构图形式，能将人的视线强烈引向主体中心，并起到聚集的作用。具有突出主体的鲜明特点，但有时也可以产生压迫中心、局促沉重的感觉。用向心型构图来进行爆炸效果的拍摄，二者具有相同特性，能够让画面视觉冲击力极强，又富有强烈的动感。

(四) 椭圆型构图

此种构图方法可以让画面形成强烈的整体感，并能产生旋转、运动、收缩等视觉效果。常用于表现不需特别强调的主体，而着重表现场面或渲染气氛的画面内容。在体育摄影中，利用椭圆形构图方法拍摄鞍马等具有旋转特性的项目，或是进行爆炸效果的特技拍摄，都能够很好地展现画面动态。

(五) 偏心型构图

通常情况下，拍摄者都喜欢将被摄动体安排在画面中央。虽然，这能给画面以稳定的结构，但却往往让其缺乏运感。因此，拍摄者不妨稍微变通一下，对被摄体进行偏心布局，就可以在一定程度上呈现动感。偏心的幅度越大，被摄体在画面中的位置越靠近照片的边框，则构图所能产生的动感也就越强烈（图5-9）。

图5-9 偏心型构图

(六) 对角线构图

对角线构图，是把主体安排在对角线上，能有效利用画面对角线的长度，同时也能使陪体与主体发生直接关系。这种构图法富于动感，显得活泼，容易产生线条的汇聚趋势，吸引人的视线，达到突出主体的效果。由对角线构图衍生出的另一种构图方式叫斜线构图，它除了能够有效突出主体外，还能够展现强烈的动态效果。因为用斜线来表示动体运动的前进和变化，能使画面产生动感。其动感的程度，与斜线所呈的角度有关。角度大于30°的，表示前进，再大些的角度，表示更勇猛地前进；若角度大于45°时，则表示下倾，而不再是前进了。

（七）曲线构图

曲线构图可使画面上的景物或线条呈曲线状态。曲线具有延长、变化的特点，能很好地表现出被摄体运动中循序渐进的节奏和奔放的态势，使人看上去有韵律感，产生优美、协调的感觉。因此，曲线构图特别适宜于拍摄艺术体操等极具艺术美感的项目。

（八）垂直式构图

垂直式构图是一种自上而下的构图方法，用它来展示体育摄影中自上而下的运动项目是最适合不过的了。比如说，跳水运动，尤其是在双人跳的项目上，用垂直式构图展现运动员同时入水的一刹那，能够让画面极具美感（图5-10）。

图5-10　垂直式构图

（九）十字形构图

十字形构图，是让画面上的景物、影调或色彩的变化呈正交十字形出现。此构图能剩余较多的空间，因而能容纳较多的背景和陪体，使观赏者视线自然向十字交叉部位集中。在体育摄影中，十字形构图多适用于拍摄有规律的竞技项目（图5-11）。

图 5-11 十字形构图

（十）三角形构图

三角形构图，是以三个视觉中心为景物的主要位置，有时是以三点成一面的几何形安排景物的位置，形成一个稳定的三角形。这种三角形可以是正三角，也可以是斜三角或倒三角。

1. 正三角形构图

这种构图方法最大的一个特点是让画面稳定性极强，整体趋于平衡。

然而，呆板、沉闷也是正三角形构图的一个缺陷之一，在体育摄影中，这种呆板和沉闷并不利于画面动态的表现。因此，摄影者们更多的是利用这种构图方法拍摄领奖等比较正规而严肃的场面。

2. 倒三角形构图

这种构图具有明快、敞露的感觉，很适宜表现动态。但是，在它的左右两边，最好要有些不同的变化，以打破两边的绝对平衡，使画面免于呆板。

3. 斜三角形构图

同正三角形构图相反，这种构图形式充分显示出生动、灵活的趋势，画面上的被摄体显得既呼应又通畅，动感和方向性很强。斜三角形构图在体育摄影中，是使用频率极高的一种构图方法（图 5-12）。

图 5－12　斜三角形构图

第四节　手机摄影的拍摄技巧

如今手机拍摄功能日渐强大，智能手机的相机像素、图片精度越来越高，特别是手机的便捷性，使得人们习惯使用手机拍摄一些精彩瞬间。下文简单介绍一下使用手机摄影的基本技巧和当前主流手机拍摄设置。

一、手机摄影的基本技巧

（一）保持手机平稳

手机大多采用 CMOS 感光元件，稍微抖动都会直接影响成像效果。在拍摄时，必须保持手机的平稳。要让手机在拍照时非常稳定，那么就尽量不要去触碰手机。现在的手机快门触发方式并不是只有一种，主流的手机不管是安卓还是苹果系统，都可以把手机音量键、耳机音量键设置为快门触发点（图 5－13）。

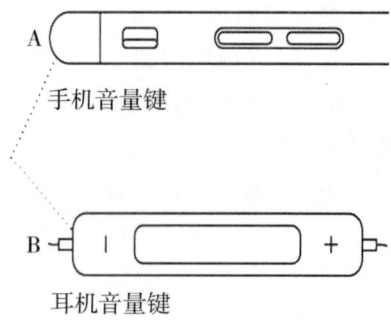

图 5－13　手机/耳机音量键作为快门

（二）掌握光线十分重要

应尽量避免在逆光的情况下拍摄，由于手机的 CMOS 感光元件体积和镜头造价的限制，不管多么昂贵的拍照手机都无法与专业的相机对比，因此在高反差环境（逆光）拍照时，如果照顾高光区域，那么暗部区域的细节就会丢失；如果我们照顾暗部区域，那么高光区域就会出现过曝的情况。针对这种情况，一方面可以通过外部条件来满足光源，另一方面可以通过手机内置的辅助功能来调节，如使用 HDR（High Dynamic Range）解决高反差环境的大光比。打开 HDR 功能，按一下快门，相机系统会拍摄几张不同曝光的照片，过曝的照片取暗处丰富细节，正常曝光的取中间调，欠曝的照片取亮的地方丰富细节，最后合成一张曝光正常的照片。具体操作为：设置—相机—"HDR"打开（图 5 – 14）。

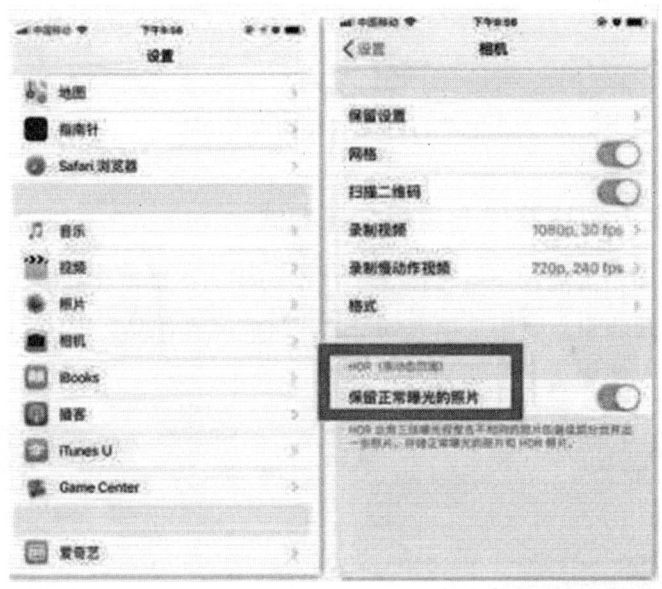

图 5 – 14 打开 HDR 功能

（三）打开辅助构图线

人们使用手机摄影取景，往往会将拍摄对象放到画面中间，对准焦点后直接按动快门。这种千篇一律的构图不够生动，除了上文介绍的相机的构图方法外，当今的主流手机还内置了九宫格来辅助构图。九宫格的四个交叉点非常符合人的视觉习惯，把主体放在这四个交叉点上，不仅能有效突出主体，还能均衡画面。建议大家在拍照时先把手机的九宫格打开，这样能帮助你构图。具体步骤为：设置—相机—"网格"打开（图 5 – 15）。

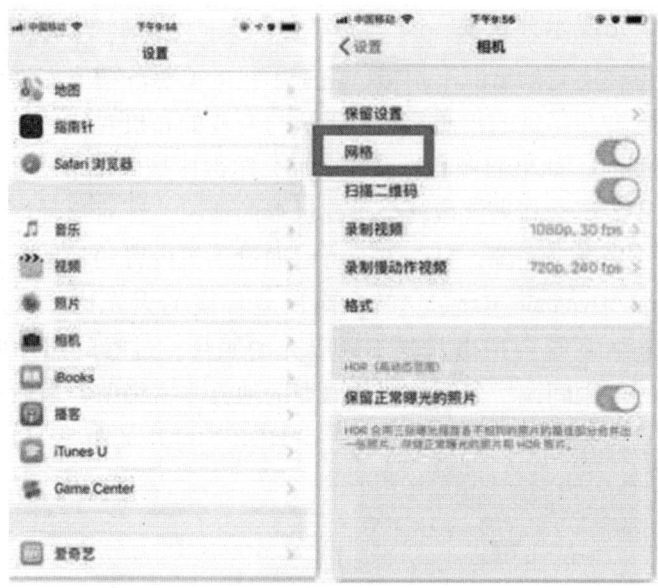

图 5-15 打开辅助构图功能

二、拍摄大型比赛——运用全景模式

主流手机的相机都有"全景模式"这个功能，全景模式能够弥补手机角度不够广的问题，因此它主要用来拍大场景的建筑或风光作品，而人们在拍摄大型体育比赛时也可以使用这个功能（图 5-16）。

图 5-16 运用全景模式拍摄大型比赛

三、拍摄快速运动的比赛

虽然主流手机的相机都有"高速连拍"这个功能，但由于 CMOS 感光元件体积小和镜头性能不足，其连续对焦能力微乎其微。手机的连拍相当于锁定对焦点的连拍，通俗地讲就是手机相机拍完第一张后，后面所有的照片都以第一张的焦距为准。但拍摄物体是运动的，这就造成了很多手机拍摄运动主体不够清晰、跑焦的情况。下面介绍的两种方法可以有效避免拍摄主体跑焦的情况。

（一）平行于快速运动的拍摄主体

这种方法巧妙地避开了手机连续对焦能力差的问题。如拍摄跑步的运动员时，于拍摄主体的侧面拍摄，这样对焦距离变化不大，拍摄成功率会提高很多。如果在拍摄主体正前方拍，那样肯定拍不到清晰的照片（图 5-17）。

图 5-17　平衡拍摄

（二）"陷阱对焦"法抓拍精彩瞬间

"陷阱对焦"法就是拍摄者提前预判高速运动的主体会经过哪个位置，把它比作"陷阱"，然后点击手机屏幕对"陷阱"进行对焦，当想要拍摄的主体到了你的"陷阱"的位置，马上按快门拍摄，这种方法很可能拍出精彩的作品。如下图就是使用"陷阱对焦"法，对焦在右侧的栏架上，当运动员到达并跨越栏架的瞬间按下快门得出的精彩照片（图 5-18）。

图 5-18 "陷阱对焦"法抓拍精彩瞬间

第五节 体育摄影作品赏析

当一张张精彩绝伦的照片出现在大家面前，有的人可能会为之感叹，也有的人可能会为之沸腾，对于同一张图片，每个人都会有不同的看法。但有的人可能对作品只知其然而不知其所以然，只关注到照片上的那一个动作，那一个瞬间，却不清楚图片背后的故事。欣赏和分析一幅体育照片的好坏，其实是一个审美的过程，它没有一个绝对的答案，每个人都有不同的见解。就像在跳水比赛打分时，每个裁判的看法都不一样，我们只能通过去掉一个最高分，去掉一个最低分，再算平均分的方式进行评分，欣赏体育摄影作品也是如此。当我们看到一张体育照片时，我们又该如何欣赏它？

（一）体育摄影作品赏析技巧

1. 首先要看这幅作品的创作意图

一幅优秀体育照片的诞生，绝不是简简单单的按下快门。它是摄影师思想的产物，是摄影师在激烈的赛场上通过选择、感受和思考才决定拍入镜头的所以当一幅体育照片摆在面前，首先要向自己提出一连串的问题：这张照片它要表现什么？它想告诉我们什么？这样，就可以从中领悟到摄影师的想法是什么，也就是拍摄的思想和立意是什么。立意是一幅体育摄影作品的灵魂，一幅立意浅薄或者没有立意的照片，即便拍摄手法再好，拍摄瞬间再妙，也是没有意义的，因为它没有灵魂。一张没有灵魂的照片是没有欣赏价值的。

在 1968 年由摄影师 John Dominis 拍摄的照片《无声的反抗》，反映的是奥运历史上著名的"黑手套"事件。在1968年墨西哥奥运会男子200米短跑的比赛颁奖中，分别获得金牌和铜牌的两名黑人运动员高举起黑手套的拳头，目光落在地上，在全世界的摄像机面前，表达了对他们的国家——美国的种族歧视的无声抗议。这张照片虽然看似简单，但是它象征着黑人对种族压迫的反抗和对世界人人平等的憧憬，正是这特殊的意义，使照片富有无穷的表现力和感染力（图5-19）。

图5-19 《无声的反抗》

2. 其次看拍摄时机的把握

体育摄影与其他门类摄影最大的不同之处是在转瞬即逝的运动中进行抓拍。人们称体育摄影为瞬间摄影，可谓恰如其分。对一幅体育照片的评价，除立意之外，还要取决于拍摄者是否把握住赛场上人物的形体动态与内心情感流露的瞬间。这种瞬间的把握不是用一两句话能概括的，要靠摄影者对各运动项目的熟知以及现场的应变能力。当运动员表现出高超的运动技艺时，场面会很好看，给人力量美、速度美和心灵美的享受。如《腾空一跃》（图5-20），展现的是2013年7月26日，英国花样游泳队在巴塞罗那举行的世界游泳锦标赛花样游泳决赛上表演。这张图片无论是从时机的把握还是后期的处理，都将运动员的优美形态表现得淋漓尽致。

图 5 - 20 《腾空一跃》

3. 最后看摄影技巧运用得如何

我们知道,体育摄影最终表现的还是运动中的人,拍摄者只有完美地运用各种摄影技巧,去塑造镜头下的人,才能激起欣赏者的兴趣和共鸣。摄影技法包括的范畴较广,诸如快门、光圈、光线、景深、影调、色彩等摄影基本技术,还有一些实际操作中运用的技术,如追随法、多次曝光法以及后期制作等。如《我们赢了!》(图 5 - 21),这是 2012 年 9 月 5 日,在 2012 年伦敦残奥会的奥林匹克体

图 5 - 21 《我们赢了!》

育场，巴西的特雷济尼亚·吉列尔米娜（左）和她的引导者吉列尔梅·苏亚雷斯·迪圣安娜穿越终点线赢得了女子 T11 级的 100 米冠军。这张图片将后面的观众虚化，达到突出图中的两名运动员的目的。

欣赏和分析一幅优秀的体育照片不仅能够完善我们自身的艺术思维，提高我们的审美水平，还能增强对体育摄影的理解，而且对我们在体育活动的拍摄方面也会起到推动作用。对体育摄影作品赏析的过程也是学习的过程。平时多欣赏一些体育照片，对提高体育摄影的拍摄技巧大有帮助。

（二）新闻摄影比赛获奖作品赏析

1. 世界新闻摄影比赛——"荷赛"（WPP）

荷赛是世界新闻摄影比赛（World Press Photo，简称"WPP"，通称"荷赛"），由总部设在荷兰的世界新闻摄影基金会（World Press Photo Foundation）主办。该会成立于 1955 年，因发起于荷兰，故被称为荷赛，被认为是国际专业新闻摄影比赛中最具权威性的赛事。该比赛是世界上规模最大、最有威望的新闻摄影比赛之一，它的宗旨是"促进信息的自由、不受限制的交流，鼓励高水平的专业新闻摄影标准"，对全世界新闻摄影事业的发展起了重大的推动作用。世界新闻摄影比赛的规模不断扩大，每年都有数十个国家近万幅作品参赛，比赛项目发展到 9 类 18 项比赛，是世界上参与范围最广，最具代表性和权威性的新闻摄影大赛。它的作品成为人类所处的时代和历史的见证。自 1957 年举办第一届世界新闻摄影比赛以来，至 2020 年已举办了 63 届。1957 年，4 位中国摄影家的 55 幅作品首次参加了第 3 届摄影比赛。

2002 年，中国新闻社的贾国荣拍摄的《中国体操夺冠》获得第 45 届"荷赛"体育类单幅三等奖，这是中国摄影师拍摄的体育类型图片第一次获得荷赛奖，也是贾国荣第一个体育类荷赛奖（图 5-22）。

在 2009 年的第 52 届"荷赛"上，新华社的吴晓凌凭借着《柔道——血染赛场》一举拿下"荷赛"体育专题类单幅一等奖，也标志着中国体育摄影步入一个新的阶段（图 5-23）。《人民摄影报》曾如此评价这幅照片："血滴使静态画面具备了好照片的很多内涵，小中

图 5-22　贾国荣《中国体操夺冠》

见大,小中见情,具有不可名状的悲壮美;跪下的腿和支撑的手代表着力量,暗示着坚持坚强,缠绕白色绷带的手与血滴相映,隐含着失败、艰辛和挣扎等丰富的含义;皇冠状的血滴传达了'只要努力拼搏,失败者也是无冕的王者'"这一奥运精神。照片把细节运用到了极致,达到了尽善尽美的境界。"

图 5-23　吴晓凌《柔道——血染赛场》

2015年,《成都商报》的鲍泰良凭借《决赛》获得体育类单幅一等奖(图5-24)。世界杯决赛结束那一刻,当所有的摄影记者专注地拍摄着德国队的喜悦和阿根廷球员失望的表情,只有在看台上的鲍泰良,镜头对准领取金球奖的梅西。梅西两次经过大力神杯,第一次没有看,第二次却盯着大力神杯看了一会。虽然面无表情,但是从梅西深邃的眼神中,所有人都能读出他心中的不甘和渴望。

图 5-24　鲍泰良《决赛》

2018年荷赛奖体育类单幅一等奖则是由摄影师Stephen McCarthy（Sportsfile）拍摄的《热火朝天的争球大战》（图5-25）。这是当地时间2017年6月17日，在新西兰罗托鲁瓦，英国和爱尔兰雄狮队与当地毛利人队进行激烈的橄榄球比赛。

图5-25　Stephen McCarthy（Sportsfile）《热火朝天的争球大战》

2. 中国国际新闻摄影比赛——"华赛"（CHIPP）

2005年，在中国深圳，诞生了一个轰动世界的国际新闻摄影比赛新品牌——"华赛"——中国国际新闻摄影比赛（CHIPP）。经中央宣传部和国务院新闻办公室批准，由中国新闻摄影学会主办，由浙江日报报业集团承办，新华社、人民日报、光明日报、中央电视台、凤凰卫视、中国日报、人民摄影报等18个单位协办，使得"华赛"在西子湖畔更焕发出其中国新媒体、古意韵相结合的独特魅力，如今"华赛"走向了第十五个年头。

首届"华赛"共收到来自法国、美国、英国、德国、荷兰、俄罗斯、印度、缅甸、日本、伊拉克、巴勒斯坦、智利、墨西哥、新西兰、澳大利亚等76个国家和地区的1765位作者寄来的参赛作品21627幅。第48届"荷赛"大奖得主也从印度寄来了反映海啸灾难的作品。首届华赛参赛作品的国别之多、作者之多、数量之多，反映了国际新闻摄影界对它的看重与关注。首届"华赛"参赛作品集中了2004年大千世界的精彩镜头，评选结果彰显了"和平与发展"主题下社会发展进步、人类生存状态的真实情景和参赛者开阔的新闻视野、敏锐的洞察目光和精湛的摄影技巧。

中国摄影师邱焰凭借着《练跳水的孪生兄弟》拿下首届华赛体育新闻（SP）单幅金奖（图5-26）。

图 5-26 邱焰《练跳水的孪生兄弟》

作品介绍：2004 年 5 月 27 日，在湖北省跳水学校，11 岁的孪生兄弟肖哲人（左）、肖哲衍（右）在弱跳网上练跳水。这对孪生兄弟是 2001 年被选进跳水学校的，他们和其他 20 多个小队员一样，为实现奥运梦想，每天坚持 7 个小时的陆上和水上艰苦训练。这里曾培育出了伏明霞、肖海亮等奥运跳水冠军。

在第十二届"华赛"中，体育新闻类单幅的金奖则由萨莎·福若姆拍摄的《撞网》获得（图 5-27）。

图 5-27 萨莎·福若姆《撞网》

作品介绍：2015 年 5 月 10 号，在德国施泰格林山体育场举行的第三次足球联赛，红白埃尔福特足球俱乐部对阵杜伊斯堡足球俱乐部，埃尔福特队的尤里·尤特试图拦接住对手球队的射球，摔落在球网上。

参考文献

[1] 田麦久. 运动训练学 [M]. 北京：人民体育出版社，2000.

[2] 高健. 现代竞技体育的发展趋势和若干热点问题探讨 [J]. 沈阳体育学院学报，2006，25（3）.

[3] 程绍芳. 直面百年奥运 [M]. 北京：经济科学出版社，2011.

[4] 孙越，孙浩然，杨祥全，孙新. 奥林匹克运动简明百科知识 [M]. 青岛：青岛出版社，2008.

[5] 高谊，刘莉，樊勇. 奥林匹克万事通 [M]. 北京：北京体育大学出版社，2008.

[6] 刘修武. 田径春秋 [M]. 北京：人民体育出版社，1979.

[7] 刘建国. 田径 [M]. 高等教育出版社，2006.

[8] 国际田联田径裁判法 [M]. 张英波，孙南，骆学锋，译. 北京：北京体育大学出版社，2010.

[9] 张贵敏. 田径运动教程 [M]. 北京：人民体育出版社，2007.

[10] 高筱绯. 对田径跳跃竞赛规则修改的影响及意义的研究 [D]. 武汉：武汉体育学院，2013.

[11] 闫之扑，徐树礼. 推铅球运动的历史沿革与发展趋势研究 [J]. 2013.

[12] 张思温，沈纯德. 中国田径裁判五十年 [M]. 北京：北京体育大学出版社，2000.

[13] 代永胜，徐宣. 大学体育教程 [M]. 北京：人民邮电出版社，2006.

[14] 陶志翔. 网球运动教程 [M]. 北京：高等教育出版社，2003.

[15] 胡静涛. 如何从专业角度欣赏网球比赛 [J]. 考试周刊，2011（59）：127.

[16] 潘晟，王全法，翁彦康. 如何欣赏高水平网球比赛 [J]. 苏州大学学报（工科版），2002（06）：151－152＋155.

[17] 林逸崎. 排球运动的起源与发展 [J]. 上海体育学院学报，1982（03）：91－92.

[18] 田小萍. 排球欣赏指南 [J]. 中国排球，1995（02）：42－44.

[19] 孙娟. 排球竞赛规则的演变对技战术带来的变化研究 [D]. 苏州大学，2018.

[20] 蔡琳娜. 对排球训练中技战术模式分析与研究 [J]. 体育风尚，2019（04）：20.

[21] 孙永胜. 竞技排球运动美学特征及其审美价值研究 [D]. 河南大学，2009.

[22] 欧健昌，曾播思. 女排精神的内涵及价值 [J]. 体育师友，2020（04）：69－71.

[23] 国家体育总局. 中国篮球协会官方网站 [EB/OL] https://www.cba.net.cn.

[24] 蒋小勇. 论现代篮球运动欣赏 [J]. 体育科技文献通报，2011，19（04）：126－128.

[25] 杨培培. 篮球运动之美学元素分析 [J]. 运动，2018（02）27－28.

[26] 石国建，韦秋燕. 美学视域下篮球急停后仰技术动作的审美 [J]. 体育风尚，2017

(10): 34 - 35.

[27] 胡彪, 吴飞龙. 浅析篮球运动的美学特征 [J]. 武术研究, 2016 (06): 123 - 125.

[28] 孙仕红. 篮球的美学价值初探 [J]. 教育艺术, 2015 (07): 36.

[29] 国家体育总局. 中国足球协会官方网站 [EB/OL] http://www.thecfa.cn.

[30] 周志刚. 试论足球运动的起源、特征变异、规则演变 [J]. 当代体育科学, 2011, 1 (02).

[31] 夏晶. 从足球竞赛规则演变的视角探讨足球技战术的发展 [D]. 山东体育学院, 2011.

[32] 尤努斯·彤吉尔, 李娟. 足球运动的美学和狂热精神维度: 足球哲学研究 [J]. 北京体育大学学报, 2019 (05): 72 - 76.

[33] 陈利红. 康德美学视野中的足球之美 [J]. 遵义师范学院学报, 2018 (04): 151 - 154.

[34] 路云亭. 足球在现代体育美学体系中的超越性价值, 体育研究与教育, 2018 (01): 15 - 22.

[35] 杨志平. 乒乓球规则的变化对其发展和变革的影响 [J]. 读写算 (教育教学研究), 2014 (17).

[36] 胡静涛. 浅论如何从专业角度欣赏乒乓球比赛 [J]. 考试周刊, 2011 (21): 139 - 140.

[37] 蒋炳长, 张铁雄. 乒乓球竞赛欣赏初探 [J]. 湖南医科大学学报 (社会科学版), 2007, 9 (02): 246 - 248.

[38] 羽毛球运动理论与实践 [M]. 人民体育出版社, 肖杰, 2011.

[39] 学打羽毛球 [M]. 人民体育出版社, 肖杰编著, 2000.

[40] 图解羽毛球技巧 [M]. 福建科学技术出版社, 周志辉编著, 2005.

[41] 羽毛球竞赛规则 [M]. 北京体育大学出版社, 中国羽毛球协会, 2016.

[42] 高尔夫球运动导程 [M]. 国防科技大学出版社, 谭受清编著, 2003.

[43] 高尔夫学堂 [M]. 人民体育出版社, 郁小平, 2005.

[44] 张莉清, 刘大庆, 李建, 史欣, 宋子玉. 花样游泳项目专项特点的研究 [J]. 北京体育大学学报, 2013, 36 (09): 118 - 124.

[45] 水球训练 [M]. 北京体育学院出版社, 《水球训练》编写组编, 1993.

[46] 中国女子水球队竞争力研究 [M]. 北京体育大学出版社, 王建琴, 2014.

[47] 中国水球运动史 [M]. 武汉出版社, 国家体委文史工作委员会, 中国游泳协会编, 1996.

[48] 武振娟. 跳水运动的美学赏析 [J]. 芒种, 2012 (23): 245 - 246.

[49] 赵歌. 竞技跳水美学研究 [D]. 北京体育大学, 2007.

[50] 汪超, 陈亮, 王庆伟. 我国冰雪产业与大众冰雪市场培育研究 [J]. 冰雪运动. 2017 (04).

[51] 胡鞍钢, 方旭东. 全民健身国家战略: 内涵与发展思路 [J]. 体育科学. 2016 (03).

[52] 全民健身运动视角下的黑龙江省大众滑雪运动发展 [J]. 冰雪运动. 2016 (01).

[53] 刘士苗. 花样滑冰中的美学探讨 [J]. 才智, 2012 (32): 176.

［54］王莹，王樱．花样滑冰的美学特征［J］．哈尔滨体育学院学报，1992（02）：23－26．

［55］张智伟．高山滑雪回转动作技术原理分析［J］．运动，2019（06）：26－27．

［56］程奥冰．越野滑雪速度与激情的碰撞［J］．旅游，2019（04）：90－95．

［57］郭佳．体育美学视域下的大学健美操教学探析［J］．体育风尚，2019（05）：110－111．

［58］杨莹，易卓．浅谈健美操运动的美学元素［J］．艺术科技，2019，32（07）：297．

［59］国际体操联合会．国际健美操评分规则2017－2020［M］．2017．

［60］崔怀猛．对传统武术美的定位与品评［J］．首都体育学院学报，2007（05）：123－125．

［61］王锐．艺术视野下中华武术美的要素分析［J］．电影评介，2007（13）：88－89．

［62］刘晓晓，姚瑀．析套路竞赛规则修订对武术发展的影响［J］．武当，2015（08）：49－51．

［63］张敏．跆拳道运动的美学审视［D］．河南师范大学，2015．

［64］孟繁军．跆拳道的美学内涵及舞台表演［J］．雪莲，2015（21）：63．

［65］贺璐敏，孔繁桃，车新港，谢少云，徐杏玲．浅谈跆拳道的美学特征［J］．体育科技文献通报，2012，20（09）：109－110＋131．

［66］体育美学体育摄影．https：//baike．baidu．com/item/12147999．百度百科．2018．

［67］秦璇．灾难性事件新闻摄影作品的视觉修辞——以2018年"荷赛""普利策奖"获奖作品为例［J］．青年记者．2018（23）．

［68］周海新．体育摄影艺术解读［J］．体育文化导刊．2015（02）．

［69］杨大本．荷赛获奖体育摄影作品分析［J］．体育文化导刊．2014（02）．

［70］王亚蓓．让体育"慢"下来——浅谈体育摄影中慢门拍摄技巧［J］．中国报业．2018（01）．

［71］汪万鹏．浅谈摄影作品的四要素［J］．景德镇高专学报．2011（03）．

［72］费茂华．独特之路——如何打造体育摄影的精品力作［J］．新闻与写作．2011（08）．

［73］贺蕾．体育新闻图片的动感美［J］．新闻世界．2011（07）．

［74］高科．浅谈体育新闻摄影的瞬间艺术［J］．新闻研究导刊．2011（06）．